現場で役立つスクールカウンセリングの実際

村山正治
滝口俊子
編

創元社

はしがき

本書を編集するに至った経緯を述べておきたい。

学校臨床のフィールドは、日本社会が現在ぶつかっているさまざまな文化的・社会的課題や問題が、心理的問題として社会で生活している若い児童生徒の心に映し出される現代社会の「カナリヤ」とも言える。不登校、いじめ、虐待、引きこもり、自殺、被災者体験など枚挙にいとまがない。社会も学校も生きているコミュニティである。生きることはこれらの課題に取り組むプロセスである。

学校臨床心理士（スクールカウンセラー）は、学校現場のこうしたさまざまな心理的課題に、教師と協力しながら取り組んでいくために、学校外部（外部性）から、専門家（専門性）として派遣された、平成七（一九九五）年に創設された新しい国家事業である。

この事業は、臨床心理士の専門性に対する高い評価と学校現場の協力のもと、学校、保護者、児童生徒、社会、関係官庁から高く評価されて継続してきている。平成二四（二〇一二）年には、一七年目を迎えている。現在、五〇〇〇人以上の臨床心理士が、公立学校の学校臨床心理士（スクールカウンセラー）として活躍している。

この事業の推進に関わって、ガイドラインの設定、専門家としての実力を保持し、さらにレベルアップする力を涵養《かんよう》するための全国研修会の企画・実践、政策科学的評価研究などを担当してきたのが、「学校臨床心理士ワーキンググループ」である。

すでに創元社から、『河合隼雄のスクールカウンセリング講演録』『事例に学ぶスクールカウンセリングの実際』を刊行し、今回が三冊目である。

執筆者は、一七年間にわたる学校臨床心理士ワーキンググループのメンバーとして活躍してきた専門家を中心に、スクールカウンセリングの全領域をカバーするため、その課題の専門家をお招きして、スクールカウンセリングに関する全領域の最先端の知識・知恵を集めてある。

◎読んでいただきたい方々

①現職の学校臨床心理士（スクールカウンセラー）、これから学校臨床心理士になろうとしている臨床心理士、院生、ベテランの臨床心理士の皆さん

これまで学んだ既知の知識・知恵を整理し、日進月歩の学校臨床、日常の臨床実践の専門的知識の引き出しをさらに増やすことに役立てていただきたい。

②学校臨床心理士（スクールカウンセラー）を活用されている学校の校長・教頭はじめ生徒指導、教育相談担当教職員、養護教員の皆さん

学校臨床心理士の役割、専門性をご理解いただき、学校臨床心理士に何ができるか、どんな専門的知識をもっているかを知っていただき、学校臨床心理士を活用していただく手引きにしていただきたい。

③学校臨床心理士（スクールカウンセラー）を雇用している官公庁・地方自治体の教育委員会の職員の皆さん

絶え間なく変化している学校現場の心理的諸問題に対する学校臨床心理士サイドが生み出してきた最新の専門的知識を理解し活用していただきたい。

④保護者の皆さん

本書は専門書であるが、ご自身の子ども理解に役立つと確信している。学校臨床心理士（スクールカウンセラー）の活動や役割をご理解いただき、活用していただく参考になると確信している。ぜひご覧いただきたい。

最後になってしまったが、本書刊行にあたっては、厳しい出版状況の中、本書の出版を快諾いただいた創元社の矢部敬一社長に心から感謝申し上げます。渡辺明美編集部部長と小林晃子さんには原稿をていねいに読み込み、貴重な知見をはじめ全面的なご支援をいただいたことに心から感謝申し上げたい。

また、学校臨床心理士ワーキンググループの活動年表などを作成していただいた、日本臨床心理士資格認定協会の木村尚志主任、向後亮一学校臨床担当のご協力に心から感謝申し上げます。

村山正治

現場で役立つスクールカウンセリングの実際＊目次

現場で役立つスクールカウンセリングの実際

Part 1

1　スクールカウンセラー事業を支えている実践知・経験知・パラダイム論
——学校臨床心理士ワーキンググループの体験から

Shoji Murayama　村山正治

はじめに

私は平成七（一九九五）年から過去一七年間、学校臨床心理士ワーキンググループ代表としてこの事業の推進と発展に仲間たちと関わってきている。この経験から見えてきた私の個人的見解、経験から学んだことを述べておきたい。

スクールカウンセラー事業は、過去一七年間にわたり、心理臨床のダイナミックな発展にとって大きな貢献をしてきたものと認識している。臨床心理士に活躍の場を提供し、学校という新しいフィールドで、心理臨床に新しい学問的発展を促進してきた功績は大きい。また臨床心理士の社会的認知を高めてきている功績も大きい。

ここでは学校臨床に関する新しい実践知、経験知を蓄積し、共有するため、スクールカウンセラー相互のレベルアップにつなげるための基本姿勢、しくみと構造を述べておきたい。

一　学校臨床の知を生み出す基本的な姿勢とシステム

1　学校現場のニーズにできるだけ対応する姿勢

派遣された学校臨床心理士が各自の臨床理論や技法で現実を切り、それに見合った現実に合ったものだけに注目するという発想ではなく、未知の現実の要請に応える姿勢が大切である。まず学校に出かけ、その現場で感じて、先生方と一緒にいろいろ模索しながら考えて、その中から新しい学校臨床の知が生まれてくると考えている。心理臨床の世界は、現実に棲み込んで、そこから見えてくることがあり、新しい知見が生まれてくるものである。新しい知が生まれてくるときのマイケル・ポランニー[注]の棲み込み理論（Indwelling）やロジャースの科学論も参考にしてきている。

2　コミュニティアプローチの発想の重視

河合隼雄らの提唱で、事例研究を中心に、日本心理臨床学会で鍛えられ、一対一の人間関係で実力を発揮できる多数の心理臨床家が育ってきていたことは大事な事実である。しかし、学校臨床というフィールドは、これらの基本的人間関係をつくる能力を基本に、教育相談に新しいコンセプト、枠組みを設定する必要に迫られたのである。事業開始当時、コミュニティ心理学に関心をもって実践と研究を展開していた山本和郎、鵜養美昭・啓子夫妻らのＰＣＡ（パーソン・センタード・アプローチ）グループや、村山のキャンパスカウンセラー体験、グループアプローチ体験などの実践知・経験知から、学校臨床では、いわゆる「クリニックモデル」だけでなく、「治療より予防」、「全生徒の自己実現」、「生徒のもつ援助力を生かす」人間関係の促進、健康促進などを視野に入れた新しいモデルをつくることが必要と考えた。コミュニティ心理学ではなく、より柔軟な「コミュニティアプローチ」を選んだのである。コミュニティ心理学に振り回されるのではなく、その中の役立つ発想をいただく姿勢である。後述する「学校臨床心理士のためのガイドライン」には、この姿勢が色濃く出ていることを読み取っていただけると思う。

コミュニティ心理学、ロジャースらの人間性心理学が提唱する、人間の成長力、相互援助力、多様性の尊重、自己実現能力、他の学問、専門領域とのコラボレーションなどを視野に入れることを重要視した。

3　政策科学的評価

学校臨床心理士の事業の成果を科学的に評価する方法の開発と実施を精力的におこなってきた。実践知・経験知を大切にしながら、一方で、質問紙調査法を駆使して、六〇〇〇校の大規模調査を教師に実施した[1]。また、保護者対象に質問紙調査[2]を実施してきた。これらの結果から、学校臨床心理士の活動が高く評価されていることがわかった。これらの基礎資料は、文部科学省が平成一三（二〇〇一）年度にスクールカウンセラー補助事業を継続する有力な根拠の一つになったことを明記しておきたい。

二　スクールカウンセラー事業のために新しいシステムの創造と対応

1　学校臨床心理士ワーキンググループ（WG）の創設

日本臨床心理士資格認定協会、日本臨床心理士会、日本心理臨床学会の三団体の合同のシステムである

「学校臨床心理士ワーキンググループ」の立ち上げを当時の三団体の代表から依頼され、当時学会の常任理事であった村山がその任務を背負うことになった。

2 学校臨床心理士ワーキンググループの役割

スクールカウンセラーのバックアップ・システムの構築のため、以下のことをおこなう。

①スクールカウンセラー事業に関するすべての事項に対して、三団体のあらゆる資源を活用してこの事業を推進する体制を整える。

②文部科学省・都道府県教育委員会・現場校長・教員・保護者・生徒・学校臨床心理士など関係者と信頼関係をつくり、聞き役としてさまざまな情報を集め、それを集約し、軽重を判断し、事業全体の促進に役立てる。

③これらの情報をもとに、この事業に役立つさまざまな企画を立案し、実施する。

④派遣されている学校臨床心理士の研修、スーパーヴィジョンはじめ、さまざまな支援、つまりバックアップ・システムを構築する。緊急支援をはじめ、予想外の新しい事態にも臨床心理士の活動が対応できる、はじめてのシステムの創造である。制度というより、「ネットワーク型の柔軟なシステム」である。

⑤都道府県学校臨床心理士担当理事・コーディネーターを設置する。この役割と機能は、学校臨床心理士ワーキンググループの「都道府県版」フラクタル構造としてご理解いただきたい。「地方の時代」を迎えて、この役割がスクールカウンセラー事業の推進に果たす役割はますます大きくなっている。

3　都道府県学校臨床心理士担当理事・コーディネーターの役割

①スクールカウンセラー事業に関する各都道府県教育委員会との接触の窓口となる。
②教育委員会スクールカウンセラー業務担当者に臨床心理士の有資格者を推薦する。
③とくに学校臨床心理士ワーキンググループと緊密に連絡する。窓口になる。
④学校臨床心理士のレベルアップと質の確保のため、各都道府県独自の研修体制、県単位の研修会、スーパーヴィジョンをはじめ、さまざまなネットワークを構築する。

三　「学校臨床心理士のためのガイドライン」の創造

これは、「柔軟に対応」ということを基本に、守秘義務をはじめとした六項目から成り立っている。専門家とは、どんな事態にも対応できることを前提としている。これまで臨床心理士は、相談室がセットされ、そこに来談するクライエントを面接するシステム（医学モデル、時には密室モデルとも呼ばれる）の仕事に慣れてきた。

しかし、学校現場では、相談室もなく、多発するさまざまな問題に対応する事態が予想される。また、派遣される学校によって臨床心理士に対する期待、要望も大変異なることも予想される。地域差により、荒れている学校、進学重視の学校などさまざまである。カウンセリングについてまったく理解がないこともある。議論の末、私は、「現段階では、できるだけ柔軟な対応が必要なので、派遣されたスクールカウンセラー個人の特徴を最大に生かすようなガイドラインが必要である[3]」と考え、実行した。

また、学校のカラーは校長先生の顔ほどに異なることを前提にすると、細かいガイドラインはかえって障害になる。スクールカウンセラーは派遣先の校長と協力しながら、専門性を発揮できる仕事、その学校が求める仕事を見つけたり、あり方を見つけていくことを奨励したものである。時には、専門性のかけらもないような仕事だったりすることもある。

1　学校臨床心理士と教師カウンセラーの区別

学校現場には、すでに教育相談担当教師が活躍している。そこに「黒船襲来」のように入っていくので競合しないこと、コラボするために両者の区別をしておくことが必要であると考えたので、この区別についての項目を最初にもってきた。文部科学省の事業名は「スクールカウンセラー」であるが、臨床心理士がおこなう「学校臨床心理士」という言葉を造語した。

2　柔軟に対応

学校ごとにニーズが異なるので、派遣されたスクールカウンセラーが学校現場の状況に応じて、いかに自分の力量を発揮できるかに知恵を絞った。時には文部科学省が行政レベルで出している実施要領に規定されている仕事や役割とは異なっていることもある。臨床心理士のアイデンティティを守りながら、現実に役立つ動きをつくり出していった。鵜養美昭は、学校臨床心理士が新しい学校に参入するときのプロセスを七段階に分けて見事に訳出している。この発展段階論述は、彼自身の長年の「経験知」から生まれてきた知見であり、現在でも役立つ貴重な業績である（表1）[4]。

幸い、平成七（一九九五）年度に派遣された一五四名のスクールカウンセラーは、実力をもった、訓練されたベテランだったので、この「柔軟に対応」は学校臨床心理士を規則で縛ることから解放し、各自が状況

⑤成長期	ニーズ、学校状況のさらなる把握*、業務本格化の条件査定（治療構造など） 業務 校内訪問、学校行事参加は継続*、校外の地域資源開拓、調査* 教師、生徒の生態学的観察、システム的把握 教師コンサルテーション開始：職員室での雑談などの生活場面面接 生徒：ガイダンス、コンサルテーションなどの浅い面接、おしゃべり 校外専門機関：ニーズがあればリファー 保護者面談開始：ガイダンス、コンサルテーション 保護者、生徒対象の会合などへの講師としての参加（ニーズによる） 地域中心主義のスタンスでニーズ・学校状況に合わせて徐々に進める 心理臨床家に対するコミュニティの認知の変化* コミュニティに対する見立て・見通しの修正* 心理臨床家が専門職として認知されてきたら安定期に移行
⑥安定期	ニーズ、学校状況のさらなる把握*、業務本格化の条件査定（治療構造など）* 業務 校内訪問、学校行事参加は継続*、校外の地域資源開拓、調査* 教師、生徒の生態学的観察、システム的把握* 教師コンサルテーション本格化（職員室などでの生活場面面接も継続）*学年会、進級査定会、生徒指導連絡会などへの参加要請 生徒：浅い面接、おしゃべりの継続*、カウンセリング開始 校外専門機関との連携・協力の開始：役割分担、研究会など 保護者面談：ガイダンス、コンサルテーシヨン 学校行事への講師としての参加の定例化（ニーズによる） 地域中心主義のスタンスでニーズ・学校状況に合わせて徐々に進める 心理臨床家に対するコミュニティの認知の変化* コミュニティに対する見立て・見通しの修正* 心理臨床家の業務が評価され、位置づけが確定したら発展期に移行
⑦発展期	ニーズ、学校状況のさらなる把握* 業務 学校内外を含めた生態系システムとしての学校コミュニティの把握 教師コンサルテーシヨン、保護者面談継続 校内ネットワーク作り、新規採用教員研修講師要請 生徒：浅い面接、おしゃべり、カウンセリングの継続*、心理療法開始 校外専門機関との連携・協力：役割分担、研究会、講師要請など 学校行事への講師としての定例的参加 地域中心主義のスタンスでニーズ・学校状況に合わせて徐々に進める 心理臨床家に対するコミュニティの認知の変化* コミュニティに対する見立て・見通しの修正*

表1　臨床心理士の新規参入の留意点（鵜飼美昭、1995[(4)]）
（@：その前の段階で未確認の情報を確認　＊：その前の段階で得た情報と比較）

①参入前	ニーズ（どのような心理臨床機能を求めているか、緊急か否かなど） 学校状況（学校規模、私立・公立の別、生徒の発達段階、共学・別学、周辺地域の社会・産業・文化・歴史・経済の状況、立地条件） 募集方法（依頼の仕方　誰にどのような方法：公募、仲介者を介して） 募集条件（勤務態様・待遇：常勤or非常勤、教員or事務職待遇、給与） 勤務条件（勤務時間、休暇、勤務場所、組織上の位置づけ、職務内容） 履歴書・紹介状の書き方（当該学校のコミュニティのニーズにそった形式にする）
②応募時	ニーズ（意識的or無意識的、管理職、教員、生徒、保護者） 学校状況（地域住民との関係、教員、生徒の様子）@ 勤務態様・待遇（常勤or非常勤、教員待遇or事務職待遇）* 勤務条件（勤務時間、休暇、組織上の位置づけ、職務内容）* 勤務場所（用意された部屋の位置、数、広さ、入口、照明、備品、設備） 最初の接触（就職面接、依頼の内容、採用条件、意図、担当者） 心理臨床家に対するコミュニティの認知（導入のコンセンサスの有無） 可能な介入法のリスト作りと起きるプロセスの予測（見立てと見通し）
③赴任時	ニーズ（意識的or無意識的、管理職、教員、生徒、保護者）* 学校状況（教員、生徒に対する生活者としての対象理解） 勤務態様・待遇、勤務条件、勤務場所（変更する場合がある）* 挨拶（各校務分掌に挨拶、反応観察） 業務（来室者、生徒への対応：深い関わりは避ける） 心理臨床家に対するコミュニティの認知（導入のコンセンサスの有無）* コミュニティに対する見立て・見通しの修正* コンセンサスができている場合は初期に移行
④初　期	ニーズ、学校状況のさらなる把握* 業務 　校内訪問：事務室、用務室、職員室などの住人と接触、反応観察 　学校行事参加：求められた学校行事にはなるべく参加しながら観察 　校外の地域資源開拓、調査：利用可能な病院、相談所などのリスト作り 　来室者への対応：この時点での接触の意図、臨床家への認知を含めて査定 　生徒：様子を見に来る、トリックスター、心理治療は避ける、枠作り 　コミュニティ成員は臨床家の様子を観察している（自己紹介の時期） 心理臨床家に対するコミュニティの認知の変化* コミュニティに対する見立て・見通しの修正* 心理臨床家への認知が安定してきたら成長期に移行

に応じた独自の動き、主体的な動きを促進するのに有効なガイドラインとして役立った。

3　学校をコミュニティと視る視点の導入

九州大学のキャンパスカウンセラーの経験と京都市教育委員会カウンセリングセンターの経験から両者の違いを学んだ。キャンパスカウンセラーは、①学生全体の精神的健康を促進する視点が必要である。一〇％程度の精神障害圏の学生のケアとともに、残りの九〇％の学生のことも視野に入れること、②キャンパスコミュニティの構成員である一般学生、教職員との協力関係、とくに教育相談コーディネーターとの信頼関係の構築が必要である。

4　守秘義務について

学校コミュニティの中では、来談した生徒の担任、関係する生徒指導教員や養護教員、学年主任、教頭、校長などが絡んでいることがほとんどである。「守秘義務があるから相談については話せない」とは言わないで、学校全体で守秘義務の大切さを考えていく方向を考えることと同時に、カウンセリングの契約の大切さをきちんと説明すること。長谷川啓三（二〇〇七）[5]は「チーム内守秘義務」を提唱し、指導に関わっている諸先生方との間では、ある程度の情報交換を慎重におこなうことにしている。しかし、ケースバイケースでもあり、マニュアル化できない難しさがある。

5　児童生徒に直接援助するより、教員へのコンサルテーションを重視する

文部科学省の実施要領では、週二日、一日四時間、年間三五週が勤務契約である。この勤務形態にスクールカウンセラーの活動を合わせざるを得ない。常勤ではないので、週八時間でできる仕事を考えてみると、教員の生徒指導を援助するコンサルテーションに重点を置くほうが効率的であると位置づけた。障害の重い児童生徒を抱え過ぎると、ごく少数の児童生徒に対応するだけで精一杯になり、週八時間の中で多様なスクールカウンセラーの役割を果たすことができなくなるからである。

6　学外の相談機関との連携

学校に外部から（専門性と外部性をもつ）専門家を導入した一つの要因は、問題生徒の多発と、教員だけでは処理しにくい、いじめ、不登校、暴力、自殺など複雑な問題が多発してきたことである。外部からの専門家としての臨床心理士の役割は、事例の見立てと、必要なら外部の諸援助機関に紹介したり、協力することである。学校の教育相談ではこの点が不十分であった。複雑で困難な事例の困難性と複雑性を学校と保護者に理解してもらうことが専門家の重要な役割である。私は他機関への紹介技術は、専門家の重要スキルであると考えている。援助資源のスタッフや内容を十分に、確実に、知っておくことである。本間によるスクールカウンセラーの効用に関する保護者調査(2)でも、紹介は得点が高くないという結果が出ている。

四　実践知・経験知の集積のためのシステムの創造

1　学校臨床心理士全国研修会

学校臨床心理士をバックアップする基本的な全国研修である。二〇一二年で一七回目になる。毎年、一〇〇〇人から一五〇〇人が参加する。

目的　①スクールカウンセラーの専門性のレベルを維持拡大、②経験知の蓄積、③スクールカウンセラー相互の情報交換と交流、④新人研修、⑤最先端の専門知識の提供、⑤文部科学省との接触、を目的にしている。

基本構造　基調講演、シンポジウム、分科会の三部構成をとってきている。

①基調講演

学校臨床心理士にとって基本的な姿勢、文部科学省事務次官・初等中等教育局長・児童生徒課長からスクールカウンセラー事業の予算・現況・次年度の方向の提示と臨床心理士への注文、激励などである。

②シンポジウム

全体集会であり、スクールカウンセラーに期待されるもの全体を視野に入れ、スクールカウンセラー事業を応援してくれる都道府県の教育長、学校臨床心理士担当の都道府県教育委員会幹部、元校長などを招いて、全教育的視野に立って、教育現場から学校臨床心理士への注文、声を聴く会である。

③事例検討分科会

スクールカウンセラーが学校現場で直面するさまざまな心理的諸問題、たとえば、いじめ、不登校、虐待、非行、基本的な技法、保護者面接法などについて、事例検討や技法の学習を中心とした密度の濃い研修を主体とした分科会を組んできた。これで、教育現場の現状や、さまざまな心理的な諸問題に対応するスキルを磨き、直面している生徒や学校の課題を共有できる。また文部科学省の要請で、急遽、臨床心理士で性同一性障害の専門家を招いて「性同一性障害」について講演をおこなったこともある。

④初任者特別研修

初任者研修として、はじめてスクールカウンセリング活動をした人のために、講演と質疑、小グループに分かれての研修を実施している。

⑤自主プログラム

二〇一〇年度からベテランスクールカウンセラーのために参加者のプログラムを組む自主企画をつくったところ、好評である。

2　日本心理臨床学会大会シンポジウムの企画・実施

文部科学省高官を招待し、スクールカウンセラー事業の予算についてを中心に講演してもらうとともに、学校臨床心理士の活躍の実態を知っていただく相互交流の場である。ある年には、緊急支援のシンポジウムに審議官を招いて、じっくりと発表を聞いていただいた。この審議官は大変興味を示され、次々と質問された。さらに、発表者の原稿を欲しいとのお申し出もいただいた。そこで早速お送りしたところ、丁寧なお礼状が来た。さらに驚いたことに、その翌年のスクールカウンセラー事業の概算要求事項に、「緊急支援」の項目が付き、予算が認められたのである。こうした国の予算措置がとられる以前から、十分な予算措置がないいまま学校臨床心理士による緊急支援活動はおこなわれていたのである。

3　学校臨床心理士ワーキンググループ――文部科学省との情報交換・連絡の窓口

スクールカウンセラー事業は、文部科学省の国家事業として発足したこともあり、三団体を代表する学校臨床心理士ワーキンググループが初等中等教育局児童生徒課との接触の窓口になってきている。ワーキンググループはスクールカウンセラーの年次予算、資料の提供、評価、スクールカウンセラーの人選状況、各都道府県配置状況等などについて、年数回、文部科学省と連絡を取り合ってきている。

4　日本臨床心理士資格認定協会――事務連絡窓口

スクールカウンセラー事業発足以来、事業に関する事務連絡の一切は、日本臨床心理士資格認定協会が担当してきている。

平成二三（二〇一一）年の東日本大震災発生以後、現地の緊急支援震災派遣スクールカウンセラーに関する予算、事務連絡窓口は、東日本大震災心理支援センターに設置された日本臨床心理士会が担当しているが、通常配置のスクールカウンセラー事業に関しては、これまで通り、日本臨床心理士資格認定協会が窓口になっていることも明記しておきたい。スクールカウンセラー事業発足以来、過去一七年間、大塚義孝専務理事を中心とする認定協会の予算・事務など、絶大な支援なくしては事業の遂行はできなかったことを、特記しておきたい（くわしくは本書の大塚論文〔第一部第二章〕を参照されたい）。

五　地方の時代

村山は、平成二〇（二〇〇八）年からスクールカウンセラー事業が「地方の時代」に入ったことを指摘して[6]、地方で独自のシステムをつくって活躍している地方自治体に注目し始めた。日本心理臨床学会シンポジウムで二年連続して取り上げたことから、注目され始めたのである。これには、いくつかの潮流がある。

①地方分権の推進　スクールカウンセラー事業に限らず、日本の政治状況が道州制、地方分権の推進の方向に動いていることは、周知の事実である。

②スクールカウンセラー事業の国庫負担の大きな変化　平成七〜一二（一九九五〜二〇〇〇）年までが全額国庫補助、平成一三（二〇〇一）年から国庫負担が二分の一になり、さらに、平成一九（二〇〇七）年からは三分の一に変化している。このことは、スクールカウンセラー事業に対する地方自治体の権限が強化されてきていることにつながる。地方自治体の権限で、スクールカウンセラー事業より他事業に予算を振り向けることも可能になっている。平成一八（二〇〇六）年度に中学校へのスクールカウンセラーの全国配置が完了したとされるが、この時点でのデータを見ると、配置率一〇〇%の自治体もあれば、三〇%程度の配置率の自治体もある。また、自治体の選挙に、スクールカウンセラーの増員を公約に掲げる政令指定都市も現れてきている。

③自治体の教育委員長・教育委員などに学校臨床担当理事・コーディネーターが就任　過去一七年間にわたるスクールカウンセラー事業を通じて、その学識、実績を認められ、大学教員の臨床心理士有資格者が教育委員長、教育委員などに就任する自治体が続出している。京都市、佐賀県、北九州市、広島県などの自治体から教育功労者として表彰される人も出てきている。スクールカウンセラー事業を通じて自治体への貢献が高く評価されてきているのである。

これまで見てきたように、学校臨床心理士を育てるシステムそのものが、地方の独自性を育てる体制をもっていたことが理解いただけることと思う。

各都道府県の臨床心理士会会長、学校臨床担当理事・コーディネーターの役割の重要性がますます増大していることは間違いないであろう。

六　スクールカウンセラーのこれからの発展の方向と課題

これからのスクールカウンセラーの発展の方向を、これまでの学校臨床心理士ワーキンググループに匹敵する新しいシステムを創造して対応していくことが必要であると考えている。私が関心をもっている方向を列挙しておきたい。

1　スクールカウンセラー・スペシャリストの会の必要性

一七年間にわたる臨床経験から、学校臨床心理士の中から「スクールカウンセラー・スペシャリスト」が続々と誕生している。この専門家群が創造的に活躍できる場を用意できるか。これらの実践知・経験知を伝え、高め、後継者に引き継いでいくための器づくりが必要である。既存の組織と共存しながら、スクールカウンセラーに特化するような組織をつくることがよいと考える。それはどんな形態がいいのか、たとえば、全国研究会、学会、協会などのさまざまな形態がありうる。

2　臨床心理士資格取得後プラス一年の新しい養成システムの創造

新人スクールカウンセラーに対する学校からの評価が厳しいことは認識している。学校現場は多様な役割をこなすことが要請されるので、新人の臨床心理士には厳しい職場である。これは毎年一七〇〇人程度生まれる新人の個人的問題だけではなく、大学院の二年間の養成課程では、スクールカウンセラーの訓練が不十分であることは避けられない事実であり、資格取得後さらに一年の新しいシステムを創造する時が来ている。

3　新しい養成システムの創造（SCIプログラム）

福田憲明[7]が創造している「スクールカウンセラーインターンプログラム（SCIプログラム）」に注目したい。彼は学校臨床心理士ワーキンググループのメンバーであるが、明星大学大学院で自らが担当する「学校臨床心理学特論A・B」の一年間の講義コースにおいて、大学と大学の所属する自治体の教育委員会と連携して、院生が実習校でインターン体験をもてる独自の二年間養成プログラムを創造している。講義内容を拾ってみると、「学校臨床心理士の歴史と展開」「学校との出会い」「学校への参入プロセス」「学校アセスメント」「コミュニティとしての学校」など、学校臨床心理士ワーキンググループが展開してきた理念にそった内容である。さらに、自治体教育委員会と連携して、週一回、院生を臨床心理士が勤務している中学校に相談スタッフとして派遣し、見習い実習をおこない、月一回のカンファレンスなどがおこなわれている。ここには、①指定大学院における養成カリキュラム全体を改変するのでなく、担当者の学校臨床特論を軸に展開できること、②教育委員会との連携で、中学校に実習生を派遣でき、先輩からオンサイトトレーニングを受けることのできるシステムをつくってみせているところが素晴らしいのである。指定大学院修了生と臨床心理士有資格者が毎年一七〇〇人程度生まれてくる時代のトレーニングプランとして注目してよく、指定大学院の学校臨床心理士養成モデルの有力プログラムである。

4 臨床心理士の緊急支援活動とそのシステムの創造

臨床心理士による緊急支援活動は社会や自治体から高い評価を得ている。スクールカウンセラー事業と関連しながら注目していいことである。福岡モデル、兵庫モデル、大阪モデル、京都府モデル、宮城県モデルなどさまざまな都道府県モデルがある。コミュニティ援助学やグループワーク、ネットワーク、コーディネーター論など新しいアプローチが役立つフィールドである。

5 「地方の時代」の到来

前述したとおり、スクールカウンセラーの発展で最も注目しなければならない課題である。

6 スクールカウンセラー評価のための独自のシステムの開発

先ほども触れた、スクールカウンセラー・スペシャリスト集団がメンバーとして入るプロジェクトの結成が必要である。これまでも政策科学的評価を実施して、教師や保護者からみた学校臨床心理士の評価を実施してきている。

国や地方自治体の予算でこの事業が実施されてきている以上、当然のことながら、対費用効果（cost-effectiveness）が問われる。時給五五〇〇円で学校臨床心理士は何を生み出しているかは、今後、現実の課題として大きなテーマになるだろう。これまでは、児童生徒の問題行動の減少が一つの指標として利用されてきている。しかし、Doing と Being を統合しているような存在であるカウンセラーの有効性を測定する指標を綜合的に検討するようなプロジェクトが必要である。

7　コラボレーションの時代

学校臨床を学校臨床心理士だけで独占することはできなくなってきている。規制緩和、社会的問題の質的変化などから、平成二一（二〇〇九）年度から、スクールソーシャルワーカーが導入されている。また、他団体から、規制緩和の流れに乗って、学校臨床心理士に対する独占への批判や注文を文部科学省へ提出する事態が起きている。ここでは指摘するだけにとどめておきたい。他業種とのコラボレーションが大きな課題である。

8　学校臨床心理士の制度化と役割の明確化

学校臨床心理士の守備範囲が明確でないと指摘され始めている。行政的な位置づけ論であり、他職種を学校内に配置するときに必要な論である。一方、援助機能論的位置づけ論では、「先生でも親でも養護教諭でもない存在」である。分業論の罠は専門性が優先されてしまうことであり、利用者のニーズ、利用者の視点が忘れられないように留意しなければならない。

9　費用対効果論の論理

カウンセリングの有効性が国家的に論じられたのは、イギリスのプロジェクトからである。これはうつ病による国家的損失とカウンセラー養成によるうつ病救済効果を計算して、カウンセラーを養成して治療に当たらせる費用のほうが経済的に有利である、と認知行動療法家の養成に踏み切ったプロジェクトである。費用対効果を科学的に考える一大実験である。その思考と成果を見守りたい。クーパー（Mick Cooper）による英国の資料[8]が参考になる。

10　コーディネーターの養成訓練

スクールカウンセラー事業がこれまで展開してきた大きな成功要因の一つが、コーディネーターシステムの創造である。

東京都のコーディネーターを経験した岡本（二〇一一）[9]の「コーディネーター論」は注目に値する。そのポイントは、①心理臨床の豊富な経験、②教育行政への理解や行政感覚、③教育行政を含めた広い視野と関心、④集団を対象とする臨床経験、⑤柔軟性と交渉力〔注：村山追加〕、⑥専門業務開拓への開かれた態度、である。

11　新しいパラダイム論の構築へ

①パラダイム論

パラダイム論でまず挙げられるのは、山本（一九九五）[10]の「心の問題への二つのアプローチ」である（表2）。山本は学校臨床心理士ワーキンググループのメンバーであり、鵜養美昭・啓子と並んで、スクールカウンセラー事業の全体の枠組みをつくり、ガイドラインの創造にコミュニティ心理学的発想を盛り込んだ功績は大変大きなものがある。

山本の提案の重要性は、スクールカウンセラー事業が展開する、スクールカウンセラーの臨床活動を支える「知の構造」を明確にしたことにある。従来の自然科学的アプローチの特徴を「修理モデル」と名づけ、カウンセリングのアプローチを「成長モデル」と名づけている。

山本は「成長モデル」こそ、従来の医師や生徒指導型の教師がもつ指導観、人間観と異なる臨床心理士の専門性を明確にしたものであると主張している。

今日の言葉で言えば、修理モデルは「ニュートン-デカルトパラダイム」であるし、成長モデルは、「複雑系モデル」とも呼べる。

臨床や教育の指導法には、その前提になっている「知の構造」があるし、人間の見方や価値観が含まれていることを認識しておかねばならない。

修理モデルは能率、競争を原理とする“Doing”の価値観が支配しているし、後者は、“Being”の価値観が支配していることも認識しておかねばならない。

表２　心の問題への二つのアプローチ（山本和郎、1995[10]）

修理モデル		成長モデル
症状の管理		発達課題
症状の除去		心の成長・成熟
（医師）		（臨床心理士・カウンセラー）
コントロール	――	意味の理解
自然科学的アプローチ		解釈学的アプローチ
自然の支配		自然と共に
対象化	――	共感的理解
主・客の分離		参加の意識
Doing	――	Becoming、Being
能率、効率、無駄を切る		見守る、待つ、支える
男性原理	――	女性原理
切る		包む
直線的時間、変化	――	円環的時間、変化
進歩、生あるのみ		死と再生
研修、訓練、指導	――	気づき、自己を知る
光の世界	――	影の世界
意識		無意識
組織で活躍している部分		活躍できていない部分
私と思っている私		もう一人の私
Activeな知（働きかけの知）	――	Passiveな知（受身の知）

さらに言えば、修理モデルは、人間を機械としてみなすときに有効な次元である。成長モデルは、人間を自己実現する、主体性のある生物としてとらえる次元である。どちらが正しいか、ではなく、次元の違いを認識していることが大切である。

②欧米のパラダイムシフト

伊藤亜矢子（二〇一一）[11]が一九九〇年代から二〇一〇年代までの欧米におけるスクールカウンセリングのパラダイムシフトを概観している。伊藤によると、一九九〇年代のスクールカウンセリングのパラダイムは「個人からシステムへ」「治療から予防へ」と力点が移動してきている、と指摘している。これは、日本のスクールカウンセラー事業が始まった平成七（一九九五）年とほぼ軌を一にしている。われわれも世界と同じ路線を、独立して走ってきたことになる。さらにアメリカスクールカウンセラー協会は、安全な学校風土づくりなどをはじめ、一対一の活動より、小集団活動や問題を学級に位置づけ直し、生徒相互の援助力を強化している。そのため、肯定的行動支援、社会的情緒学習が注目され始めている。

日本では、村山が「ＰＣＡグループ」（本書、福田論文〔第二部第六章〕を参照）を提唱し、中学校、看護学校、大学での実践を積み重ね、効果を示す実証的研究データも積み重ねている。因子分析によると「自分らしさの肯定」「メンバー相互のつながり」「個人の尊重」の三因子が見いだされ、従来の集団主義的グループではなく、一人一人を認め、他人との違いも認めながら、相互のつながりをもてるクラスの風土になる。学校臨床心理士が学校で有効に使える一つの方法として注目している。

12　新しい人間関係ネットワークパラダイム論の構築へ

従来のパラダイム論に不足していることは、人間がつくる複数の対人ネットワークの重要性を認めるネットワーク論である。セラピストとクライエントの二者関係の重要性だけでなく、クライエントを取り巻く多様な人間関係である。本来人間は、多様な人間関係の中で育つ。いかなる問題も、実は当事者だけでなく、その背景に多様で複雑な人間関係の文脈がある。

学校コミュニティで見ると、児童に直接に関わる人として、両親、兄弟、親戚、近隣の人、教師、部活の教師と部員、担任、養護教諭、クラスメート、友達、塾の教師や友達などがある。これらの、複雑だが精妙に働いている人間関係ネットワークをつないだり、修復したり、その意味を確認する作業は重要である。

最近村山が開発している「PCAGIP法」という新しい事例検討法(12)を適用してみると、クライエント側が自分の生のために、意識的・無意識的にさまざまな支援ネットワークを結んでいる実態が明らかになってきている。援助ネットワーク図を見ると、援助者自身がこうしたネットワークの中でどんな役割を果たしているか、理解していくことが援助者側の支えになることが明確になってきたのである。

おわりに

最後に個人的感慨を述べさせていただきたい。日本のスクールカウンセリングの世界における歴史的画期的事業に深くコミットする幸運に恵まれたことに、心から感謝している。一七年間にわたる、時に厳しく、わくわくする活動である。本章ではそこから生まれたシステムや成果について述べ、今後の発展の方向と課題にも触れている。本書全体が、自らの臨床活動に深く関わる中で生まれてきた実践知と経験知の集積である。

現代という時代精神は、“Doing”と“Being”の文化の亀裂が大きいところにあり、その調和、統合、ないし緩和を求めて、世界中の政治、社会、文化が揺れている。教育現場も例外ではない。学校というところは、そうした亀裂が生徒の心の問題として最も顕著に表現される場でもある。

学校臨床心理士は、教育現場の中で、これらの諸問題に、専門性と外部性を生かしながら、どう生きるかが問われている。それは一人一人の学校臨床心理士の研鑽の過程で磨かれていくものである。学校臨床心理士の自己実現の課題でもあろう。

われわれは、世界の状況に注目しながらも、ただ流されるだけでなく、日本文化に根づいたスクールカウンセリングシステムをつくることを目指してきた。私がとくに「地方の時代」を強調するのはそのためでもある。

専門家は、時に、自分の専門家集団の利益を優先することがある。しかし、あくまで来談者、ユーザーの自己実現に役立つことが第一であることを忘れてはならない。自戒としたい。

これからもさまざまな課題に直面するであろうが、実力を磨いて育ってきている若い世代がさらに道を切り開き、受け継がれていくことを、将来の発展を期待しながら、筆をおきたい。

注

マイケル・ポランニー（一八九一～一九七六）　ハンガリー生まれの物理化学者・科学哲学者。「暗黙知」「個人的知識」「棲み込み理論」はポランニーの造語である。カール・ロジャースはポランニーの科学論に影響を受けている。以下にロジャースの説明を引用しておきたい。「科学者は参加しているものの知覚・態度・感情・経験・行動などの中に棲み込み、ある様式をつくる。この深い共感的な棲み込みから得られた知識は、それから論理的で意味深いかたちに組織づけられ、そこから新しい発見、真実への新しい接近の方法が生まれてくるのである[13]」。

引用文献

⑴　伊藤美奈子「学校側から見た学校臨床心理士（スクールカウンセラー）活動の評価――全国アンケート調査の結果報

告」臨床心理士報11⑵、二一～四二頁、二〇〇〇年
(2)　本間友巳「保護者から見た学校臨床心理士（スクールカウンセラー）活動の評価──全国アンケート調査の結果報告」臨床心理士報12⑵、一二～二七頁、二〇〇一年
(3)　村山正治『新しいスクールカウンセラー──臨床心理士による活動と展開』ナカニシヤ出版、一九九八年
(4)　鵜養美昭「スクールカウンセラーとコミュニティ心理学」〔村山正治、山本和郎編〕『スクールカウンセラー──その理論と展望』ミネルヴァ書房、六二～七八頁、一九九五年
(5)　長谷川啓三「チーム内守秘義務の実際」〔村山正治編〕『学校臨床のヒント──SCのための73のキーワード』金剛出版、一六～一九頁、二〇〇七年
(6)　村山正治編『臨床心理士によるスクールカウンセリングの実際──コラボレーションを活かす時代へ（『現代のエスプリ』別冊）』至文堂、二〇〇八年
(7)　福田憲明「大学院における養成プログラム」〔村山正治、森岡正芳編〕『スクールカウンセリング──経験知・実践知とローカリティ』金剛出版、五七～六二頁、二〇一一年
(8)　ミック・クーパー『エビデンスにもとづくカウンセリング効果の研究──クライアントにとって何が最も役に立つのか』清水幹夫、末武康弘監訳、岩崎学術出版社、二〇一二年
(9)　岡本淳子「コーディネーター論──私の立場から」〔村山正治、森岡正芳編〕『スクールカウンセリング──経験知・実践知とローカリティ』金剛出版、一一五～一一八頁、二〇一一年
(10)　山本和郎「序にかえて」〔村山正治、山本和郎編〕『スクールカウンセラー──その理論と展望』ミネルヴァ書房、一～一一頁、一九九五年
(11)　伊藤亜矢子「学校風土・学級風土の視点から見たスクールカウンセリング論」〔村山正治、森岡正芳編〕『スクールカウンセリング──経験知・実践知とローカリティ』金剛出版、一〇四～一〇八頁、二〇一一年
(12)　村山正治、中田行重編『新しい事例検討法ＰＣＡＧＩＰ入門』創元社、二〇一二年

⒀　伊東博、村山正治監訳『ロジャーズ選集　下』誠信書房、三四〜三五頁、二〇〇一年

参考文献

● ミック・クーパー『エビデンスにもとづくカウンセリング効果の研究――クライアントにとって何が最も役に立つのか』清水幹夫、末武康弘監訳、岩崎学術出版社、二〇一二年

● かしまえりこ、神田橋條治『スクールカウンセリング モデル一〇〇例――読み取る。支える。現場の工夫。』創元社、二〇〇六年

● 村山正治「コミュニティアプローチとは何か」『コミュニティ・アプローチ特論（放送大学大学院教材）』放送大学教育振興会、二四〜三四頁、二〇〇三年

● 村山正治『ロジャースをめぐって――臨床を生きる発想と方法』金剛出版、二〇〇五年

● 村山正治「ＰＣＡグループの現状と今後の展望」人間性心理学研究27⑴⑵、八一〜八六頁、二〇一〇年

● 村山正治、森岡正芳編『スクールカウンセリング――経験知・実践知とローカリティ』金剛出版、二〇一一年

● 村山正治、中田行重編『新しい事例検討法ＰＣＡＧＩＰ入門』創元社、二〇一二年

2　わが国におけるスクールカウンセリング

Yoshitaka Otsuka　大塚義孝

はじめに

日本のスクールカウンセリング事業は、平成七（一九九五）年四月に始まる。当時の文部省（現・文部科学省）の所管する初等中等教育現場の改善に資する施策の一環として国家予算が投入された。全国の公立中学校等を対象に実施しようとする「スクールカウンセラー活用調査研究委託事業」である。

周知の〝臨床心理士〟がこのスクールカウンセラーに任用される基本方針が内示された事情もあり、われわれ関係者には、臨床心理士の社会化に向けて願ってもない国の方針と受け止められた。具体的展開をいかに適正に進めるべきか……。一七年前の話とも思えない生々しさで、その時のことが想起される。恐らく学校臨床心理士[注1]として一七年前には想像も出来なかったような、学校現場での安定的な信頼と好評を得て〝スクールカウンセラー〟活動が発展してきた事情に由来するのであろう。

とりわけ、本稿で紹介する、文部科学省と全国の派遣学校所属当該県等の教育委員会の管轄下にある公立中学校や小学校のスクールカウンセリング事業に加えて、私立中学校を中心におこなわれているスクールカウンセリング活動の実態を知るにつけ、一六年前のことが想起されるのである。筆者の現在の立場（臨床心理士資格認定協会）で、この認定協会創立二〇周年記念事業として、平成二二（二〇一〇）年度から実施することになった「私立学校臨床心理士（私学スクールカウンセラー）支援事業」についても注目しておきたい。

いずれにしろ本稿では、国の施策として誕生した公立学校のスクールカウンセリング事業、私立学校のスクールカウンセリング事業、これら二つの実状から展望される課題をめぐって述べてみたいと思う。

一　スクールカウンセリング事業の沿革と現状

スクールカウンセンリングと言われる心理的な相談活動は、今日ではごく当たり前の「概念」として、学校の先生方も承知しておられる。このことについて筆者（大塚、一九九八）は『臨床心理士のスクールカウンセリング[2]』で次のように述べた。

「……わが国の学校カウンセリングの歩んできた道は、一九五〇年代のはじめ頃より、生徒指導（生活指導）担当の先生（教諭）たちが、当時、盛んに紹介され、草創期の臨床心理学会や教育心理学領域でも注目されたアメリカのカール・ロジャーズ（一九〇二～一九八七）の開発した来談者中心療法（一九四〇～一九五七）に傾倒していた。一層熱心な学校の先生方は、教師である前にカウンセラーであることを自らに求める人さえ現れた。教育方法学の専門家をもって任ずる大学の先生方も熱心に、これらの人びとへの解説者や指導者を演じて努力していた。カウンセリング・マインドなる日本的なロジャーズ主義が学校現場を支配するかのようでもあった。

一九六〇～一九七〇年代のはじめにかけて、こうした学校の先生（教諭）方自身に寄せられた学校カウンセリング万能論が流行した。昭和三八（一九六三）年の文部省の示した『生徒指導の手びき』をみても『生徒の人格の尊重、個性の伸長、社会的資質や行動を高めることを目指し、自主性や自律性、自己理解を重視し、出会い関係の中で無条件的尊重や共感的理解を通して治療的援助と開発的援助を行うこと……』とある。いかにロジャーズ的カウンセリング思潮が安易に導入されようとしていたかを物語っている……」。

こうした時代の流れの中にあって、当時の文部省当局の生徒指導のモデルは、一九五〇年代のアメリカのスクールカウンセリング事業の中にあったことは明らかである。

ところで、このアメリカ版スクールカウンセリングやスクールカウンセラーの特徴は、いかなるものであったのか……。一九五三年に発足したアメリカスクールカウンセラー協会（ＡＳＣＡ）は、生徒の職業教育に資する就職ガイダンスの役割や、ベトナム戦争後の社会の不安定化（一九七三～一九八〇年）や都市化の促進にみる個人のニードの複雑化に対応する、学校におけるカウンセリングの様相が微妙に変容していったように見える。一九九〇年に改めて示したスクールカウンセリングの定義は示唆的で、「スクールカウンセリングとは個性の尊重と潜在能力の実現を目指す教育活動であり、幼稚園から高校までの教育課程のなかで、総合的・開発的プログラムを作り、子ども一人ひとりの知的能力、個人的、社会的能力、職業選択的能力を開発し、責任ある創造的市民を育成しようとする営みである」とまとめている。

加えて、これらの職能の役割（職務）について、「スクールカウンセラーは、公認教育専門家（professional educator）である。問題行動や不適応状態を改善するための個別的なカウンセリングのみならず、グループガイダンスのほか、子どもの周囲の人びと（教師、保護者等）や関連協力資源への働きかけなどに関するコンサルテーションやコーディネーションなどの援助活動を行うところにある」とまとめている。

今日（二〇〇〇年代）、アメリカでのスクールカウンセラーは、州単位で免許資格が与えられ、学校組織内の専門職として位置づけられている。基礎資格は州によって多少異なるが、一般に大学院修士課程修了者で、スクールカウンセリング認定証書を持っていることを条件としている。

アメリカのモデルとその実態は、スクールカウンセラーを公認教育専門家として明確に学校教育システムに組み入れて、その機能と専門性の有用性と安定的展開を図っていったようである。しかし、わが国の教育現場の実態は、教師がカウンセリングの専門性をも担当して学校教育に資そうとした。残念ながら、その努力は報われなかった。狭義の教科教育（学習）に専念するとともに、広義の教育課題とも言える、いわゆる生活指導に収斂する児童・生徒の発達に資する自称のカウンセリング的努力は、登校拒否の漸増、校内暴力・いじめの多発や児童の自殺等々、先生（教諭）をたじろがせた。カウンセリング・マインドだけでは何とも対応しきれない不幸な学校状況をもたらしたのである。文部省当局が公立中学校等に臨床心理士をスクールカウンセラーとして任用し、この学校危機に対処することになる。どのような公的な事業も、ストレートに始められることはない。このスクールカウンセラー派遣事業も、二年間を目途に「スクールカウンセラー活用調査研究委託事業」として始められている。

この事業の必要性については、次のように述べられている。

「問題解決が学校だけの対応では困難であり、教育センター、児童相談所その他の専門関係機関の一部に頼らざるをえない現状であるが、それらの活用にも制約や限界があり、十分とは言い難い。これらのことから、学校におけるカウンセリング等の機能の充実を図ることが必要かつ有効と考えられ、高度に専門的な知識・経験を有する『スクールカウンセラー』（仮称）の活用効果等に関する実践的な調査研究を各学校においても行い、もって児童・生徒の問題行動等の解決に資する」と。

ここで言う「スクールカウンセラー」は、「認定臨床心理士等で、児童・生徒の臨床心理に関して高度に専門的知識・経験を有する者」とある。

職務内容については、①児童・生徒へのカウンセリング、②教職員及び保護者に対する助言・援助、③児童・生徒のカウンセリング等に関する情報収集・提供、④その他、児童・生徒のカウンセリング等に関し、各学校において適当と認められるもの、以上四点が挙げられている。

勤務形態については、①非常勤、②原則として週当たり二回（一回四時間）程度の勤務を標準とする、③原則として各都道府県小・中・高三校に、それぞれ一名を配置するものとする、④給与は一時間五五〇〇円とする。[注2]この事業が開始される平成七（一九九五）年四月の三か月前に当たる一月二六日に、全国の関係教育委員会の教育指導部長等が当時の文部省に参集し、この事業の趣旨徹底、とりわけスクールカウンセラーの任用に対応する当該地区の臨床心理士会との意思疎通を図ることなどが述べられた。

一方、この事業をある意味で成功させたのは、前述のスクールカウンセラー任用者の母体ともみなされる全国四七都道府県に組織されていた臨床心理士会の全面的なバックアップ体制構築の作業である。まだまだ当該臨床心理士会の組織化が草創期（一九九五〜二〇〇〇年）であった時代だけに、各県の臨床心理士会の代表者らにバックアップをお願いするだけでは埒はあかない。臨床心理士会の会長に加えて、スクールカウンセラー（学校臨床心理士）事業に専念していただける理事職に準ずる方の選出を「スクールカウンセラー支援担当理事」としてお願いしたものである。同時に、スクールカウンセリングに関する専門業務に精通し、かつ関係機関（地元の教育委員会等）などとの連携作業や学校臨床心理士の個別的なサポート（スーパーヴァイザー的役割も含む）にも資する役割を期待する「コーディネーター」も選出していただいた。いわば当該臨床心理士会の組織的バックアップを担保するキーパーソンとして、草創期はもとより、一六年後の現在（平成二三年度）[注3]でも大発展したスクールカウンセラー派遣事業は、五、二六九名の臨床心理士の小・中校への任用をみている。日本の公教育を、いささかなりとも支えていると言っても言い過ぎではあるまい。

実は、このバックアップ・システムは、スクールカウンセラー関連三団体（日本心理臨床学会、日本臨床心理士資格認定協会、日本臨床心理士会）で組織されるワーキンググループとして、スクールカウンセラー支援事業委員会でおこなうことになった。代表は、九州大学の村山正治名誉教授であるが、このワーキンググループの重要な作業は、中学校等に派遣していただく学校臨床心理士の適格な候補者を推薦していただくためのお願いへの基本的基準の明確化である。同時に、任用されたスクールカウンセラーとして、学校現場に寄与する際の「ガイドライン」なるものを用意した。左に示す七項目がそれである。

㈠　文部省のスクールカウンセラー活用事業に関連して、学校（小・中・高）に関与する認定臨床心理士を「学校臨床心理士」と呼称し、現場の教諭で教育相談活動をおこなっている者を「教師カウンセラー」と呼称することとする。学校臨床心理士が現場教師のおこなっている活動を支援こそすれ、代換しようとするものでないことを明確にするためである。

㈡　各地域や学校の実状は区々としている。一律的な対応手法がないことを認識し、柔軟かつ総合的に判断して関わること。

㈢　不適応状態の児童・生徒の担任への助言と援助を優先し、本人や保護者への直接的な関わりは十分慎重におこなうこと。

㈣　学校内関係者の小グループ形式などによる話し合いや学内研修の開催などに配慮し、校内関係者の相談活動を活性化させるよう努力すること。

㈤　学校組織、校務分掌、生徒指導係などの役割と機能に精通するよう努力するとともに、これらをふまえた学校臨床心理士と教師との連携・協力体制、協力要請などのあり方を明確にすること。

㈥　学校外の地域関連機関（教育委員会、児童相談所、医療機関等）との連携的援助のあり方についても配慮すること。これらの関連資源の活用には、当該コーディネーター担当者と常々コンタクトをはかっておくこと。

㈦　狭義の守秘義務を前面に出すのではなく、学校全体で守秘義務の大切さを考えていく方向を念頭におくこと。

記録的な事実として付加的に示しておくが、この公立学校のスクールカウンセラー派遣事業は、平成七年を初年度として始められ、当初の二年間を目途とする調査研究委託事業から、事業内容の有用性が認められ、一七年後の今日でも、当初の国家予算三億円、一五四校のスタートから、平成二二（二〇一〇）年度公立の小学校六、四一二校、中学校八、五一五校、高等学校一、〇〇一校に、臨床心理士有資格者のスクールカウンセラー四、九八九名の任用をみている。

ただしかし、三団体スクールカウンセラー事業の代表である村山正治が本書編集代表でもある立場から記載されているように、この事業の制度的に安定した発展と充実を今後に向けていかに図っていくのか……。関係各位はもとより、学校臨床心理士として、その専門的資質を確かなものにするために新たなる心理臨床技法の精練化につとめることが大切である。われわれ臨床心理士のアルファー（α）でありオメガ（ω）であることをあえて強調しておきたいと思う。本編では割愛したが、学校臨床心理士に特化した研修会の定期的開催を、資格認定協会や臨床心理士会で開講し、その腕を磨いていただく場を提供することもわれわれ関係者の役割であろう。

二　私立学校スクールカウンセラー支援事業の創設

前項では、今日までのスクールカウンセリングの制度的枠組みを一応ふまえつつ、一般化した公立学校派遣事業としてのスクールカウンセラーについて述べた。

次に述べたいのは、公立学校のみに限られてきたスクールカウンセラー派遣事業にとどまらず、私立の小・中学校等にも、スクールカウンセラーを拡めるべきではないのか……ということである。すでに予告したが、筆者の立場からは、ある意味で公立学校のスクールカウンセラー派遣事業の推進に意を用いてきた事実を活用しての事業と言える。

財団法人日本臨床心理士資格認定協会は、昭和六三（一九八八）年三月八日に創設をみている。ちょうど平成二〇（二〇〇八）年三月に創立二〇周年を迎え、臨床心理士、とりわけ公立学校のスクールカウンセラー派遣事業の、私立学校での同趣旨の展開を、創立二〇周年記念事業の目玉アイテムに仕立てることになり、平成二二（二〇一〇）年度より、二年を期間として、年度あたり二〇校から三〇校程度、五年間、のべ二〇〇校程度を、全国小・中・高または中等教育学校から公募することになった。「私立学校臨床心理士支援事業委員会」（委員長：京都大学名誉教授 藤原勝紀）を組織し、その適正な運用を図っていくことになった。初年度（平成二二年）は中学校に限ったが、現在すでに、北海道の立命館慶祥中学校をはじめ二三校、平成二三年度は福島県の東日本国際大学附属昌平中学校ら一四校と神奈川県の湘南学園小学校ら四校、計一八校が支援対象となっている。

事業内容を少し敷衍すると、①支援担当者は、臨床心理士有資格者でスクールカウンセラーの臨床実践経験と実績を有する者、②支援基本モデル　(a)支援期間：二年間　(b)勤務形態：年間三五週（二八〇時間）、一日四時間、週二日　(c)支援経費：一時間あたり五五〇〇円、全額認定協会負担。ただし交通費等は実施校の負担、③事業総予算：五年計画による支出総額約三億円、④募集要領：年度ごとに所定期日（例年九月中旬）までに所定の「私立学校臨床心理士（私学スクールカウンセラー）支援事業応募申請書」に必要事項を記入し、日本臨床心理士資格認定協会内「私立学校臨床心理士支援事業委員会」宛に郵送することになっている。

三　私立学校臨床心理士支援事業から示唆されること

私学スクールカウンセラー派遣事業の有用性を担保するキーポイントは、スクールカウンセラーの受け入れ側である私立学校の学校臨床心理士に関する予備知識の認知の程度が一応認められていることと、同時に、赴任しようとする学校臨床心理士のバックアップ・システムが、当該臨床心理士会でどの程度体制化されているかが大切であるようだ。もとより、こうしたことは、公立学校に向かうスクールカウンセラーにとっても重要なことである。

今回（平成二四年四月）、この私立学校臨床心理士支援事業第一回派遣の終了した平成二二年度組と第二回派遣の平成二三年度組と、二一名のスクールカウンセリングを直接担当した方々、都合三五名の臨床心理士の集まりを得て、さまざまな体験報告と今後に資する意見交換の場がもたれた。この成果は、この事業に込められたスクールカウンセリングの有用性を、改めて濃密な水準で確認させたようで、八名の本支援事業委員会全委員の、いささかの感動さえ催させるものであった。カウンセリングを直接担当する私立学校臨床心理士の気負い過ぎない児童・生徒への関わり態度、私学固有の特徴でもある、先生方の援助の少ない条件から醸し出される教師と児童生徒との対話の多さに、それとなく自身の役割について筆者（大塚）の強調するスクールカウンセラーの「黒子」に撤する開陳（参考文献(3)参照）を聞くのもほほえましい。私学なるが故に、進学校的に特化した学校風土や、逆に発達障害児らへのいじめ回避に由来する特別支援学級的校風への適格な対応姿勢は、バックアップするコーディネーターのベテラン臨床心理士に負うところが垣間見られ、「おぉ……」と会場に嘆声が波打った。まことに、スクールカウンセリングの妥当な展開にあって、どのケースの場合でも、本人、教師、保護者、地域の人などの人間関係力動に対するセンスのよい報告やコメントを聞くことができたのも特筆される。改めて臨床心理士の力量の向上がしのばれる。とりわけ、担当私学スクールカウンセラーと当該臨床心理士会のコーディネーターとのコンビのよさにも、あずかって寄与しているのであろう。この派遣事業に協力した臨床心理士で、その派遣された当該校に改めてスクールカウンセラーとして採用された方が二人おられた。また関係学校の校長先生から新規採用のあり方を真剣に相談されたことも特筆される。

今回の私立学校臨床心理士支援事業の配慮として、各担当臨床心理士会のコーディネーターの適正なバックアップを、一年間にわたり続けてもらうための支援事業費として、資格認定協会より一切の支出項目を問わない二〇万円の配布をおこなった。今回の報告、検討会の発言で、この支援費が相当に役に立ったことが六地域の支援担当者から語られて、会場をなごませたようでもある。来年度からも、関係機関の再確認も得て、この支出項目を問わない支援事業費を続けていくことができるならばと願っている。

注

注1　〝学校臨床心理士〟とは、文部科学省の認可する財団法人日本臨床心理士資格認定協会が、大学院研究科臨床心理学専攻又はそれに準ずる専攻コースを修了した者に実施する資格試験に合格し、「臨床心理士」の資格認定証書を取得し、学校教育法に定める小・中・高の学校における、いわゆるスクールカウンセリング業務に従事する者に与えられた慣例的な通称名称である。

本書文頭三五頁の記載にあるように、スクールカウンセリング事業が文部省の調査研究委託事業として平成七（一九九五）年四月から実施されるに際して、われわれ（日本心理臨床学会、日本臨床心理士資格認定協会、日本臨床心理士会のいわゆる三団体）のワーキンググループであったスクールカウンセラー支援事業委員会は、事業推進のための「ガイドライン」を用意した。本書の四〇頁第一項に記載しているように、臨床心理士の資格を持って公立学校に任用されるスクールカウンセラーを、「学校臨床心理士」と呼称し、現場の教諭（先生）で教育・生活相談活動をしている人を「教師カウンセラー」と呼称することにした、とある。

先生方を支援こそすれ、臨床心理士がとって代わるものでないということの厚き思いのガイドラインなのである。

〝学校臨床心理士〟の呼称は、こうした配慮から生まれたと思っている人が一般的であったようだが、日本のスクールカウンセラー事業が始まる平成七年四月より一〇か月ほど前の平成六年七月に、われわれ資格認定協会に内示された（相談のあった）事業の名称は「学校臨床心理士（スクールカウンセラー）配置調査研究補助事業について」であった。

注2　スクールカウンセラー任用にかかる文部科学省の基本モデル、とりわけいわゆる給与に関して、「一時間五五〇〇円」は、当初の調査研究委託事業として展開し、総額が三億円であったものが今日では三分の一補助事業、九五億円に及んでいる。しかし補助事業のあり方、とりわけ、平成一九年度から義務教育国庫負担金との関連から、単純に五五〇〇円の二分の一から三分の一の国の負担に減額されたといった政治の問題に、われわれが一喜一憂すべきではない。「学校臨床心理士さんには、何としてでも学校に勤務してもらわなくてはならない」との一般市民、国民の思い（願い）を担保する実力を養うことこそ必須の課題であろう。私立スクールカウンセラー事業モデルとして、資格認定協会の支援事業の骨子は一七年前の文部省モデル、一時間五五〇〇円を旨としている理由である。今日（二〇〇〇年以降）、公立学校では、平均五〇〇〇円を切りかねない。最低は三〇〇〇円以下のところがあると言われている。国と地方との負担金問題である。

私立学校臨床心理士支援にあっては少なくとも記念事業が意味あるソシアル・リリーザーの役割を演ずること、単なる打ち上げ花火現象に終わらないことを願っている。

注3　文部科学省より――平成二四年六月三〇日現在、提供された「スクールカウンセラーの配置について」の内部資料（平成二二年度、同二三年度の原資料）による。

文献

(1) 大塚義孝「スクールカウンセリングの要請――臨床心理士の課題と期待」〈岡堂哲雄、平尾美生子編〉『スクールカウンセリングの要請と理念〈『現代のエスプリ』別冊　スクール・スクールカウンセリングシリーズ〉』至文堂、一九～二一頁、一九九五年

(2) 大塚義孝「スクールカウンセラー事業の沿革と学校臨床心理士の養成」〈河合隼雄、大塚義孝、村山正治監修〉『臨床心理士のスクールカウンセリング1』誠信書房、一三～三一頁、一九九八年

(3) 大塚義孝「学校臨床心理士〈スクールカウンセラー〉十一年の歩みから未来に向けて」〈村山正治、滝口俊子編〉『事例に学ぶスクールカウンセリングの実際』二八〇～二九〇頁、創元社、二〇〇七年

(4) かしまえりこ、神田橋條治『スクールカウンセリング モデル一〇〇例』創元社、二〇〇六年

(5) 藤原勝紀「私営スクールカウンセラー支援事業元年」臨床心理士報四〇号〈第二二巻第一号〉、一一～一四頁、㈶日本臨床心理士資格認定協会、二〇一一年

Part 2

1　不登校

馬殿禮子
Reiko Baden

一　不登校の変遷

「不登校」という現象の基礎的な共通理解のために、まずその歴史を辿ってみると、一九六〇年頃までは、神経症の類型の一つである「学校恐怖症」として研究がなされていた。

当初の症例報告の多くは、成因論・治療論・症状の心理機制について、分離不安説が主であったが、それでは十分に説明できないとされ、神経症に対する心理支援が報告の中心となっていった。

以来、不登校は時代とともに様相が変化し多様化しながら続き、長い年月を経過した現在、学校教育上の重要な課題の一つとなって、対応や予防対策が考究されている。

不登校行動の呼称については、初めは神経症状との診断により、わが国でも「学校恐怖症」の語が用いられていた。その後これを現象面から捉えて「登校拒否症」とか「登校拒否」が一般的に用いられるようになった。

一九八〇年代、文部省（現・文部科学省）の学校基本調査における長期欠席理由に「学校嫌い」という項目が設定されてからは、その理由を掲げた長期欠席調査が実施されたが、一九九二年度開催の、学校不適応対策調査研究協力者会議で「登校拒否（不登校）」と「不登校」の語が初めて使用され、「どの子にも起こりうる」との報告がなされた。

一九九九年からは「不登校」で、三〇日以上欠席した生徒を基本調査の対象にしているという経緯がある。

二　不登校の定義は

不登校の定義として、文部科学省は「何らかの心理的、情緒的、身体的あるいは社会的要因・背景により、登校しないあるいはしたくともできない状況にあるために年間三〇日以上（以前は五〇日）欠席した者のうち、病気や経済的な理由による者を除いたもの」としている。

この定義については、「心理的、情緒的要因・背景により」とか、また「身体的要因・背景により」としながら、「病気を除く」と述べられ、あいまいである点は否めない。

不登校児童生徒の数量の変化から大枠で概観するのは無意味でなく、予防的な対策を考えるもととして必要である。

加えて重要なことは、子どもたちが、不登校行動で訴えていることにより、学校教育上の新たな課題が発現し、多様な対応・対策が実現している事実である。

単に不登校の数的減少対策だけが目的ではない。成因を因果関係的思考論だけでなく、その子にとってはもうひとつ別の意味も内在しているという視点も必要である。無意識的にしろ不登校行動を決断したのには、その個人にとって重要な目的があると考えられる。

不登校は決して負因だけではない。何かを外界にも自分の内的世界にも発信している。

三　不登校の成因について

呼称の変遷とともに、背景に想定される成因論や見立ての中心となる説は変化し広がってきている。最初は分離不安説、続いて神経症中核説、学校病理説、社会病理説、社会的自立の問題・進路の問題へと変化しているとのこと。[1]

わが国における登校拒否急増現象には、一九六〇年代の後半、高度経済成長策による経済社会構造や、高学歴志向など教育体制状況の変化が影響しているとの研究報告もある。[2]

特に青少年に及ぼす生活文化の影響は大きく、不登校も心理治療対応上の研究から、「神経症的」「怠学的」「その他のタイプ」と分類して用いた研究もある。[3]

不登校の児童生徒には、精神科医による精神病理面の支援や、教職員による取り組みの実践や、臨床心理士のスクールカウンセラーなどによるケース研究が続いていて、成因論も定型的ではないことは理解されている。多彩な一般論を参考資料としながら、不登校が続く子らに対して、個別的な事情を理解し、個別的に関わることから支援が始まっている。

四　不登校、その対応と対策は

不登校という語が一般化した今でも、不登校からの回復という視点で、多様な支援法・技法が用いられ実践されている。不登校は個人が選択した行動で、個別の課題がある。対応に際して「かくあるべき」は意味がなく、本人を傷つけることにもなる。

指導・助言・スキル体得も時には求められるが、内在因論で単純に「本人の問題」と考え、一般論で誰にでも当てはまるような対応と、マニュアルに従って支援することでは解決しないことが多い。これは実際に関わる誰もが認識している事柄である。

学校教育の課題として半世紀以上も続く不登校の問題は、全児童生徒を対象とした予防としての対応策や指導も当然ながら必要であり、先行研究や諸説、現状分析研究など色々な視点・角度からの資料に基づいたさまざまな具体的な提言も多い。

その一方では、不登校が長期に及んでいても、自らの生きる道を自己探索し適応してゆく人が多く、困った問題というだけではないのも事実である。

困った問題だけにしないためにどのような支援が必要なのかは、具体的事例に学ぶことが多い。心の過程の同行で、その子も意識していないであろう真の意味が知らされることがある。

予防対応策も、事例から学んだ具体的な様相を通して考えると、今登校している子らにも、登校意識に違いのあることに気がつく。回避感情を抱きつつ我慢している子も、身体不調を訴えて保健室でのケアを求める子も、遅刻早退などの行動もその子らがもつ自己防衛力による姿として見えてくる。

個々の事例研究から、登校している子らにも必要な本当の支援の方向が見いだせる。

五　不登校の子どもの声から

相談機関などで、直接出会う機会のあった不登校が続く子らは次のように語っている。

A：中学生時代、長期間不登校を続けていたAは、対人援助職につき、自分の不登校についてある集いで語っていた。「『なぜ登校しないのか、出来ないのか』と家庭訪問の担任から心底案じる質問が続いた。自分にもわからなくてドアを閉じたが、その足音は耳に残っている。今も不登校の理由はわからない」と。きっかけと真因は同じではないと訴える。

B：長期欠席を続け、両親出勤後は自宅で独りで過ごしていた女子中学生Bが、パソコンを使いこなし、「ネット上でたくさんの友達と付き合っているから寂しくない」と話し、友達のリストを見せていた。が、ある面接時に突然「体温や匂いが感じられるナマの人と友達になりたいから、学校に行く」と宣言、高校進学に向けて動き出した。

C：短期宿泊型適応指導施設でのこと。雪が解け土が顔を出した裏山に、小さな緑の草の芽を見つけた中学男子生徒Cが、「そうか、この芽を出すため、冬の間じっと地面の中で頑張ってたのか」とつぶやき、間もなく登校を再開していた。

D：「登校しても地獄、休んでも地獄」「みんなはどんどん遠くへ離れていく」「居場所はどこにもない」「人はみな変わっていく。自分だけ変わらないで取り残された」とDは思春期の心情を、自らに問いかけるような口調で表現している。

E：「友も先生も嘘をつく」と言い間違い現象の理解が困難な生徒Eは「嘘」を追及する。「抗議しても無視する」「みな敵だ」と怒り、二次的に不登校に。発達障害が背景にある中学生で、自宅では問題なく過ごす。「嘘」という心が痛む言葉にEの生き辛さが伝わる。

F：「発熱で休むだけ。不登校生扱いは嫌だ」と。ある日、「理由がわかった、摩擦熱だった。自分の心も納得できない事柄（心の内）の解決に苦慮している状態を、物理の摩擦熱で気づいた」と。葛藤を保護者に語って、望む方向へと歩み出した高校生F。

G：「長い間休んでいる自分は友や仲間や先生からどう見られているのか」と。「こんな自分は本当の自分でない」とも。くり返し語りながら自力で新しい方向を見いだした。

一時、学校や先生や友人とも、また自分自身の心の内界ともつながりを失いかけて不登校を続ける子どもたちは、現象的には学校に背を向けていても、こころの深層では「つながり」を求め、その実感を獲得するきっかけを探している。物語る言葉に自らも何かを感じている。自己回復力の存在は感知できるが、語れる場と、その側にいて共感する人、共に歩む人の存在とつながりがそれを支えている。

六　理解のためのアセスメントは

校内で、スクールカウンセラーに心理面接が依頼される場合、自主的に訪れる学校外の相談室とは異なり、本人に関するかなりの情報が伝えられることが多い。時には紹介者の感情や思いが混入したものもある。目の前の相談者と向き合う「今ここ」の現実から、心理面接の目標を設定することを再認識する。情報によるイメージは予断や偏見を生み出すことに留意する。

多様な不登校論や、用語・スキル・経験の安易な一般化により、対策だけに走りすぎていないかどうかを省みることも必要であろう。

不登校にはほとんどの場合、きっかけがある。その状況と周囲の働きかけと反応・態度など知り得た情報を年表的に記し、具体的な外的出来事も記載して辿ると、子どもたちが語っている言葉や行動の意味の理解の助けになる。話の流れから把握し、質問による作成は避ける。

多彩な視点での先行研究は多くても、不登校の専門家がいるのではない。本人と向き合い受けとめながら、自己解決力や、その子を支える力に関する見立てをおこない、共有できる目標と心理面接者としての目標を設定する。

早期復帰のために、必要に応じた環境調整はもとより、さまざまな支援施策を通して、新たな自己の確立をも目指している。時には、不登校は自己実現のためには必要だったと思えるような時間を経て、日常性も回復しているのが実際の姿である。しかしその過程は決して一様ではない。

個々の事例では、不登校は原因・結果の連鎖でなく、将来に向け新しい自己を無意識的に希求し、その誘因・きっかけの背後に真のテーマが存在していることを教えてくれる。

定型的分類や成因論のためのアセスメントだけでは、理解に届かない。共有すべき理解の視点は、人は固有の世界をもち、成長しつつある存在で、人間関係の影響を受けつつ成長するということである。その過程での不登校は自分の生き方を見いだそうとするサインとも受け止められる。

七　求められる多様な支援

多様な視点でサポートするシステムを構築するために、校内資源の校内カウンセリング・パワーを結集し、活性化を図り、協働することも必要である。

スクールカウンセラーは、「共に考える・体験する・行動する」という協働支援の基本の共有を図る。誰が、いつ、どのように、どのようなかかわりができるのか、ミーティングを活用し、役割分担の意味と倫理上の問題も共有する。協働支援テーマの参考例を次に挙げてみる。

(ア) **育てるもの**：自己効力感・自己解決力・表現力・耐性・表現力・ソーシャルスキル

(イ) **ソーシャルサポート**：安全な場・居場所づくり

(ウ)　対人関係：友人関係改善↓共同体験・協働行動
(エ)　心的エネルギーを高める：やる気の生じる体験と人間関係づくり
(オ)　心的安定感：関係性回復↓安全保障・不安感緩和
(カ)　自我成熟：人と出会う↓生活体験を広げる工夫を

教師とは異なる専門家として、不登校児童生徒への心理的ケアなどによって学校復帰を支援する取り組み方は多様である。スクールカウンセラーの個性により、学習し研修を続けて駆使できる支援法は異なるが、実態に即した支援のために最適な方法の選択ができるよう、臨床心理的な支援法を常に広げる努力も必要である。

どんな支援法も、基本は関係性が成立している場合に有効であるということである。

八　ある不登校事例から考える

事例　高校二年の男子生徒H——進路選択失敗の外傷体験から不登校に

面接：母親が中心・父親は二回自主来談　本人は来室せず

《来談までの様子》

小学校時代は進学塾に通い成績優秀な頑張り屋の少年。希望校進学に失敗し、地元校へ入学する。雰囲気になじめず体調不良に。加えて現実の授業は、受験勉強で蓄えた知識に比してつまらないと拒否し、早退・

欠席が続く。偶然、同級生で反抗的・暴力的な力を誇示するグループとロック音楽を通じて接触。彼らの行動様式を取り入れてメンバーに承認された。特に教師への反抗的な態度は彼らに評価され、登校は継続した。Hは初体験の世界に適応し元気も回復した。

中学三年時に高校進学問題が迫る。二年間の学習放棄的生活により悪化した成績では希望校への進学は無理で、学習塾に通うが意欲なく中断。遠方の高校に不本意ながら入学となった。

高校二年になり、家を出ても登校していないことが判明。その後も欠席が増え、休学に。担任の紹介で母親が来談。退学を恐れて喫煙やバイクでの集団暴走については学校へは伏せているという。

《母親面接》

Hのような困った子は親類縁者にいない。扱い方がわからず困惑。夫が関わりを避けていると怒りを表出。実家の父親に愛され育った一人娘（兄はいる）。父に迷惑をかける、と沈痛な面持ち。近隣に住む実家一族から不名誉だと批判されていることも表出。

否定的感情表現も静かに話す。家庭では生の感情を出して争うことがない、と「静かな湖面、水面下に長年のヘドロが沈んでいる」と表現。男性というのは「光り輝く英雄が理想像」と述べ、小学生時代のHの様子と養育、そして自分自身についても多く語る。

秋のある日、Hは公園で出会った家出中らしき少女を連れて帰宅。母親に紅茶を出させて、「自分を大切に」と話し、少女に家に電話をさせている息子の姿に感激した、と。Hは学校から禁止されているアルバイトをしたいと言い出す。Hの家庭環境では考えられない高校生のアルバイトを、父親が「親の責任において許可する」と宣言したことにも驚きつつ受容。アルバイトは、「父方親戚の早朝作業補助」と条件提示され、寒い早朝に起床し出勤する姿に複雑な思いを述べる。

Hの不登校と非行の問題で来談しながら、自身について語ることが多い母親が、突然登場した見知らぬ少女に対するHの態度と、Hに対する父親の言動に感動を表現していた。

《父親面接》

初回は一般論的な父親の態度に関する話題に終始し、二回目は唐突に自身の事を語る。

初回面接中、室外にバイク音。気づいた父親は窓の外にHの後ろ姿を確認。（日曜参観日も欠席する父親が、面接には会社を休んで来談。Hはこの事態に「驚いた」と父に語っている。）

H母方一族に加わった経緯や生活環境の差からの感情を吐露し、自身に話しかけるような自然な口調で、Hの父役割を回避している自分を省みながら、複雑な思いを述懐。初めて語られた内容であろうと感じた。

《Hの不登校》

Hに「勤労青年の風格」（母親の言）が出て、学校生活復帰を案じていた頃、Hは父に復学を申し出る。一年遅れで実現し、希望の進路を歩み出した。

両親が自然な形で動き出した。内在する心的エネルギーによって、Hは母親から投影された英雄元型からの脱出を果たし、洞察力のある両親の守りのもとに新しい自己を確立し、出立している。

Hの不登校に至る過程では、因果的思考による対応も可能であろう。一方、現象の相互関連性を見ると、Hの問題が生じたことで、母親面接のきっかけをつくった。母親は「Hの困った問題」を語りながら自分について語り、Hに投影した英雄像の由来も省みる。父親は話の切り口を「父親のあるべき姿」としながら、自らの「心の影」を深く洞察し、新しい家族関係が誕生した。気がつけばH自身も自己実現の道を歩みだしていた。

事例　中学二年の女子生徒I——来春の校区変更で友と別れる不安から体調不良で不登校に

面接：母親のみ　本人来室せず

《来談までの様子》

新設校に友がみな移ってしまう不安で、中学一年生の秋から不眠が続き、不登校になる。夜、両親が眠ろうとする枕元で足を踏みならし眠らせない。こんなに苦しんでいるのにと訴える。カタログを見て、洋服や美容器具の購入を次々に要求したりする。母親に対しては、髪を引っ張ったり、食事がまずいと器を投げ捨てたりする反面、母親の布団に入り眠るなどの行動が続いている。家族は不眠状態だと母親は訴える。受診した医師にカウンセリングをと勧められるが本人は応じず、担任に保護者だけでも、と説得され母親が来室。初回、本人の問題でありIがカウンセリングを受けるべきとの思いを母は述べる。

《母親面接》

毎回、不登校中のIの様子や担任訪問を受け入れ会話する様子など伝えた後、自らの生活を語りだす。Iの養育は、子育て経験があるからと主張する夫の母が主におこない、息子の夫も従う。この母は一家の家計も管理支配する中心的存在であったとのこと。二歳下に出生したIの妹の養育は任され、初めて母親の心情を味わったとも言う。

Iが四歳のとき一家は現地に転居。夫の父母間の関係が悪くなり、夫の母は娘宅に移って行った。その後の家族は中心がなくばらばら、このときにIの問題が発現したと述べる。

五歳で父と死別しているIの母親は、結婚に際して温厚そうな夫とその父に安心し憧れたが、二人の男性は夫の母に服従、Iの母親はただ働きの女中的な存在であったと吐露。

面接は継続され、Ｉの退行的な行動も幼少時の養育の問題と理解し受容する。途中、自らも実家に里帰りの希望を表出。Ｉは家事をすると言い、それに賛成したが、担任や友達の援助で登校再開中であることを思い、実家に帰らず電話だけしたと話す。家族の雰囲気も変化し、母親の働きに出たいとの願いを子らは応援すると言ってくれたと嬉しそうに語って終了。

九　二つの事例から考える

今、なぜこの問題が、困ったことが、生じたのか。

結果としてこの「問題」の訪れによって、新しい家族が誕生しそれぞれの道を歩みだせた。不登校という問題の出現が、本人も家族も「いかに生きるか」に直面する機会になったとも言える。この「困ったこと」は、親と子の中年期・青年期の人生のテーマが関連し、関係するそれぞれが自己実現・個性化の道程を歩みだしたと考えられる。

引用文献

(1)　相馬誠一『不登校』ゆまに書房、六頁、二〇〇七年
(2)　梅垣　弘『登校拒否の子どもたち』学事出版、一四頁、一九八四年
(3)　稲村　博『登校拒否の克服――続・思春期挫折症候群』新曜社、一八頁～二一頁、一九八八年

参考文献

- 村山正治、滝口俊子編『事例に学ぶスクールカウンセリングの実際』創元社、二〇〇七年
- 河合隼雄『臨床心理学ノート』金剛出版、二〇〇三年
- 教育と医学の会編『青少年の悩みにこたえる（現代人の心の支援シリーズ）』慶応義塾大学出版会、二〇〇二年

押さえておくべきキーポイント

「不登校は困ったことだけでない」

- スクールカウンセラーとして不登校の子や保護者らに出会うのは、「困ったこと」としての対応と対策だけではない。不登校が、その行動や症状で表現するもう一つのサインを考える機会となっていることに気がついて、負因になってしまわないように。
- 困ったことへの対処だけでなく、新しい意味を見いだすのが臨床心理学的支援である。

読んでおきたい参考文献

- 河合隼雄『心理療法序説』岩波書店、一九九二年
- 倉光修『カウンセリングと教育――学校現場で活かせる統合的アプローチ』誠信書房、二〇一一年
- 田嶌誠一「理論編 不登校の心理臨床の基本的視点」（田嶌誠一編）『不登校――ネットワークを生かした多面的援助の実際』金剛出版、一一～五七頁、二〇一〇年
- 上里一郎監修、相馬誠一編『不登校――学校に背を向ける子どもたち』ゆまに書房、二〇〇七年
- 門眞一郎、高岡健、滝川一廣『不登校を解く――三人の精神科医からの提案』ミネルヴァ書房、一九九八年

2 発達障害

上野綾子 Ayako Ueno
柴田恵津子 Etsuko Shibata

数多ある発達障害関連の著書、論文、資料等が示すように、現在この領域には大きな関心が寄せられている。筆者らもスクールカウンセラーとして本件に関わらざるを得ない状況にある。ここでは「現場で役立つ」とタイトルで銘打たれたように、現場での実際の対応を、事例を通して報告する。

一 発達障害支援のはじまり

1 考え方

平成一七（二〇〇五）年四月、発達障害者支援法が施行された。それまで福祉制度から取り残されていた発達障害者に定義づけがなされ、社会福祉援助が受けられることとなった。この法律において、「発達障害」とは、「自閉症、アスペルガー症候群その他の広汎性発達障害、学習障害、注意欠陥多動性障害その他これに類する脳機能の障害であってその症状が通常低年齢において発現するもの」とされた。同時に、早期発見・早期支援が打ち出され、各自治体に発達障害者支援センターの設置なども盛り込まれた。

翌平成一八（二〇〇六）年には、障害者自立支援法が施行され、今まで障害種別におこなわれていた福祉支援を一元化し、障害者の社会参加を促し、社会全体で支えていくことが目的とされた。

もちろん障害者の定義や社会福祉サービスの是非など、それぞれに課題はあるものの、社会に「発達障害」を認知させる大きな契機になった。これらの一連の流れから、発達障害という言葉が一般の人々にもよく知られるようになったのである。

2　衝撃走る

発達障害者支援法では一八歳未満の発達障害者を「発達障害児」と明記している。発達障害児の多くが生活する場所、それが学校現場である。同法が施行される以前からさまざまな課題を抱えた児童生徒がいた。不登校、いじめ、非行、ひきこもりなどに加え、学力不振、無気力、キレる、順番が守れない、指示が通らない、など小さな課題は挙げればきりがない。それらは発達過程で正しい学習がなされ消失してしまうものや、情緒的問題から来ているものが大半だとされていた。しかし近年「発達障害」の研究が進み、「発達障害」の概念や診断基準が目まぐるしく更改されている。その新たな視点から学校現場を見たときに、教職員の抱いた感想は「こんなにたくさんいるの!?」というものだった。

今までやんちゃが過ぎると思っていた子は〈注意欠陥多動性障害（ＡＤＨＤ）〉の可能性がある、ワルぶっていた子に話を聞くと「昔から字の読み書きが苦手。わからないと言いたくなくて反抗していた」と言い〈読字書字障害〉が疑われる、自分が原因でトラブルを起こしてもその過程が理解できず指導が入りにくい子は〈広汎性発達障害（ＰＤＤ）〉かもしれない……等々、発達障害の可能性をうかがわせる児童生徒が多く存在することとなった。

実際に著者らが勤務してきた各々の学校でも上記のような児童生徒が在籍していた。その全員に問題行動があるわけではない。しかし、周囲に了解不能な行動をとる可能性があるため、無用なトラブルが生じ、本人が不利益を被りやすいようであった。反対に目立った問題行動の見られないおとなしい発達障害児の場合、十分に手がかけられないことも多い。学校には講師、嘱託職員、臨時職員といった勤務形態での非常勤教員や、スクールカウンセラー、スクールソーシャルワーカー、学習支援員などの職員が参入しているにもかかわらず、現場の人員不足の声をしばしば耳にする。これは家庭が多様化する中、虐待やＤＶの話題が出たり、校外で児童生徒が事件を起こしたりすればその対応に走らねばならないからである。それほど深刻でない課題を抱えた（と見える）児童生徒、発達障害の可能性のある児童生徒に手が回せるのは、それらがすべて片付いた後になってしまうのである。

文部科学省は平成一五（二〇〇三）年に、中央教育審議会による「今後の特別支援教育の在り方について（最終報告）」の提言から、特別支援教育コーディネーターを各学校に設置する運びとなった。公立学校における特別支援教育を推進するキーパーソンである。小・中学校では専門的特別支援教育は難しいため、保護者や関係機関との窓口として、また関係者間の連絡調整役としての活躍を期待されている。しかし、前述のように教職員は多忙である。周囲の教職員も特別支援教育については認識の差があり、学校全体への周知や理解を促すことも時間と手間のかかる仕事である。スクールカウンセラーはそのような過程にある学校現場で専門知識を活用して、発達障害の影響から引き起こされる不具合を児童生徒本人・家庭・教職員・関係諸機関と連携して解消していく協力メンバーとして参加していくことができる。

二　学校という現場

発達課題が誰の目にも明らかな場合、日本では一歳六か月児健診・三歳児健診という制度があり、そこで発見されることも多い。しかし小・中学校で見られる発達障害児のほとんどはこの健診では発見されていない。

保育園・幼稚園で目立ってくるのは、集団に入らない、一人遊びでいつも同じ遊び方を好む、発語が極端に少ないまたは多い、集団行動の時に飛び出したりする、などの傾向である。ここで保護者や園職員が心配して専門機関に相談する場合もある。その時点で発達障害が示唆されたり、判断基準をまだ満たさないと告げられたり、問題はないと言われたりする。まだまだ発達の個人差が大きい時期なので「様子を見ましょう」と言われる場合も多い。

小学校が最も発達障害が顕現化しやすい時期である。それは、①児童が「学校」という以前より枠の厳しい場所を初めて体験し、不安やイライラを感じること、②小学校六年間の成長は著しく、発達の凸凹が大きい児童には同世代児童の中で適応的に行動することが難しくなること、③書字読字の多い学習形態になり、そこに不得意を抱える児童は自己肯定感を得にくくなりやすいこと、などが挙げられる。また小学校は学級担任制のため、どうしても担任に負担がかかってしまいがちになる。

中学校に上がると、ＡＤＨＤ様の問題行動は成長とともに若干減少し、自閉症スペクトラムに入る生徒も集団の中で過ごす術を学習しているため小学校より落ち着いている場合も多い。しかし思春期に入り、同世代集団は自分のことで手一杯になりがちで、発達障害があり、他者の助力が必要な生徒を思いやる余裕がなくなってくる。また、高校受験という大きな難関も控えている。

高校に入ると、義務教育ではなくなるため、遅刻欠席や成績不振から中途に退学の危険も出てくる。無事に三年間過ごしても進学・就職と次のステージへの適応が待っている。

大学や大学院に進学する発達障害者も増えている。高校までの成績はよいのだが論文がどうしても書けない、就職試験の面接で合格できないなど、課題は多い。

社会人になった後に不適応を起こし、「受診してみたら発達障害と言われた」という人も増加の一途である。社会人になるまで発達障害に気づかれず「それはお前のやる気がないから」ということで片付けられてしまい、社会人になって初めて大きな適応上の課題に直面する人々が多い。

発達障害から二次的に引き起こされる問題はその発達過程によりさまざまである。学校現場ではそれに対応すべく、特別支援コーディネーターと管理職を中心に「特別支援教育部会」や「教育相談部会」「生活指導部会」という名称でミーティングを開き、対応を検討している。こちらも自治体や学校ごとに形式はさまざまで、毎週開催している学校もあれば、学期に一度しか開く余裕のない学校もある。特別支援教育の理念がまだ浸透しておらず、必要性を感じていない場合もあり、千差万別である。われわれは学校ごとのニーズを汲み取り、どのような会を立ち上げていきたいのか、スクールカウンセラーとしてそこにどのような貢献ができるのかを考えて関与していくものである。スクールカウンセラーの仕事はそこから始まる。

三　保護者の悩み

児童生徒の発達障害がさまざまであるように、保護者の悩みのありようもまたさまざまである。

「うちの子は普通です」

そうおっしゃる保護者は多い。当たり前であろう。学校に入学してこの方、大きな怪我も病気もなく無事に学校生活を送ってきた。発達障害があるかもしれないなどと言われても青天の霹靂に違いない。しかしじっくり話を聞くと、幼少期から少々気になることがある場合が多い。現実に今学校でトラブルがある、学力が低い、などの課題もある。だが、それが発達障害だとは思えない。「運動が下手な子も勉強が苦手な子もいる、なぜうちの子だけがそのような言われ方をされなければならないのだ」と保護者の落胆と怒りはいかばかりか。加えて母親はさらに複雑な気持ちであろう。自分が産んだ子どもに障害があるとなったら、まず自分を責めてしまう。「妊娠初期に気づかずお酒を飲んでしまったから？」「早産だったから？」「妊娠中に自転車に乗ったのが悪かったのかしら？」と何でも原因になってしまう。医学的には障害の原因が明確である場合はごくわずかだが、それを知っていてもなお、自分を責めずにはいられないのが母親である。さらに運悪く、夫や親戚からも同様の叱責を受けることもある。面接の経過で発達障害の可能性を示唆するということは、保護者のそれらの混乱した心情や現実的な困難に相対する覚悟と技能を必要とする。

「変だと思っていました」

大抵の場合、保護者、特に母親は、生まれた時から子どもを見ていて気になることがある場合が多い。しかし健診で指摘されたことはないし、幼稚園・保育園で「大丈夫かしら」とこぼしても「個性だから」と言われることが多い。一人目の子どもの場合、不安は募るが他と比べようもなく、そんなものかと自分を納得させる。「子どもってこんなに迷子になったり飛び出したりするの？」「どうして他の子とあんまり遊ばないのかしら？」など気になることはあるが、どこに相談していいのか、第一これは誰かに相談するほどの大事なのか、「成長すればなんとかなるのでは」とほのかな希望とともに不安を押さえこんでいる。発達障害のある子どもの場合、平均的な子どもより育てにくいことが多い。保護者は苦労して育てているのだが、他所からしつけがなっていないと言われることもある。自分の育て方が悪いのかと思っている保護者は多く存在する。

学校に入り、発達障害の可能性を示唆されると、それはショックには違いないのだが、今までの育てにくさはそれに起因するものだったのかと霧が晴れたように不安が軽くなる保護者もいる。それまで自分では何となく「うちの子はまわりの子とちょっと違う気がする」という違和感をもっており、しかし誰に言っても「子どもってそんなものよ」「普通じゃないの」と言われ、それが続くと次第に不安を誰にも話せなくなってしまう。そんな時に学校で「発達障害の可能性があるのでは」と示され、「私の気のせいじゃなかったのか」「私の育て方が悪いばかりではなかった」とやっと自分の中の不安を正直に語れるようになる保護者も多い。

「もっと早く教えてもらえれば」

「うちの子ちょっと皆と違う気がする」と思っていた保護者は、いろいろ話し合っていくうちに、「どうして誰ももっと早くに教えてくれなかったのだろう」「もっと早くにわかっていたら、よい改善策があって、子どもを楽にしてあげられたのに」とおっしゃることがよくある。親として違和感に気づいていたのに何もしてこなかったという自責の念から思わず出た言葉であろう。どんな心理支援でもそうだが、いたずらに直面化させればいいというものではない。クライエント本人の役に立つためには互いの関係性に基づく時間とタイミングが必要である。

保護者に「保育園の時そう告げられていたら、怖がったり怒ったりせずにそれを受け入れられていたかしら」とお尋ねすると「できたと思う」とおっしゃる方はまずいない。「わからない」「拒否していたかも」とおっしゃる方がほとんどである。そういった場合は「では、そのころは時が満ちていなかったのでしょう。今だからできたこと。そしてそれはまったく遅くはないのです」とお伝えするようにしている。済んだことを「あのときああしていれば」と悔やんでも詮ないこと。今、目の前にいて困っている児童生徒本人に保護者や学校が何をできるかを考えるのが大事なことである。

四　本人の困りごと

子どもたちは、たとえ幼くとも本人たちなりの悩みを抱えている。

「僕ばかり叱られる」

発達障害傾向の子がよく使う言葉である。本人に悪気はないのだが、気が付くと立ち歩いていたり、かっとなって友達を叩いたりしている。「僕ね、授業ちゃんと受けたいんだけど、気づくと立っちゃってるんだ」「暴力はだめだとわかってる。でも腹が立っていつの間にか叩いていた」など、落ち着くとしゅんとして反省しているのである。

「なんで僕だけ⁉」

中学校で知的障害が判明した子どもたちが口をそろえてこう言っていた。「勉強は小一から苦手だった。ひらがなを覚えるのも大変だった。まわりの子は自分より頑張ってないのに自分よりできる。なんで僕だけできないのか不思議だった」と。中学生になってようやく表現し得た言葉であった。小学生の時はなんとなく自分が周囲と違う気がしても、それをうまく言葉で伝える術がない。自分が周囲と違う、と肌で感じるのはとても辛いことだろう。

「友達ができない」「友達が欲しい」

これもいろいろな発達課題を抱えた子どもがよく言っており、友達が少ない理由はいろいろである。知的遅れがある場合、遊びやゲームのルールを了解できないため他の子にしてみれば遊び相手としては不向きであったり、ADHD傾向がある場合、興奮すると順番を守れず強引に自分のルールを推し進めてしまうことがあるので安心して一緒に遊ぶことができなかったりする。PDD傾向がある場合、興味のない遊びには返事もしないので誘いづらい、たまに一緒に遊んでも勝負にこだわって負けると大泣きしたり、細かい事柄にこだわって遊びを台無しにしてしまったりする。あいにくどのタイプの発達障害児も、その状況を的確に見て取って適応的に動くということは難しいのだろう。まわりが本人に特別な配慮をしていることにも気づかず、まわりの気持ちを汲むことも苦手なため、遊びにくい相手と映りやすいのである。

たとえばPDD傾向のある小学生が友達とけんかになった。友達は配慮のないその子に怒って「自分はロボットじゃない。君の言う通りにはできないこともある。こっちの気持ちもわかってほしい」と言った。その子の返事は「ロボットでいいじゃない」だった。

またあるPDD傾向の中学生が「僕、友達いないんです」と相談に来た。しかしその直前、スクールカウンセラーの目の前で他の同級生に遊びに誘われ、彼はすげなく断っていた。「今誘われていたでしょう。あの子たちは友達じゃないの？」と聞くと、「僕の好きな遊びじゃなかったから。だから友達じゃない」と答えた。彼らの言うところの友達とはどういうものなのか、いつも考えさせられるのである。

「僕バカだもん」「どうせできないから」

不適応や周囲の無理解が続くと次第に二次障害に至ってしまう。その最たるものがこの言葉である。子どもたちは無力感に苛まれており、それを隠すための試みとして、非行に走ったり、授業を妨害してみたり、不登校になったりするのではないだろうか。自責の念が高じると「私なんていないほうがいいんだ」とまで思いこむ子もいる。実はこの思いは犯罪や自傷行為を咎められるより辛く苦しいことなのかもしれない。

五　連携のノウハウ

1　教育と医療の狭間に

発達障害支援で最も難しい課題は、該当の児童生徒がどのような経過で発達障害と判断されるかであろう。学校も家庭も本人も困っており発達障害の可能性がある。しかし診断は医師にしかできない。教員であれスクールカウンセラーであれ、「この子は発達障害です」と明言する権限はもっていないことを自覚している必要がある。

学校現場から医療へつなぐにはいくつもの壁が立ちはだかっている。現実的な条件では、①発達障害を専門に診てくれる医師が少ない、特に地方では専門医を見いだすことは難しく、ようやく見つけても通院には片道三時間かかり一日仕事という事態もある、②医療機関の受診にはお金がかかる、医療費助成があればよいが地方では小・中学生にはない所も多い、場合によっては保険外の有料の検査になってしまうことがある。

次に、該当児童生徒をいかにして医療につなぐかという問題がある。本人や保護者に困り感や問題意識があったとしても、受診をすすめられるというのは障害の可能性を示唆されるということである。誰にとってもそれは辛いことであろう。ましてや困り感や問題意識がない場合、安易に受診をすすめることで学校との関係性が悪化してしまうことがある。こじれた関係を解きほぐすには長い時間がかかる。担任だけにこの仕事を担わせるのは酷であろう。本人・保護者へ発達障害の可能性を伝え、学校でのよりよい支援を共に模索していくという一連の流れの先鋒を引き受けるのは、外部性の高いスクールカウンセラーが背負うべき仕事のように思われる。

2　むやみにすすめない

医療につなぐ時は、児童生徒本人にメリットがなければならない。診断されるというのは、前述した通り辛い経験である。その現実よりさらにメリットがなければ何の意味があるのだろう。ＡＤＨＤであれば投薬治療が効きそうか、PDDなら公的訓練機関のソーシャルスキル・トレーニング（SST）が受けられるかどうか、知的遅れがわかれば障害者枠での就職が可能になるか、などである。発達障害が疑われても、投薬治療やＳＳＴまでする必要はなく、日常の細やかな指導で何とかなりそうと思われるケースであれば、受診するメリットは乏しい。そのような場合は急いで医療をすすめていない。本人や保護者の希望を聞き取り、適切と思われる援助を模索する。それが医療機関であったり、外部訓練機関であったり、校内での支援であったり、援助方法はさまざまである。

3　紹介したきりでは

外部機関に紹介する場合、まずは紹介先を吟味する。医療機関がよいのか、教育相談所がよいのか、民間の訓練機関がよいのか。さらに、各機関の性質、スタッフの人柄や状況を加味し、紹介先を決める。たとえば、押しの強い母親とはきはきした女医とは相性が合わなさそうなら、ゆったりとした年輩の男性医師を紹介する。発達の専門病院に行くのは抵抗がありそうな場合は、大学病院を紹介する。各機関や医師、専門職員との相性は、できるだけ考慮しておきたい。また、外部機関を紹介するということになると、保護者の中には「障害があるとわかったらこの学校を追い出されるのでは」という危惧を抱く方もいる。「本人によりよい支援をするために提案している。今の学校が本人のためになるなら一緒にやっていきたい」と伝えることも重要である。

紹介状はできるだけ書くほうがよいと考えている。なぜなら大抵の場合、診断結果を報告くださり、以後の連携が取りやすくなる。また最近は学校の現状に興味をもつ医師や支援者も増えており、学校からの情報は喜ばれることが多いためである。

4　各種検査の活用

外部機関ではいろいろな検査が実施される。脳波やMRIなどの医学的検査から、WISCやK－ABCなどの知能・発達検査、P－Fスタディなどの心理検査や視知覚機能検査なども実施する場合がある。これらの検査は学校現場でも役に立つ。脳波異常が見つかった場合、日常生活に注意しておく。プール水面のきらきらした光で頭痛が出る子がいて、そういう場合は発作に至らないよう休ませた学校もあった。知能検査で処理速度が低く出た場合には、ノートを取るのが遅いと予想されるので、授業の中で「ここだけ書き写しなさい」と重要なところだけわかるような指導にした。各種の検査をもとに家庭の中でサポートできることも多々ある。専門家としてスクールカウンセラーは各種の検査結果がある程度読めること、その結果から学校・家庭でできる対応方法をいくつか知っておくことが必要である。

5　投薬の効果

場合によっては投薬治療が開始されることもある。保護者は投薬治療に難色を示すことが多い。保護者の心配は「精神科の薬だから危ないのでは」「薬物依存になったらどうしよう」「一生飲み続けなくてはいけないのではないか」ということに集約されるだろう。

実際に処方される場合は医師からの丁寧な説明があるが、受診前に不安を訴える保護者は多い。スクールカウンセラーからは「医師ではないけれど」と前置きして、①薬は長く飲み続けなくてもいい場合が多いこと、②医師の指示通り服用していれば依存は起こらないこと、③効けばとても効果が上がること、④副作用も出る可能性があること、⑤薬が合わない場合、副作用が大きい場合はすぐに医師に申し出ること、などを伝えておくのがよいだろう。薬は効果があるが絶対的な物ではなく、本人の役に立つように使うことが一番である。その点は医師が十分に気をつけておこなっており、治療の主体は保護者と本人であるから、疑問や不具合があれば率直に医師に伝えることが大切である。

投薬の効果は侮りがたい。たとえば、一人は知的にも高い女の子だったが「薬を飲み始めて何が変わったかなあ」と聞くと、彼女はちょっと考えて「まわりの人にも心があるってわかったこと」と答えた。実際に服薬し始めて対人トラブルは激減し、何より本人が楽になっていた。もう一人は忘れっぽく成績不振の男の子だった。母親がよく面倒を見ておられたが、それでも忘れ物は多く、シャツがズボンからはみ出していることもよくあった。母親は服薬してもそれほど効果はないだろうと思っていた。ところが服薬した当日から、母が何も言わなくても宿題を済ませ明日の準備をするようになった。今まで二〜三割しか正解できなかった漢字のテストが八〜一〇割正解できるようになり、母親は「私が手を尽くした今まではなんだったのでしょうね」という言葉とは裏腹に嬉しそうに泣かれた。実は母親が口を酸っぱくして言っていた日常生活のルールが彼の中には内在していたのである。それがＡＤＨＤ傾向のために阻害されていたところに、薬の力で改善され、彼本来の力が発揮できるようになったと考えられた。

六　事例

以下に困難が大きかったが何とか道筋の見えた事例を記す。個人が特定されないよう適宜変更が加えられている。

〈中学一年生　男子　達也くん〉

中学一年時の遅刻は一二〇日を越えていた。朝が弱く起きられない。学力も低く、幼少期から中耳炎をくり返したため聞こえが悪く、発語も聞きとりにくい。それがいっそう他者との会話を敬遠する要因になっていた。

達也はよく休み時間になると相談室に遊びに来ていた。当初スクールカウンセラーは授業の様子や成績を見て知的障害の可能性を考えていた。しかし話してみると話の面白い子で、難しい小説も読みとり、的確な感想を述べていた。知的障害とは思えなくなっていた。

中一の終わり頃、本人と母親にスクールカウンセラーの考えを伝えた。母親によると、小学校低学年の時に専門機関で発達の凸凹を指摘されたとのこと。小学校側にその事実を伝えたが、理解が得られず、遅刻も多かったため「怠け者だ」と言われ不登校状態になったとのことだった。

スクールカウンセラーからは①朝起きの困難さは身体的問題かもしれないこと、②知的遅れではないと思うので、本人の特徴を把握して本人に合う指導を考えたいと伝えた。本人と母親は受診に積極的だった。身体的問題も診てもらえるよう大学病院を紹介した。

受診の結果、起立性調節障害と高機能広汎性発達障害と診断された。WISC－Ⅲでは言語性九五、動作性一二五、全検査一一〇、言語理解九四、知覚統合一三三、注意記憶九一、処理速度一〇〇であり、書字の不器用さが指摘されていた。診断結果に一番喜んだのは達也本人であった。「僕、バカじゃなかったんだ!!」。

結果をもとに、本人・家庭・学校で連携して支援していくこととなった。起立性調節障害は投薬が必要なほどではなく、生活の改善で徐々によくなるだろうと言われたため、家庭では起きる時間を早めてもらい、学校では遅刻を強く責めず、少しでも早く来られたらほめるようにした。また「結果がわかったので勉強しようね」とスクールカウンセラーから書字訓練の簡単な課題を出した。達也はとても真面目に取り組み、翌年には書き初めで賞をとった。二年の終わりには課題に飽きてやめたいと言い出した。スクールカウンセラーは本人がきちんと申し出たことをほめ、「正直に言うと、こんなに真面目にやってくれるとは思わなかった。ごめん」と言うと、達也は「ひどい、先生。でも僕もこんなにやれると思ってなかったよ」と笑って答えた。

中学三年で遅刻は年間二〇日未満になっており、体調を考えて定時制高校に進学した。投げやりで「勉強できないから高校へは行かない」と言っていた達也が、今は「高校ではアルバイトも勉強もしたい」と言っている。

押さえておくべきキーポイント

① 本人と取り巻く状況を見立てる力が必要
② 発達障害支援の根拠を理解しておく
③ 外部機関との連携は濃《こま》やかに
④ 将来を見据えた支援と現実的な対応
⑤ アイデアが豊富であること

読んでおきたい参考文献

• 杉山登志郎『発達障害の子どもたち』講談社現代新書、二〇〇七年

●成田善弘『精神療法家の仕事――面接と面接者』金剛出版、二〇〇三年
●「見てわかるビジネスマナー集」編集企画プロジェクト編著『知的障害や自閉症の人たちのための見てわかるビジネスマナー集』ジアース教育新社、二〇〇八年

3　非行・暴力行為

本間友巳　Tomomi Homma

一　少年非行と暴力行為の推移

少年非行とは、刑法に触れる行為を中心とした子どもたちの問題行動を指している。言うまでもなく、社会との折り合いをつけることができず、非行に走ってしまう子どもがある程度の数にのぼることは時代を超えて見られたにちがいない。しかし、どの程度の数の子どもたちが非行に走るかについての具体的な資料が、比較的たやすく手に入るのは第二次世界大戦以降である。そこで最初に、非行の大半が刑法に触れる行為であることから、非行の指標として少年による刑法犯の検挙人員の推移を見ておこう。

図1のグラフからわかるように、昭和二六（一九五一）年をピークとした第一の非行の波、次に昭和三九（一九六四）年をピークとした第二の波、そして昭和五八（一九八三）年ピークの第三の波という三つの大きな波が見られる。その後の平成以降は、若干の増減はあるものの、現在に至るまで検挙人員はおおよそ減少傾向にあることがわかる。

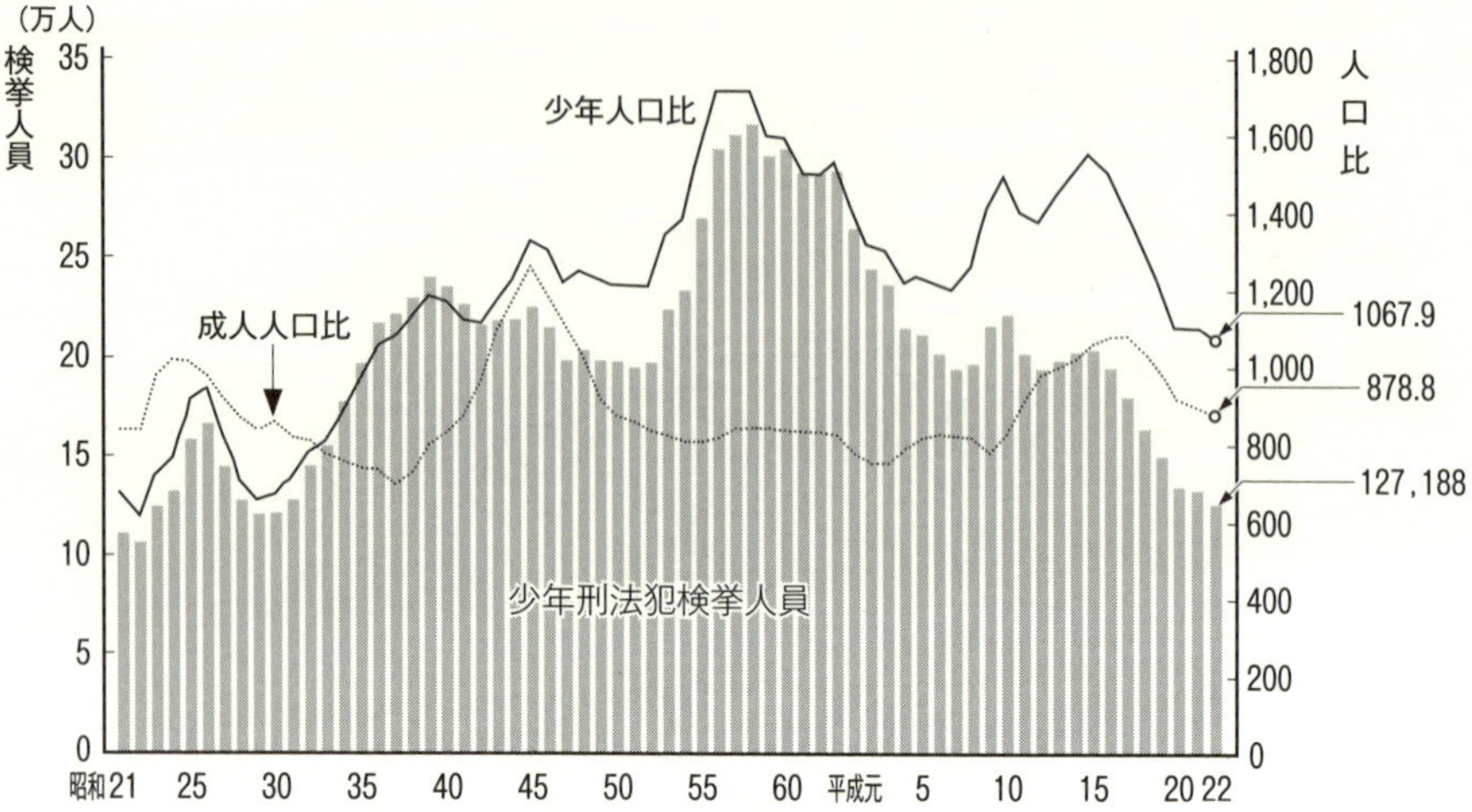

図1　少年による刑法犯の検挙人員の推移（昭和21年〜平成22年）

出典：平成23年度版犯罪白書 http://hakusyo1.moj.go.jp/jp/58/nfm/images/full/h7-2-1-1-01.jpg

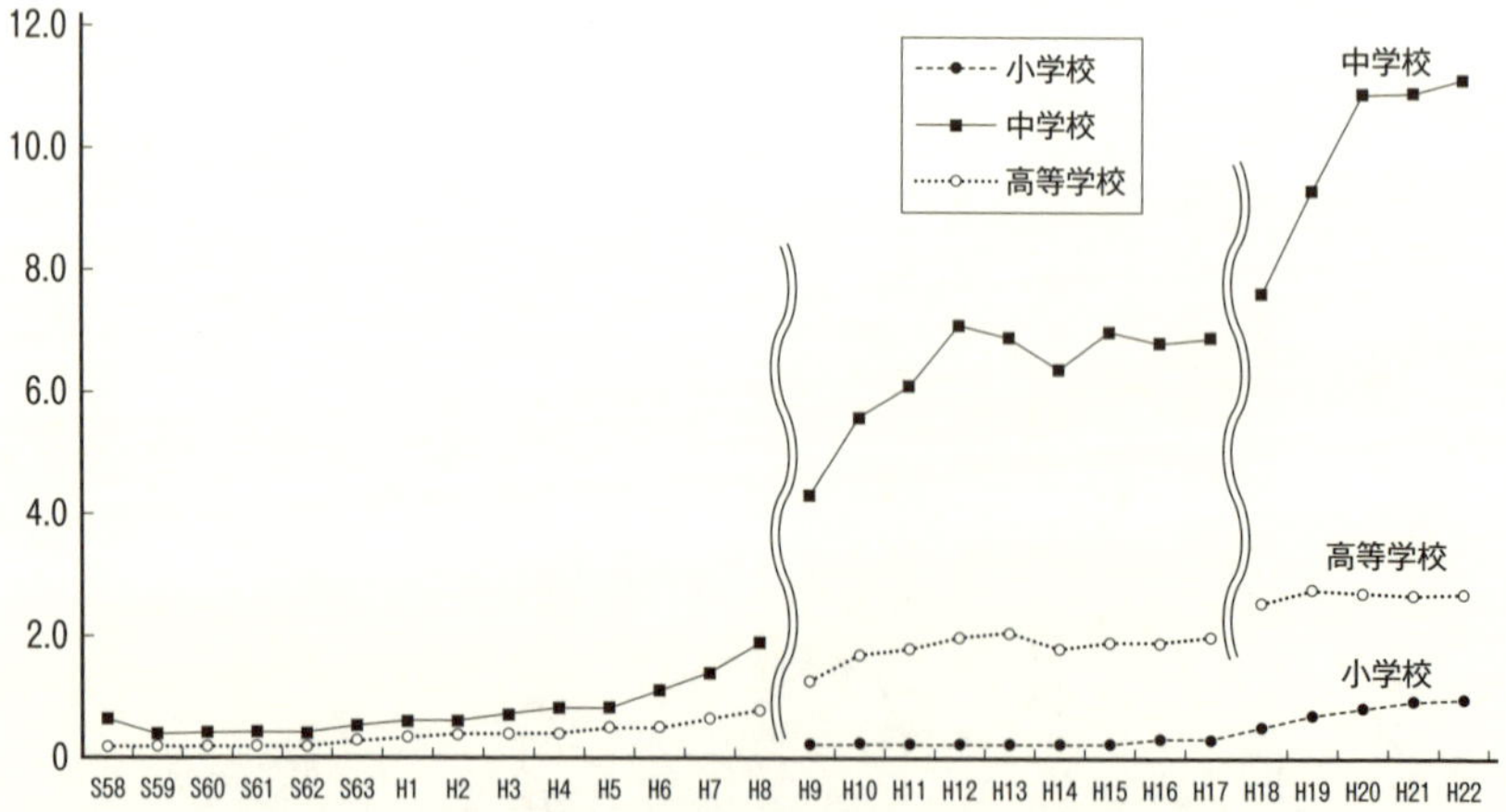

図2　学校内における暴力行為発生率の推移（1,000人当たりの暴力行為発生件数）

出典：e-Stat 政府統計の総合窓口（http://www.e-stat.go.jp/SG1/estat/List.do?lid=000001076980）

この三つの波の意味についての分析は本章の目的を越えるものであり、ここでは詳しくは触れない。だが本章との関連で重要な点は、近年の傾向として少年非行が増加していない、すなわち、少年非行は昭和の終わり頃をピークにして漸減している点である。

その一方で、図2のように、暴力行為は逆に増加傾向にある。そもそも暴力行為とは何か。文部科学省が毎年実施している「児童生徒の問題行動等生徒指導上の諸問題に関する調査」によれば、暴力行為の現在の定義は以下のようになる。

暴力行為とは「自校の児童生徒が、故意に有形力（目に見える物理的な力）を加える行為」をいい、暴力を受ける対象によって、「対教師暴力」（教師に限らず学校職員も含む）、「生徒間暴力」（何らかの人間関係がある児童生徒同士に限る）、「対人暴力」（対教師暴力、生徒間暴力の対象者を除く）、学校の施設・設備等の「器物損壊」の四形態に分けられる。かつては、これらの行為が学校内でおこなわれることを指して「校内暴力」と呼ばれていたが、現在、学校内と学校外を含めて、広く暴力行為と呼ばれるようになっている。

図2は学校内での暴力行為発生率の推移を示したグラフであり、先にも述べたように、子どもたちの暴力行為は増加傾向にある。ただし、縦に引かれた波線はこの波線の時点で調査方法が変更されたことを示しており、波線の前後で単純な比較ができない点は留意すべきである。また調査方法の変更により、これまで看過されることのあった軽微な暴力行為もカウントされるようになった点も考慮すべきだろう。だが、これらの点を差し引いても、暴力行為が増加傾向にあることはまちがいない。

図1（少年非行）と図2（暴力行為）、この二つのグラフの比較から読み取れることをひと言で言えば、少年非行の減少傾向と暴力行為の増加傾向、すなわち、子どもたちの犯罪行為は減っているにもかかわらず、彼らの学校での荒れは激しくなっている点だ。一見矛盾するこの結果をどのように考えればよいのだろうか。

二　内と外の境界線の変化

この矛盾する結果を、「内弁慶」という日常使われる言葉を使って読み解いてみたい。言うまでもなく、内弁慶とは、家では自由気ままな態度や行動を示すのに、外の世界ではおとなしく気弱であることや、そのような様子を見せるその人自身を指している。そして、この内と外で態度や行動が大きく異なる主たる理由は、内では甘えやわがままが許されるが外ではそれらが許されないことを、その当事者が実感していることによる。

また、この内弁慶とは個人の気質や性格による差はあるものの、社会的な経験が未熟な子どもでは広く見られる傾向である。なぜなら、彼らは大人に比べて社会経験が乏しいゆえに、見知らぬ外の世界に対して不安や恐れを感じやすく、その結果、この外の世界でおとなしくせざるをえないからだ。さらに子どもたちの生活範囲は大人に比べて狭いことから、内の世界を「家庭」、外の世界は「学校を含む地域社会」とおおよそ読み替えることもできるだろう。なお、内を「私的空間」、外を「公共空間」とみなせば、大人でも内弁慶はしばしば見られる傾向と言えるかもしれない。

ともあれ、多くの子どもたちにとって、かつて学校とは「外の社会」であった。中・高生となり体力的に教師を上回るようになっても、彼らが教師の指導に従ったのは、その教師個人の人間的な力量によるのみならず、中・高生にとっての学校が外の世界であったことによる。実際、家ではわがままで反抗的な中学生が、学校で授業や部活動に熱心に取り組んでいる姿を見て、親は家庭との違いに驚くとともに感心することがよくあったものである。

しかし、この内と外の境界線は、この数十年で大きく変化してきた。そして今日、多くの子どもたちにとって、学校は「外」というよりも、むしろ「内の世界」になってしまった。内弁慶の内と外の境界がずれて、学校がいつの間にか「内の世界」に繰り込まれたことが、学校内での子どもたちの問題行動が増加した大きな理由である。

つまり、学校が「内」とみなされることにより、子どもたちは安心して甘えやわがままを学校で表現できるようになった。換言すれば、子ども自身が抱えている課題を学校に向かって表出しやすくなったのだ。すなわち、一日の生活時間の約半分を過ごす学校が、子どもたちの私的な情動や行動の受け皿になってきた。昔よりも学校で「ガス抜き」ができるようになったことにより、「外の世界」である地域社会での彼らの私的な情動や行動の表出は減った。つまり、少年非行は減少傾向になってきたのである。

以上のような推論が、全面的に正しいかどうかはわからない。だが少なくとも、かなりの子どもたちにとって、学校が「内の世界」になってきたことは間違いない。子どもたちの私的な課題が表現できるほどに、学校の敷居は下がったのである。この傾向は子どものみならず保護者も同様であって、近年しばしば話題となる、学校に過剰な要求をする保護者（適切な表現とは言えないが、ときに「モンスターペアレント」とも呼ばれる）の存在も、このような文脈から考えることができるかもしれない。

これまでの議論を言い換えれば、子どもたちの目に映る学校は公共空間から私的空間へと変質してきたとみなすことが可能だ。もちろん、公共的な自己の形成をめざす場である学校が、完全な私的空間になってはならないことは言うまでもない。だが、この現実を無視して学校の公共性の弱体化や欠如を嘆いても、そこから意味ある解決は決して生まれないだろう。

学校が置かれたこのような状況下でこそ、個人の私的世界を起点とするスクールカウンセラーの働きは、実は重要な意味をもつことになる。以下、このスクールカウンセラーの役割について、対教師暴力の事例を通して考えていきたい。

三　対教師暴力の事例

Aは中学三年生の男子。父親とは死別し、現在は母親との二人暮らし。家計は厳しく、母親は昼夜パートの仕事で忙しく不在がちである。Aの授業態度は悪く、成績も芳しくない。だが、Aの学習能力は決して低くないと教師たちは見ている。身体が大きく、突然キレることもあって、周囲からは恐れられる存在でもある。加えて、周囲とのコミュニケーションがうまくとれず、クラスでは孤立気味である。

対教師暴力は、数学の授業中に起きた。授業中、突っ伏していたAを注意した教師に対して、Aは「うるせい」と言って無視した。その態度に教師が顔を上げさせようとして肩をつかんだところ、つかみ合いになり、Aはこの数学教師を殴る。また、この事件の一か月ほど前には、下級生の男子と些細なことでトラブルとなり、その男子を殴るという事件を引き起こしていた。そのときは、Aと母親が相手に謝罪することで警察沙汰になることなく、事件は決着していた。

今回の対教師暴力で教師に目立った怪我はなく、前回の事件同様、母親とともにAも教師に謝罪し決着する。しかし、その後Aは不登校となり、家ではゲームづけの生活となる。Aとの関係が比較的良好な担任が家庭訪問し、別室登校をすすめる。担任の呼びかけによって、Aは週に一、二回、一回二時間ほどの別室登校を開始する。

スクールカウンセラーがAに会うようになったのは、担任からの依頼による（A自身は、それまでスクールカウンセラーが校内にいることすら知らなかった）。スクールカウンセラーは担任からの依頼に応じて、Aのいる部屋（現在使われていない元準備室）を訪れて自己紹介をする。Aはぶっきらぼうな態度であったが無関心な感じでもなく、どこかで人を求めているような印象をスクールカウンセラーは抱いた。短時間で訪問を切り上げ、最後に「また、来てもいい？」と聞くと、Aは目を合わさず軽く頷く。

一週間後、再びスクールカウンセラーはAのいる部屋を訪問する。前回の訪問で、幼少期に父親と将棋をしていたと聞いていたので、相談室にあった将棋盤を持参する。将棋を指しながらの雑談となる。「楽しい時間はゲームと寝ているときだけ」で、あとの時間は「つまらん！」と吐き捨てるように言う。将棋の途中で担任が来室する時間となり、「続きは次回」と約束してスクールカウンセラーは退室する。しかしながら、翌週のスクールカウンセラーの勤務日、Aは欠席する。数日前から休みが続いているとの報告を担任から受ける。

相談の予約表を見ると、Aの母親からの相談が入っていた。夕方、仕事をやりくりして来室した母親は、『Aから「スクールカウンセラーに会った」と聞いて、ここに相談に来た』と言う。そして、母親は次のようなことを語る。夫と死別してから仕事に追われて、Aの世話が十分にできないまま、今日まで来てしまった。Aはやさしいところもあるが、中学に入った頃からはほとんど言うことを聞かなくなってしまった。カッとなりやすく、暴力を振るってしまうところは死んだ父親と似ている。あまり外出することはないが、家ではゲームをするか寝るかの生活。部屋での喫煙を注意しても無視される。最近は、周囲に謝ることばかりで肩身が狭い。Aも本当は高校に行きたいはずだが、先だっての先生への暴力で、進学はあきらめている様子。そのせいか、最近は機嫌が悪い、など。

Aのことで悩み苦しむ心情を、母親は涙ながらに吐露する。スクールカウンセラーは母親の話を傾聴するとともに、「一緒に考えさせてほしい。これからも是非、話を聞かせてほしい」と伝える。母親は仕事に追われる日々であり、今後は月一回程度、相談室に来室してもらうことを決めて初回の面接を終える。

母親が相談室を去った後、しばらくして担任が相談室を訪れる。担任は『Aの指導について母親にいろいろ提案しても、いつも曖昧な態度。母親が本気でAを立ち直らせようとしているのか、正直なところ疑問』と嘆く。スクールカウンセラーは、母親がAのことで苦しんでいることを伝えるとともに、「母親はAを強く指導できる状態ではない。Aとの関係をこれ以上悪化させまいと、母親なりに頑張っている」と担任に話す。担任との話し合いを通して、Aと母親が置かれた状況の共通理解、役割分担などが明確になる。なお、担任とスクールカウンセラーの話し合いがスムーズに進んだ大きな理由は、言うまでもなく、これまでの活動を通して形づくられた両者間の信頼関係があったことによる。

その後、担任は家庭訪問を開始した。Aと学校をつなぐ「窓」になって、Aに対して高校進学に向けた具体的な情報提供をするとともに、再登校を促す指導をおこなった。同時に、Aが別室に登校した場合に備えて、Aとの関係が悪くない教員を中心にした、進学に向けた個別の学習指導の体制づくりもおこなった。これらの教師側の支援に対して、スクールカウンセラーは母親との面接を継続し、母親への心理的なサポートに力を入れた。さらに、Aが別室登校した場合は、個別に会ってAとの信頼関係の形成をめざすことにした。

担任との打ち合わせから二週間ほどが過ぎる。担任の家庭訪問が功を奏したのか、Aは別室登校を再開した。教師による学習指導の合間の三〇分ほどの時間をもらって、スクールカウンセラーはAのいる部屋を訪問した。スクールカウンセラーは開口一番、「将棋の続きをしよう」と言う。Aは一瞬驚いた顔をしたが、その言葉の意味が瞬時にわかったようで「おう」と応える。三〇分ほど将棋をして、「来週も、また来るから」と言ってスクールカウンセラーは退室した。次週、再び別室を訪問する。将棋を指しながら、Aは「俺、高校に行けるかな……」と呟く。スクールカウンセラーは「〇先生（担任）が『Aの頭の回転は速い。本気になればできる』と言っていた」と伝える。Aはまんざらでもない表情を浮かべ、「そうかな」と照れくさそうにほほえんだ。

ほぼ一か月ぶりに母親との面接をおこなう。『担任に家庭訪問をしてもらっているおかげで、Aの表情は少し明るくなってきた。週に一、二回だが、再び学校に通うようにもなった。家では相変わらずゲームづけだが、学校では先生たちに勉強を教えてもらっているらしい』。母親はAの状況の改善に少し安心したのか、これまでの家族の様子についても語り始める。『亡くなった夫はアルコールが入ると人格が一変し、私やAに激しい暴力を振るった。警察を呼ぶことも何度かあった。あのときの恐怖は今でも忘れられない。きっと

Aは夫を憎んでいるにちがいない。夫が事故で死んだとき、悲しみとともに、正直なところホッとした気持ちにもなった』。また『こんな身内の恥を、亡くなった実家の母親以外に話したことはない。こうやって他人に聞いてもらう機会はなかった』とも言う。スクールカウンセラーは母親の話を傾聴するとともに、「カウンセラーは、Aの支援に関わることは担任にも話すが、プライベートなことは誰にも話さない。それがカウンセラーの仕事」と、面接の最後に伝える。

その後、Aに大きなトラブルはなく、週に一、二回程度ではあったが別室登校を続けた。ときおり体育などの好きな教科で教室に戻り、クラスメートとともに活動することもあった。そして、高校を受験し見事に合格して、定時制高校へと進学していった。教師やスクールカウンセラーのサポートを受けながら、人が成長していく上で不可欠な所属感と達成感を、Aはわずかだがこの学校で実感できたのかもしれない。また母親は月に一回程度ではあったが、欠かさず相談に訪れた。日々の出来事やAの様子を語ることを通して、Aに向き合っていく意欲と根気を回復していったように、スクールカウンセラーには感じられた。

四　スクールカウンセラーの役割

少年非行が急増し校内暴力が注目され始めた一九八〇年代、課題を抱えた子どもたちが学校内外でさまざまな問題を引き起こした。集団化することにより、彼らの問題行動は増幅され、今以上に激しい非行や暴力が引き起こされていた。たとえば、荒れる子どもたちにとって暴走族はあこがれの対象であり、実際、数十人、ときには数百人での暴走行為に中・高生が加わることがしばしば見られた。また学校内では、たまり場になりやすいトイレは無法地帯と化し、教師ですら容易に近づくことができないこともあった。

そんな時代の教師による取り組みの中心は、学校規律の回復と非行集団の解体であった。そのために校則を明文化し、この校則の遵守を徹底させることが学校側の重要な対応となっていた。そして、その枠に収まらない子どもたちに対しては、ときに校則を守るまで登校を認めないこともあった。危機的な状況を回避するためには、ある面でやむをえない緊急的な措置でもあった。だが、学校に恨みや憎しみを抱いたまま、卒業や中退していった子どもたちも数多くいた。

これらの一九八〇年代の状況に比べて、Ａの事例に見られるように、現代の非行や暴力行為では子どもたちが集団化することは少ない。仮に集団化してもその数はかつてほどの規模には至らないことが多い（たとえば、近年では大規模な暴走行為はほぼ消滅している）。今日、非行や暴力行為に走る子どもたちの多くは、彼らの抱える課題を学校の外よりも、むしろ学校内に向かって個別的に表出している感が強い。その面では、先に述べた一九八〇年代の非行や暴力行為に比べて、学校全体に与える影響力やその強度は減少していると言えるかもしれない。

だが、学校内に向けられた個別的なエネルギーの表出に対して、学校側がおこなう彼らへの指導がたやすくなったわけでは決してない。むしろ、かつてに比べて彼らへの対応は難しくなっているとさえ言える。なぜなら、もし以前のように彼らが集団化していれば、子ども各自が抱えている個別的な状況は、学校側の対応にとってそれほど重要な意味をもたないからだ。つまり、集団化する子どもたちを非行集団として一括して捉え、そこから集団全体に対して、生徒指導を積極的に推し進めていくことが可能となる。先に述べた「学校規律の回復と非行集団の解体」のような明快な方針のもと、教師が一丸となって、この非行集団に立ち向かっていくことができるのである。

しかし上述したように、今日の非行や暴力行為では、子どもたちが集団化することは少ない。よって、表出された個人の問題行動は、その背後に隠された彼らの個別的な状況を強く反映しているのである。この個別的な事情に目を向けることなく、彼らへの指導を直線的に推し進めていけば、問題の解決に結びつくどころか、逆に問題をこじらせるリスクを高めてしまうことになりかねない。

すなわち、個人の状況という絡まった糸を解きほぐすことなく、力ずくで糸を引っ張れば、おそらく糸のもつれの解消は困難となる。最悪の場合、糸は簡単にほどくことができないほどに固くもつれ、その解消には途方もない労力が必要となる。個別的な状況を色濃く反映した今日の子どもたちの問題行動への対応では、彼らの個人的な事情という糸のもつれを解きほぐす作業が不可欠だ。そして、このプロセスにこそ、スクールカウンセラーは大きな力を発揮できるはずなのである。

Ａの場合、学校側によるＡへの見方は「能力はそれほど低くはないが、学習意欲に乏しく、学校のルールを守らない、孤立気味でキレやすい生徒」という認識だった。また母親に対しても、「本気でAを立ち直らせようとしているのか疑問」という程度のものだった。しかし、Ａの教師への暴力やキレやすさの背後に、亡き父親への憎しみやA自身の発達的な特性が隠されていた可能性を否定することはできないだろう。また、母親の場合もＡのしつけに「手を抜いていた」というよりも、むしろ「手を焼いていた」というほうが母親の実感に近いはずだ。その背景には、日々の生活に追われ、子育ての辛さや苦しさを誰にも訴えることのできない厳しい現実があった。これらの個人的な状況への深い理解が、もつれた糸を解きほぐす大きな力となる。個人的な状況を理解した上で、Ａと母親が期待する支援をしていくなかで、もつれた糸はほどけ始め、問題解決の糸口が生まれていったのである。

まとめ

第二節にも述べたように、多くの子どもや保護者にとって、学校はもはや敷居の高い「外の世界」から、甘えや反抗を表現できる「内の世界」へと変貌してきた。言い換えれば、学校は、子どもや保護者の抱える私的な思いや考えやふるまいがストレートに持ちこまれやすい場になったとも言える。校内での暴力行為の増加は、このことの具体的な現れでもある。学校はこの現実から目を背けることなく、「私」が増大している学校の現実を踏まえ、そこから「公」を築き上げていくべきだ。[1] 文字通りの「新たな公共の形成」が学校には求められている。そのときにスクールカウンセラーのふるまいは、「私」と「公」の接続を促進するための大きな可能性と力をもっているのである。

引用文献

⑴　本間友巳編著『学校臨床―子どもをめぐる課題への視座と対応』金子書房、二〇一二年

押さえておくべきキーポイント

①　今日、少年非行は減少傾向にある一方で、逆に暴力行為は増加傾向にある。

②　学校内での問題行動が増加している理由のひとつとして、子どもや保護者にとって、学校が敷居の高い「外の世界」から、甘えや反抗を表現できる「内の世界」へと変貌してきたことが挙げられる。

③　現代の非行や暴力行為の特徴として、かつてに比べて、子どもたちの集団化の程度は小さい一方で、子どもの個別的な状況が強く反映されている点を指摘することができる。

④　非行や暴力行為に走った子どもやその保護者を支援するためには、彼らの個別的な状況の理解が不可欠であり、この点でスクールカウンセラーは大きな力を発揮することができる。

⑤　非行や暴力行為に関わる子どもへの支援として、彼らが所属感や達成感を実感できる場が必要であり、そのためには教師とスクールカウンセラーの共通理解と役割分担が重要となる。

読んでおきたい参考文献

- 本間友巳編著『学校臨床―子どもをめぐる課題への視座と対応』金子書房、二〇一二年
- 文部科学省著作刊行物『生徒指導提要』教育図書、二〇一〇年
- 村山正治、滝口俊子編『事例に学ぶスクールカウンセリングの実際』創元社、二〇〇七年
- 生島 浩編『現代のエスプリ462　非行臨床の課題』至文堂、二〇〇六年

4　いじめ・いじめられ

Junko Okamoto　岡本淳子

一　「いじめ」問題のとらえ方

1　文部科学省調査を通した「いじめ」のとらえ方

「いじめ」は、かつては「いじめっ子」（加害）、「いじめられっ子」（被害）と二分してその特徴を受け止められていた。しかし、現在では集団の構造の中でとらえるとらえ方[1]が一般的になり、文部科学省も調査統計を通してとらえる「いじめ」の考え方（定義）を大きく見直してきた。子どもたちのいじめ自殺が続くのを受けて、命を大切にするように子どもたちにも積極的な呼びかけもおこなってきた。

全国調査にあたって、二〇〇六年度からは、いじめをいじめられた立場に立って、〝表面的・形式的に行うのではなく、より実態に即して把握する〟ことを求めている。特に、「一定の人間関係にある者」から受けた攻撃をとりあげ、学校や学級、部活動など当該児童生徒が関わっている仲間や集団（グループ）などの

〝集団〟との関わりを視野に入れるよう求めている。調査にあたっては、〝児童生徒の声を聞く〟ことも求め、アンケート調査や教師と生徒の間で交換されるノートの活用や教育相談の定期的・継続的実施などが挙げられている。このように、「いじめ」問題に対する積極的な施策を重ねてきた結果、いじめ問題への取り組みについて、二〇一一年には、全国の約九割の学校で取り組みがおこなわれるようになった、という調査結果も報告されている。[2]

2　児童生徒の「いじめ」経験と、いじめの認知件数の推移

国立教育政策研究所生徒指導研究センター（二〇一〇）[3]は、一二年間にわたる大規模なコホート調査の結果を報告した。その結果、小学校四年生から中学校三年生までの六年間の間に、いじめと無関係でいられる児童生徒は一割しかいないという事実も明らかにした。「深刻ないじめは、どの学校にも、どのクラスにも、どの子どもにも起こりうることを事実として受け止めることが大切であり」、「未然防止のための取組と事後対応のための取組」を区別して取り組むことが目的を達成することにつながっていくとされている。

二〇一〇年度の発生学校数は一万五六七五校、個別の認知件数は総計で約七万五千件である。[4]いずれも前年度に比して微増傾向にあり、いじめがまだなお取り組むべき重要な課題であることがわかる。

3　学校によるいじめの発見と、学校におけるスクールカウンセラーの位置

いじめは、その約半数が学校内で発見されている。二〇一〇年度調査結果[4]を見ると、なかでも、「アンケート調査など学校の取り組みによる発見」の割合が高く、小学校で約三割、中学校で約二割、高校では三・五割にのぼっている。本人からの訴えは、小学校（二割）に比して、中学校・高校でやや高い（二・七割）。

学級担任による発見が二割前後とそれに続く。

また、全国の五～七割の学校が、いじめ問題への〝日常の取組〟として、「スクールカウンセラー、相談員、養護教諭を積極的に活用して相談に当たった」を挙げ、「いじめ問題に対応するため、校内組織の整備など教育相談体制の充実を図った」としている。スクールカウンセラーは、全校的な組織的活動の中で役割を果たしていることがわかる。

二　いじめの集団への広がり

1　学級集団の構造の中に広がるいじめ

筆者は、旧・東京都立教育研究所で「いじめ特別研究」を行ったが[5]、その中で見られた集団内に発生しているいじめの一例を図[6]に示す。いじめが学級、学年の人間関係の中に発生しているのが見られている。このような例は、小学校では学級内だけに見られていたいじめが、中学校に進学して新たな学級編成や部活動の人間関係の広がりが進行するのと同時に、あっという間に学年全体

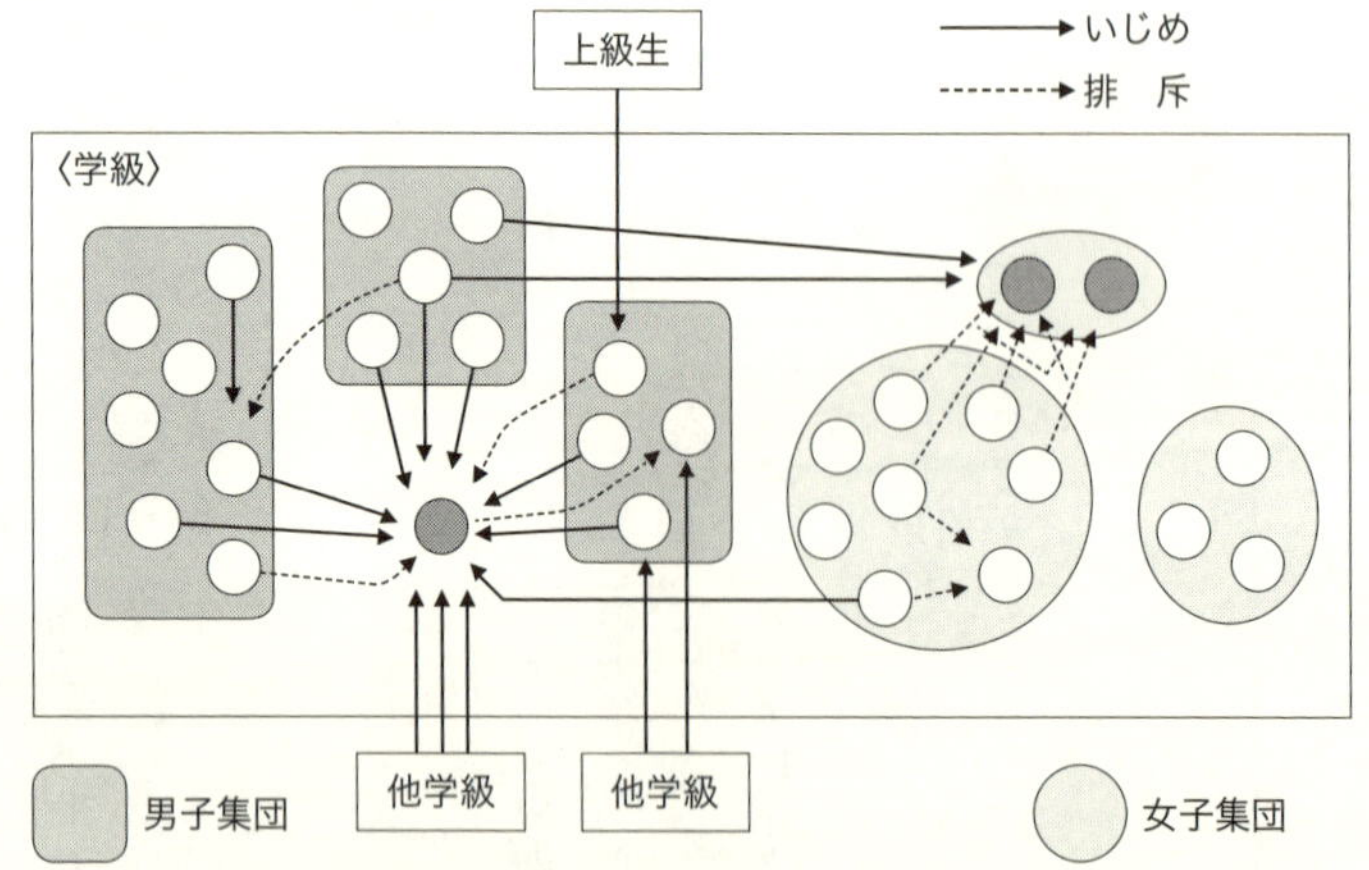

図　集団におけるいじめの広がり（文献(6)から加筆修正）

に広がっていく例などに見られることが多い。大人の目に見えるいじめは、集団への広がりを背景にしたほんのワンスポットであることがわかる。

2　いじめの継続と変容のパターン

集団の中では、いじめは形を変容させて継続していくことも多い。具体的なエピソードを用いて記述すると、以下のようなパターンに分けられた。(7)

①**エスカレート**　初めは、少数でおこなわれていたいじめに、周囲の子どもたちが加わって規模がどっと拡大する。サイト上での誹謗中傷などの広がりもこの形態をとることが多い。

②**転移**　グループで、グループ外の子どもをいじめていたのが、教師による指導やその子どもの転校などで標的を失うと、次にグループ内の弱い一人にいじめる対象を変えて続けるなど、いじめの対象を移していくパターン。仲良しグループでの遊びに隠れて、教師には見えにくい。

③**連鎖**　たとえば部活動や塾などでいじめられていた子どもが、教室に戻って、自分よりさらに弱い子にいじめをおこなうなどである。教師が教室でその子どもが〝いじめている姿〟だけを発見すると、かつて〝いじめられたことで傷ついている心〟への気づきのないまま強い指導がおこなわれがちなので、指導が子どもの心をさらに追いつめることにもなりやすく二次的にさまざまな問題が発生する。

④**逆転**　いじめられ続けてきた子どもたちが、ある時徒党を組んでいじめていた子どもに一斉にやり返す。弱い子どもたちでも群れになることによって力関係は逆転し、いじめの立場が逆転する。かつていじめられていた相手をやりこめるだけに、子どもたちには逆襲することを正当化する根深く強い感情があり、いじめに勢いがあって事故に結びつきかねない危険がある。

三　教師による「いじめ指導」の難しさと、いじめに抱く危機感

1　教師の挙げる「いじめ指導」の難しさ

いじめの発見や指導には教師が取り組むが、教師たちはいじめ指導をどのように感じているのだろうか。筆者の研究[8]の中で「いじめ指導を難しいと感じたことがあるか」を尋ねた問いに、教師三三二名（小学校二二三名、中学校一〇九名）のうち、小学校教師の九割、中学校では一〇割の教師が、いじめ指導を「難しいと感じたことがある」と回答した。「教師が感じるいじめ指導の難しさ」の内容を、表1[8]に示した。

表1では、「教師としての指導のあり方」に難しさを感じている教師が多かった。その内容は、いじめに関わる両者の話に「食い違い」や「ずれ」が大きく、指導を始めようとしても、事態が複雑で真相が読めず、どこから指導したらよいのか、自分の判断の確かさも揺らいでいくことが報告されている。また、いじめを疑っても、教師といえどもどこまで児童生徒の人間関係に踏み込んで介入してよいのか、葛藤する姿も浮かんでいる。

「いじめ指導後の指導のあり方」の項目には、いじめ指導をおこなったあとの「学級集団の修復」の難しさや、指導が当該

表1　教師が感じるいじめ指導の難しさ(複数回答)

単位：人（%）（但し、%は校230、中学校112に対する%）

項　目	小学校	中学校
教師としての指導のあり方	81（35.2）	34（30.4）
いじめの実態把握の困難	41（17.8）	20（17.9）
いじめている認識が当事者に無い	40（17.4）	26（23.2）
保護者への対応	40（17.4）	16（14.3）
いじめ指導後の指導のあり方	19（ 8.3）	7（ 6.3）
いじめられた側がいじめを認めない	12（ 5.2）	18（16.1）
教師間の連携の齟齬	7（ 3.0）	9（ 8.0）
その他(多忙、時間がかかるなど)	3（ 1.3）	1（ 0.9）
無記入	17（ 7.4）	8（ 7.1）
合　計	260	139

の生徒や周囲に与える影響への懸念などが挙げられている。教師が指導をしてみると、「二〜三年前にやられた」ことへの仕返しであることを訴えられ、今、目の前の両者にどう指導したらよいかととまどう。「表面的に起こっている事態をなくすことはできても、本質的な心や考え方に踏み込んで変容させていくような指導や支援」が難しいとする教師もおり、重要な課題が挙げられている。

三浦（一九九八）[9]によれば、いじめ指導にあたって、教師はまず「正確な事実把握のための観察」と「クラスの子どもたちへの事情聴取」を重視するとしている。教師として客観的に真摯に指導をおこなおうとすると、「いじめ」問題のもつ複雑さや根深さが壁になって立ちはだかることを感じさせるものであった。

2　教師の感じる危機感

教師たちに「いじめに関わる子どもたちの様子を見ていて、危機感を感じた事があるか」と尋ねたところ、小学校教師二一六名のうち七割、中学

表2　危機感の内容（複数回答）
単位：人（%）（但し、%は校230、中学校112に対する%）

項目	内容	小学校	中学校	全体
いじめに関わる子どもの様子を見ていて	加害者の認識不足や人の心の痛みがわからないこと	47（20.4）	21（18.8）	68（19.9）
	いじめ被害者の訴えのなさやいじめを認めない態度	9（3.9）	1（0.9）	10（2.9）
	怪我、事故の発生、不登校、自殺企図、その他の問題発生への危惧	36（15.7）	22（19.6）	58（17.0）
集団全体や多くの子どもたちの様子を見ていて	いじめのエスカレートを危惧し、集団全体の崩壊の不安等	48（20.9）	17（15.2）	65（19.0）
教師の指導の難しさに関わって	子どもへの指導をめぐって、教師間の連携	16（7.0）	5（4.5）	21（6.1）
	保護者へのかかわりの難しさ	14（6.1）	3（2.7）	17（5.0）
将来への見通しを危惧する	子どもの人格形成への不安、心の傷、問題改善の困難性	13（5.7）	3（2.7）	16（4.7）
その他	その他	10（4.3）	13（11.6）	23（6.7）
無回答	無回答	12（5.2）	8（7.1）	20（5.8）

校教師一〇三名うち八割が「危機感を感じた事がある」と回答した。「危機感」については教師の判断に委ねているが、結果を表2に示す。(8)

表2の中で「集団全体や多くの子どもたちの様子を見ていて」の項目の内容には、集団が分裂して、子どもたちの集団全体の力がエスカレートしてブレーキがきかなくなり、発言力のある子に集団全体が流されて誰でも加害者になるような状況もありうること、その中では相手を徹底的にやりこめないと止まらないような事態も発生し、教師が危機感を抱いて緊迫している様子が伝わってきている。また、小学校高学年のいじめを見ていて低学年の子どもが見て真似しだしたときには、いじめの収束の難しさを改めて感じている。

いじめは小学校の集団に予想以上に深刻な広がりを見せており、教師の危機感が深刻であることが多数見られている。いじめのエスカレートが進行していく学級で指導にあたる教師を、スクールカウンセラーとして、あるいは学年、学校組織の教師たちと協働して、支援していく必要性が大変高いと感じられる。

四　スクールカウンセラーへの期待と役割

前述してきたいじめ問題の特徴や教師の指導の難しさ等を踏まえて、スクールカウンセラーはどんな役割を果たせるだろうか。学校の場に立つスクールカウンセラーは、外部専門機関に比して教師や生徒、保護者からも、顔なじみで、信頼関係が築けている特徴がある。心に深く刻まれた「いじめ」問題の解決には、安心感のある信頼関係が何よりも必要であり、それを基盤に臨みたい。

1　いじめの認識についての支え

「いじめは許されない」ということは、すでに誰にとっても当然のことになっている。しかし、実際の場面では、いじめへの認識が大人側にも子どもたちにも共通にもてないことも実は多い。「いじめ」か否かの判断の不一致は、周囲の一致した対応の遅れにも通じる。たとえば、大人側の「いじめは子どもの成長にとって必要な課題」「気にしすぎ。へこたれず強くなれ」という言葉や、子どもたちの「ただ、遊んでいるだけ」という言葉が聞かれる場面が多い。そんな場面に出会っても、スクールカウンセラーは柔らかくも譲らない態度やメッセージを通して、「いじめ」であることへの認識を高めていくことが、学校内で何か起きたときの教師たちの判断の根幹になる。いじめ問題はその関わる人自身の人権感覚が問われる課題であることを、スクールカウンセラー自身がまずはよく認識していて、「いじめ」問題への共通の認識をふだんから校内に定着しておけるよう、日頃からメッセージを発していたい。「スクールカウンセラーだより」を通して、あるいは日頃の実践を通して、または、校内研究会での話し合いを通して、貴重な機会を生かしていく。

2　集団の中での子どもたちの観察を生かす

校内での観察からは、子どもたちのさまざまな姿が見えてくる。休み時間に一人孤立している姿や表情の消え失せた顔つき、身体検査に並んで順番を待つ子どもたちの列の中に起こっているふざけやちょっかい、レスリングごっこに隠されたいじめなど、遊びともいじめともつかない行為の中に子どもたちの仲間集団の一端が見え隠れする。教師にとっては「日頃のこと」と見過ごしがちなことも多いが、学校行事や学校生活の波の中で子どもたちの仲間関係は日々動いていくものであり、よく見ていると、いじめられる子どもの緊迫感にも高低の波があり、それが高まってナイフを隠し持っている姿を見るようなこともある。

3　子どもへの声かけや個人面接、グループ面接

子どもへの語りかけや面接を、スクールカウンセラーは多様な形で臨機応変におこなっている。相談室の中でわいわいと子どもたちが騒ぐなかでも、子どもは大事なことを何気なく話す。スクールカウンセラーとのやりとりが〝人に話す〟経験になると、その後、先生や保護者に気持ちを打ち明けられる力になっていくことも多く、子どもの話す力が育てられることを感じさせられるものだ。全校への個人面接を実施すると、一人に割り当てられた、たった一五分間でも、子どもはかなり多くのことを話す。また、いじめをおこなった子どもたちとグループで話すのもよい機会だ。スクールカウンセラーが毅然とした姿勢をもちながらも表現を促す機会をもつと、子どもたちのいろいろな気持ちが出てくるが、互いに牽制したり、反省したりしながら話すことで、それがその後の自分たちの行動に自分たちで歯止めをかけることにつながるような経験をしたことがある。

スクールカウンセラーに安心すると、相談室がゆっくり過ごせる場となって、〝昔いじめられていた話〟をする子どももいる。力になってくれる人がいることで登校が支えられる。子どもの自己表現を育てる意味で、アサーショントレーニングやソーシャルスキル・トレーニング（ＳＳＴ）などが効果を発揮する場合もある。

学校に生徒が心を落ち着けていられる貴重な場として、相談室が機能していることも多い。

4　保護者面接

子どもの様子を見ていて、あるいは子どもから話を聞いて、保護者が不安を抱えて来談する場合もあるが、一方で学校に不信感を抱いてその気持ちを訴えてくる場合もある。また一方で、教師が来談を促しても来談

しながらわが子のいじめが認められない場合もある。保護者の複雑な思いを聞き届けながら、教師との信頼関係を取り戻せるようにスクールカウンセラーが仲介できる場合も多い。いずれにしても保護者の語る言葉からは、学校で起こっていることを、子どもの立場から、あるいは、一歩離れた家族たちからどう受け止められているか伺うのにも貴重な機会となる。

5 コンサルテーション

スクールカウンセラーにとって、大きな位置を占める役割である。教師の指導の難しさとして挙げられていた、いじめ問題にまつわる矛盾や混沌も、心理臨床の立場で受け止めていくことで話の流れを生み出すことができることも多いだろう。個々の子どもへの理解をつなぎ、つき合わせることで教師とクラス集団のダイナミックスを考えられる。発達障害への理解と対応について、あるいは、不登校との関連について、また、過去のいじめによるＰＴＳＤへの対応ができる専門機関の活用や紹介について、スクールカウンセラーからのとらえ方を伝えることもできる。くり返し「いじめられ」を訴えてくる子どもの中には、いじめを訴えることが教師とのつながりを求める一つの手段になっている場合などもあり、教師とスクールカウンセラーの話し合いが充実することでより役に立てるだろう。

いじめ問題は大人にさまざまな疑問を投げかけてくるが、時に大人のほうも自分の身を守りながら関わらねばならないことも生じる。たとえば、熱心な生徒指導がともすればそれを見ている生徒たちの特定の子どもへの見方を生み出すこともある。教師もスクールカウンセラーに話すことで自分の実践や立ち位置を改めて振り返り、気持ちを休めて次の指導に向けて力を発揮することにつながる場合もあるだろう。

6　教師の組織への情報提供と学校体制への協力

子どもたちのいじめが集団に根ざして起こっているだけに、教師も複数で指導にあたることが重視される。いじめ問題では、教師も気づかずして子どもたちの集団の動きに巻き込まれることさえありうる。そこには危険も伴いかねず、学校の中で展開している集団の構造について、教師たちとは一歩離れた立場からスクールカウンセラーが気づきを伝えられると、教師たちと指導の効果を高め合える。全校での連携は指導する側の情報の偏りも防ぎ、教師が余裕をもって指導に向かえることにつながり、指導を成功させることにつながる。また、スクールカウンセラーにとっても、いじめ問題における連携は集団での広い視野からの情報収集につながり、いじめ問題をより的確にとらえていくために大変重要なことである。

教師とスクールカウンセラーが役割分担をして、いじめ調査やその結果の分析をおこなう全校体制は、予防にも問題対処にも意義がある。なお、教師との協働にあたっては、いじめ問題を抱える教師の心情への理解もスクールカウンセラーにとって重要なことである。いじめは「どんな集団にも」、「初任教師にもベテラン教師にも」起こる可能性があり、かつ、指導は「誰にとっても難しい」課題であることを、スクールカウンセラーが基本的理解としてもっていること、かつ、校内でその教師がおかれている立場やそれに伴って生じるであろう心理にも配慮することがスクールカウンセラーには重要だ。

引用文献

(1)　森田洋司、清永賢二『いじめ——教室の病』金子書房、一九八六年
(2)　文部科学省初等中等教育局児童生徒課「『いじめ問題への取組状況に関する緊急調査』結果について（通知）」二〇〇一年

(3) 文部科学省国立教育政策研究所生徒指導研究センター「いじめ追跡調査二〇〇七－二〇〇九いじめQ&A」二〇一〇年
(4) 文部科学省「平成二二年度『児童生徒の問題行動等と生徒指導上の諸問題に関する調査』について」二〇、二三、二四、二七、三二頁、二〇一一年
(5) 東京都立教育研究所『「いじめ問題」研究報告書——いじめ解決の方策を求めて』一九九六年
(6) 岡本淳子「教育支援に子ども集団機能の活性化を求めて」〔藤原勝紀編集〕『教育心理臨床パラダイム（『現代のエスプリ』別冊）』至文堂、一八二～一八七頁、二〇〇八年
(7) 多賀谷篤子、岡本淳子、加室弘子、北村洋子「子どもたちの人間関係における『いじめ』の変容過程の一考察」こころの健康：日本精神衛生学会誌15⑵、七二～七九頁、二〇〇〇年
(8) 岡本淳子「いじめ問題に関わる教師の認識についての一考察——臨床心理士による教員研修への視点から」立正大学心理学研究所紀要第三号、一～二二頁、二〇〇五年
(9) 三浦香苗ほか『「いじめ」についての学校心理学的研究』平成九年度文部科学省科学研究費補助金　基盤研究(B)研究成果報告書、一九九八年

押さえておくべきキーポイント

① 校内で、誰もがいじめについての認識を正しくもち、共有できることが最も基本になる。
② いじめを、その背景にある集団での仲間関係の動きにも鋭く視点をもちながら、子どもたちの様子を見ていく。
③ 一人ひとりの子どもが多様な立場に立っていて、その心理の高まりにも日々動きがあることに注意する。
④ 教師が指導を組織的に、全校体制でおこないやすいよう、支援において心がける。
⑤ 校内でのスクールカウンセラーへの信頼関係や位置づけを、日頃から構築しておく。

⑥　情報交換や、専門性の確実な発信に際して、スクールカウンセラー自身を含めて「いじめへの関わり方は、基本的にその人自身の人権感覚との勝負になる」ことを認識している。

読んでおきたい参考文献

- 森田洋司、清永賢二『いじめ――教室の病』金子書房、一九八六年
- 浜田寿美男、野田正人『事件のなかの子どもたち――「いじめ」を中心に』岩波書店、一九九五年
- 岡本淳子「いじめ問題の解決に向けて――中学生に対するグループアプローチ」（中村伸一、生島 浩編）『暴力と思春期』岩崎学術出版社、二〇〇一年
- 「生徒指導上の諸問題の現状と文部科学省の施策について」文部科学省初等中等教育局児童生徒課　年度一回発行（六〜八月頃）

5 緊急支援をめぐって

かしまえりこ Eriko Kashima

はじめに

緊急支援のあり方、プログラムの実際についてはすでに多くの成書[1]がある。屋下に屋を架すことのないように、本稿では、各都道府県臨床心理士会が中心となって築いてきた緊急支援のシステムや業務の流れなどには触れない。

一方、これまでのいくつかの事例を振り返ってみると、緊急支援に関して、臨床心理学の分野における知見はまだ乏しく、今後の活動を重ねながら洗練していくことが必要な段階にあるとわかる。そこで、これから緊急支援の実際に携わる際に、臨床家として心に留めておくといいであろういくつかの視点を提案することを本稿の目的とする。

一　危機介入と緊急支援

緊急支援は従来、「危機介入」として、コミュニティ心理学のひとつの柱として論じられてきた。「危機介入」はcrisis interventionの訳語であり、crisisには「峠」の意味がある。重篤な病の際に「今夜が峠」といった言葉がよく使われるように、crisisは好転するか、暗転するかの境目を示す言葉である。

危機介入については、山本和郎の『コミュニティ心理学――地域臨床の理論と実践』(2)に詳しい。四半世紀も前に書かれた本であるが、読み返してみると、危機状況にある人々への支援のあり方について改めて気づかされる点が多い。

近年、ＰＴＳＤ（Posttraumatic Stress Disorder）に対置するものとしてＰＴＧ（Posttraumatic Growth：外傷後成長）が注目されている。だが、西洋のことわざAdversity makes a man wiseの名訳「艱難《かんなん》、汝を玉とする」が示すように、洋の東西を問わず、外傷的体験は、すべてがそうとは言い切れない側面をもつとは言え、成長をもたらすものでもあると一般に受け止められてきた。しかしＰＴＳＤという新しい概念が広く知られるようになるとともに、心的外傷体験の負の側面が強調される逆転が生じている。

その事態に心理臨床家の活動が負う部分が大きいことを、臨床家自身が意識的に、幾分かでも心に留めておくことは無駄ではないと思う。前掲の書では、昔から当然のことと考えられてきた外傷体験が含む成長促進的要因を踏まえて、危機介入が論じられている。

そして「緊急支援」という用語の使用を明確にしたのは、おそらく福岡県臨床心理士会の活動報告が最初であろう。その経緯について、向笠（二〇〇五）(3)は「学校というコミュニティで起こった事件・事故によって生じた児童・生徒らの反応に対して、学校自体がその直後から主体的に活動し、学校本来の機能を回復することに対する後方支援と位置付けたから」と述べている。スクールカウンセラーとして危機介入した臨床体験から、黒子としての機能をより的確に表す言葉として「緊急支援」が使われるようになったものと理解する。

ここで明らかなように、スクールカウンセリングにおける緊急支援の対象は「学校コミュニティ」である。「危機介入」がコミュニティ心理学に基軸を置きつつも、その対象を個人とコミュニティとにさほど峻別しなかったのに対して、「緊急支援」はコミュニティ支援を明確にしている。

また「学校危機対応」に特化して、CRT（クライシス・レスポンス・チーム）がいくつかの府県単位で組織されている。CRTは全国CRT標準化委員会を組織しており、その概略はホームページ（http://www.h7.dion.ne.jp/~crt/）に掲載されている。

CRTではその活動を、学校危機の中でも「多くの子どもたちが心に傷を負う可能性がある事件や事故」、「特定個人・家庭の被害ではなく、衝撃がクラスや学校全体に波及するもの」と対象を限定している。したがって学校内に目撃者が多数いて、マスコミなどによって、学校運営が混乱するような事案のみが対象であり、たとえば家族の自殺を児童が目撃したような事案は、その児童の心理的ダメージがどれほど深刻であっても、学校全体に影響が及ぶような事態にならない限り、活動の対象とはしない。

実際の臨床場面では、通常のスクールカウンセリング活動では対応しきれない事態に、スクールカウンセラーが「緊急支援」として対応するなど、「危機介入」「緊急支援」「学校危機対応」の三者の異同には曖昧な部分もあるが、一方で厳密に規定される状況もある。実際の活動において、文献等を参考にする場合には、その違いに留意しながら読みとることが求められる。

二　緊急支援の対象

スクールカウンセリングでの緊急支援の対象は学校コミュニティであるが、そのコミュニティを構成するのは一人ひとりの個人である。同じ事故に、同じ状況で遭遇しても、ＰＴＳＤになる人とならない人がいることはよく知られている。また回復に個人差があることも同様であり、緊急支援に関するどの手引き書においても注意を喚起する言葉が述べられている。コミュニティへの支援とは、それを構成する個々人への支援でもある。

よって危機介入・緊急支援・学校危機対応のいずれにおいても、働きかけの影響は個々人に及ぶ。それまで存在しなかった専門家が学校に姿を現したことにほっと安堵する人もいれば、見慣れない対象の闖入《ちんにゅう》を新たな脅威として感じる人もいるだろう。支援者の専門性が高ければ高いほど、その助言によって支配される感じを抱き、かえって無力感を強くする人もいるかもしれない。

そのような被支援者の側の戸惑いに配慮した一例として、山本（一九八六）は前掲の書[2]において、アメリカで一九六〇年代に台頭したフリークリニック運動を挙げている。薬物依存などのさまざまな精神的問題を抱える若者をサポートしようと、若者たちになじむ雰囲気のたまり場をつくり、そこでボランティアの学生や普段着の専門家が相談相手となって活動するというものである。

緊急支援を求める学校にスクールカウンセラーが入っていく際にも、その学校になじみやすい雰囲気を心がけて、不安な状況にある人々にとって、さらなる脅威とならない配慮をすべきである。

そして学校コミュニティを構成するすべての個々人、すべての要素に広く配慮した見立てに基づく対応が求められる。たとえば自死の後の緊急支援においては、最も深い傷つきを負っているのは遺族である。次に、その自死に責任を感じており、それを防ぎ得たかもしれないと、自身の立場を認識している人々であろう。

その人々の傷つきの深さは、周辺の人々がどんなに動揺しているように見えても、それとは比べようもない。動揺は深ければ深いほど、周囲が理解しやすい形で表出されにくいことを、臨床心理の専門家であれば誰でも知っている。

スクールカウンセリングにおける緊急支援の対象は学校コミュニティであり、支援の対象は出来事の周辺にいると思われる児童・生徒であって、遺族やその出来事に責任を負う人々に直接、関わることは少ない。だが周辺の人々への支援行動は関係するすべての人々に影響を及ぼす。深い傷に耐えている人々には、支援者の何気ない行為が、想像を超える強烈な刺激となって届く場合もあり得る。たとえば家族の自死という衝撃を受け止めることに必死の人々にとっては、その出来事が周辺の人々にとっては、専門家による「心のケア」を必要とする事態であり、早く忘れたい出来事であるかのように位置づけられることは、さらに傷を抉《えぐ》ることだと映るかもしれない。

また「健康」という言葉は、その対語の「不健康」を暗に示唆する。心という数字で規定できないものについての健康・不健康は曖昧な概念であり、自身の心の健康度に不安をもつ人は少なくない。メリットが確かにデメリットを上回る場合にのみ、使用が許される言葉だろう。

登山では、最も体力の弱い人を基準にすべての行程を組む。それがコミュニティに関わる際の第一原則である。緊急支援においても、支援に携わる者には、常に最も痛めつけられている人々の存在を想定し、その方たちへの配慮あるふるまいが求められる。

そしてコミュニティへの援助を志向するのであれば、コミュニティに最も責任を負う人々を支援の対象として見定めておく必要がある。学校への緊急支援においては、児童・生徒を支援対象として活動することが多いが、児童・生徒への支援を通じて、実際は管理職をはじめとする教師への支援をおこなっているという視点をもっておくと、活動のあり方に齟齬が生じることが少なくなる。

三　日常の支援行為と緊急支援行為

二〇一一年春の東日本大震災の後、多くの臨床心理士が派遣スクールカウンセラーとして現地に赴いた。その活動の体験は臨床心理士による緊急支援の方向性を改めて考える場ともなった。

筆者自身も震災発生から四か月後に宮城県に派遣スクールカウンセラーとして赴いた。校舎内にはまだ避難所が置かれており、すでに使われなくなっていた校舎に急遽、耐震補強工事を施して、教室として使っている状況であった。避難所から通ってくる生徒や教師も少なくなかった。

そのような震災の影響が色濃く残る状況であっても、寄せられる相談には震災以前からの課題であったのだろうと推測できるテーマが少なくなかった。相談内容をどの視点から捉えるかによって異なるが、筆者の理解する限りにおいて、八割方が震災以前からの課題が、震災によって形を変えて表出されたものであったと思う。

緊急事態では、日常において、潜在的あるいは顕在的にあった課題が揺さぶられて、まるで液状化現象のように浸み出してくる。どのような緊急事態であっても、支援者が取り組む課題は日常の延長上にある。そもそも人の営みを、ひとつの出来事で切り分けることなどできるはずがないという認識は、人が生きる場に関わる者として、忘れてはならないことだと思う。

そして緊急支援から日常の支援を振り返ってみれば、日常の臨床の場で、臨床家が出会う人々はみな、その方自身にとっては何にも増して急を要する緊急事態にある。日常の臨床も、支援される側に立って見れば、すべて緊急支援の側面をもつ。前章で述べた支援対象の分類は、支援する側の概念に過ぎない。

日常の支援行為もすべて、小規模ではあっても緊急支援行為と同じ側面をもつことを常に頭に置いておくと、「緊急支援」に当たる際にも、臨床的センスがより細やかになるように思う。

四　東日本大震災での支援活動の経験から

筆者は高校を卒業して間もなく、同級生だった知人が惨殺される事件を経験した。数日間、新聞記事となり、その後しばらくは週刊誌に煽情的な記事が続いた。数名の知人は警察の事情聴取を受けた。今だったら、そしてもし在学中の事件であれば、当然、大規模な緊急支援の対象になっただろうと思う。

その数年後、筆者は母を交通事故で亡くした。個人的な出来事だから、緊急支援の態勢が整った現在においても、その対象になることはない。だが母の事故死は、今なお筆者の日常生活に影を落としていると自覚する。

当時、心理的にかなり苦しい状況が続いたが、まだ心理臨床家は存在しなかったので、支援を受けることは考えもしなかった。だがそれでもどうにか日常を過ごすことができるようになった経緯を思い出すと、同じ頃に母親を突然、病気で亡くした友人の存在が大きかったと思う。その後も、その友人とはつかず離れずの関係が続いており、久しぶりに会うと、他の友人とは違った親しみを感じる。

不幸な状況では、同じ体験、類似の体験をした人には語らずとも通じる安心感がある。それは時の経過とともに、環境の変化や、回復の度合いの差が心のすれ違いを生んで、幻滅の時期を迎えることにもなるのだが、それもその後の長い経過のうちに収束されて、同じ体験をした仲間意識だけが残り続ける。共に厳しい時期を乗り越えた戦友のような思いが醸し出される時期がやってくる。

そのことを考えると、筆者も参加したのだが、東日本大震災の今後の支援のあり方について、果たして心理臨床家をはじめとする専門家による支援を専らにしていてよいものか、という疑問が湧いてくる。

また専門家が被災者を支援するには限りがあり、加えて全国から集まってくる臨床心理士の交通費だけでも財政負担は軽くないという事情もある。

国際援助においては、被援助地域の人々の力を活かす方法の模索がおこなわれている。高価なポンプを送るより、井戸掘りの技術を伝えるほうが広域的な援助になる。地雷原で足を失った子どもたちに上等な義足を贈るより、竹で義足を作る方法を教えるほうが、成長に合わせた義足に作り替えることができて、長期的な援助になる。

今回の被災地支援においても同じように、被災地の方々による自助努力を専門家が支援する方策を考える段階に来ているのではないだろうか。

たとえば、同じ経験をした仲間同士で支え合うピアカウンセラーの養成などが考えられてよい。被災地の児童・生徒の中から希望者を募って、ピアカウンセラーになる研修の機会を設ける。養成には臨床心理士・スクールカウンセラーが当たるが、それだけでなく、教師にも養成担当者としてプログラムに参加してもらえば、さらに有意義だろう。

また鎌田[4]は、小学校に支援に入った経験から、より実務的で副作用のないやり方として、担任による朝の健康観察の時間の活用を提案している。教師が学級全体に、①「夜は、目が覚めずに眠れて朝すっきりしているかな?」、②「ご飯は、おいしく食べられているかな?」、③「頭やお腹や肩が痛くないかな?」、④「いらいらしてないかな?」、⑤「元気がでない?」の五つの質問をし、子どもたちに手を挙げさせるという簡単なやり方である。それによって、①教師による状況の継続的な把握になる、②子ども自身も自分の身体に注意を向ける習慣がつく、③教師が受け止めることで、わかってもらった感が増し、プチカウンセリングの効果が得られる、としている。

筆者はさらに簡単に、①「昨日の夜はぐっすり、ゆっくり眠れた?」、②「朝ごはんはおいしかった?」の二点を問うだけでもよいと考えている。その際の教師による観察の要点は、挙手を求めたときの子どもたちの反応が「いつものその子らしいか?」という点である。何か心理的動揺があれば、食事と睡眠に影響が出る。加えて、日ごろから「いつものその子」の様子を把握しておくことは、教育者としての感受性を高めるトレーニングにもなる。

誰かに助けてもらうよりも、自分たちで自分たちを助けることができれば、自信が生まれ、自信は生きる力になる。カウンセリングという営みにおいては、しばしば来談者にも増して、カウンセラーのほうが癒される状況が生じる。そのことを、心理臨床を専門分野として学んだ私たちはよく知っているはずである。技術を独占するのではなく、公益を考慮しつつ、社会に還元していくことが求められている。

五　心的外傷体験の個別性

幸せな家庭はみな一様に似通っているが、不幸な家庭はどれもその不幸な顔は違っている。

トルストイ著『アンナ・カレーニナ』の有名な冒頭の一節である。心的外傷体験の個別性を物語る言葉と言えるだろう。この個別性に応じた対応を可能にしようと、生身の臨床家が現地に出向き、当事者とヒア・アンド・ナウで関わる。

たとえば心的外傷後のストレス障害（ＰＴＳＤ）として、①再体験（意図しないのに苦痛となった体験がくり返し思い出されたり、今も続いているように感じたり、夢に見たりする、フラッシュバック）、②回避（体験を思い出させる場所や人、話などを意識的に、あるいは無意識的に避ける、感覚や感情の麻痺）、③過覚醒（不眠やイライラ、集中困難など）などがあることが知られているが、それらは単独で現れるわけではない。

個人と環境との関わりの中で、さまざまな影響を受けながら、複雑に絡まり、変化しながら状態像として表される。時には些細な刺激から、ある側面だけが突出することもある。

そのように揺らめき、変化する状態像を見極めつつ、今このとき、この場で、どう関わるのがより良いのかを瞬時に判断し、実行するのが臨床家の仕事となる。ある状況では治療的に作用したことが、ある状況では害となって作用する。一律にこの対応が正しくて、あの対応が間違っていると決められないのが、臨床家の仕事である。

特にチームとして機能するときに、臨床家は判断に迷うことになる。全体の方針と、今、目の前で生じている事態とが相容れない状況はしばしば生じる。全体の方針と異なる対応をする場合には、必ずチームの了解を事前に得ておくべきだが、迅速な対応を求められる状況において、誰にどこまでの了解を得るのかの判断は難しい。

そしてそのとき、心理臨床家は専門性に基づいて緊急支援に携わるが、それは同時に心的外傷体験の個別性をひとつの概念に押し込めてしまう危険を伴うものであるかもしれないことに、常に思いを致していたい。その危惧を心に留めることが私たちの節度であり、手引きは参考になるが、それが通用しない場面もあると心得つつ、恐る恐る関わっていく姿勢を保ちたい。

六　スクールカウンセラー同士の連携

心理臨床は、覗き込めばすぐそこに深い淵が待っている世界である。加えてスクールカウンセリングは、「日常」と物理的にも心理的にも隣接した場での臨床行為になるので、心の深い世界と社会的な活動とのバランスを保つセンスが求められる。緊急支援の場においては、関わる人が多数になるので、さらに厳しい条件下でバランス感覚を働かせることになる。

たとえば自死のように衝撃的な出来事の後では、周辺の各人が抱えていた課題が顕在化して、カウンセラーの何気ない行為が行動化を引き出してしまうことがある。ひとりの児童・生徒の自死が、その後の群発自死を招くことがあるのはよく知られている。だがそれは適切な心理教育の実施によって、ある程度の予防は可能である。より深刻なのは、教師の自死である。ひとりの教師の自死が、教師仲間に与える衝撃は深く、じわじわと影響を及ぼし続ける。しかも教師は異動があるので、その人間関係は当該校に留まらない。加えて、過労からうつ状態に陥っている教師の増加が指摘されている。同じ教育事務所管内のスクールカウンセラーが連携して、それぞれの勤務する学校の教員の様子にそれとなく気配りすることが求められる。

緊急支援では、支援に当たるスクールカウンセラーを他のスクールカウンセラーがバックアップする体制づくりがおこなわれているが、日常よりスクールカウンセラー同士が人間関係を築いて、緊急時にスムーズに情報交換し、連携できる準備態勢を整えておくことが必要である。

スクールカウンセラーは一人職場であり、カウンセリングも個人と向き合う仕事である。カウンセラーを志す人には、元来、連携が苦手な人も少なくない。日ごろから心がけておくことだと思う。

おわりに

緊急支援については、高く評価される一方で、厳しい意見も寄せられる。批判に耳を傾けつつ、人の生きる姿により相応しいあり方を模索していかなくてはならない。

緊急支援を受ける側にあった、特にその中核にいた人々には、緊急事態が去った後も、出来事による衝撃と痛みを抱えつつ生きていく人生が待っている。支援者としてひとときでも関わった者は、その体験を生きた人々の存在を決して忘れてはならないと思う。それは人として当たり前のことであるが、どのように専門的な修練を積んだとしても、素の人としてのありようを失わずにいることが、心というあやふやなものに職業人として向き合う私たちの大事な専門性だと認識するからである。

引用文献

(1)　京都府臨床心理士会学校臨床心理士部会「学校における緊急支援」改訂版編集委員会編『改訂版　学校における緊急支援』京都府臨床心理士会、二〇一〇年　ほか
(2)　山本和郎『コミュニティ心理学――地域臨床の理論と実践』東京大学出版会、五七〜八五頁、一九八六年
(3)　向笠章子、林　幹男「序論　取り組みの経緯――緊急支援の手引きができるまで」〔福岡県臨床心理士会編〕『学校コミュニティへの緊急支援の手引き』金剛出版、一三〜二〇頁、二〇〇五年
(4)　鎌田道彦（仁愛大学講師）二〇一一年の私信による

押さえておくべきキーポイント

① 緊急支援の対象はコミュニティである
② 最も傷ついている個人への配慮を基準にする
③ 日常の支援も緊急支援としての側面をもつ
④ 支援される側の自助能力を引き出す関わり
⑤ 心的外傷体験の個別性を尊重する
⑥ スクールカウンセラー同士の日頃からの連携

読んでおきたい参考文献

- 山本和郎『コミュニティ心理学——地域臨床の理論と実践』東京大学出版会、一九八六年
- 福岡県臨床心理士会編『学校コミュニティへの緊急支援の手引き』金剛出版、二〇〇五年
- 京都府臨床心理士会学校臨床心理支部会「学校における緊急支援」改訂版編集委員会編『改訂版　学校における緊急支援』京都府臨床心理士会、二〇一〇年

6 スクールカウンセラーと「グループ」
——グループ・アプローチの発想を活かす

福田憲明 Noriaki Fukuda

はじめに

スクールカウンセラーが活動する学校は、一つの教育コミュニティであり、そこでの心理臨床活動はコミュニティ心理臨床の占める割合が大きい。コミュニティとしての学校は、多種多様な人の集まりの集合体である。そこでグループを実施するということは何を意味するのであろうか。

筆者は、スクールカウンセラーが心理臨床的グループを学校に提供するという面とともに、学校にある〝人の集団〟を「グループ」として扱うという面にも着目している。

本論では、後者の側面を中心に取り上げ、論じることにしたい。前者の側面に関してはこれまで多くの実践が報告されているので、[(1)〜(4)など]他書に譲りたい。

学校では、すでに児童生徒、教職員という集団が構成されており、児童生徒に関しては学級という単位、班という単位、学習グループ、さらに仲良しグループや同じ出身校グループ等々の大小の集団が成立している。

それらの集団に対して、スクールカウンセラーはグループ・アプローチの発想をもって対応し、扱って(treatment)いくことが重要であると筆者は考えている。

そこにあるグループ・アプローチの発想とは、村山（二〇〇四）[1]が述べているように、心理臨床の原点であり基本理念である個の尊重という理念をもったグループであり、教育訓練的なグループとはその質を異にするものである。

筆者は、スクールカウンセラーが学校でグループをおこなう意義は、学校の集団とは異なる「グループ体験」の場――時間空間を提供することであり、学校教育とは別の視点、観点を提示することであると考えている。学校の教育目標やそこでの規範を尊重すること、教育コミュニティの一員であることを認識し、尊重しつつ、スクールカウンセラーの外部性を意識し、活用するのである。

また、集団の中で個が尊重される体験をいかにグループを扱う中で実現させるかがスクールカウンセラーの役割であり、期待されるところだと考えている。

一　グループ・アプローチと心理臨床

村山（二〇〇四）[1]が「いまなぜグループか」と、その意義を改めて問うてから一〇年近く経過し、スクールカウンセリングにおいても〝グループ〟が注目されてきている。その背景には、学習指導要領の中にも対人関係や社会性に関しての教育課題が示され、教育相談活動の中にも集団の活用がうたわれるなど、学校教育の中でもグループへの関心が高まっているということがある。そしてスクールカウンセラーに対しても、グループの実施に関する要請が増加してきているようである。

先に述べたように、スクールカウンセラーが扱い、また実施するグループは、心理臨床を基盤としたものである。村山（二〇〇四）[1]が「ばらばらで一緒」という表現で指摘するように、心理臨床的グループの基本は「各人の個別性を尊重しながら、つながっていく体験」ということができる。「はじめに個人があって、グループのダイナミズムが展開する」という発想が、学校というコミュニティの中で具体化し、そこに生きる児童生徒が体験することのできる場を提供することが、スクールカウンセラーのグループワークの基盤にあるアプローチであると筆者は考えている。

この発想によっておこなわれる活動であれば、いわゆる「構成的か非構成的か」という区分も実際には問題にならない。近年筆者は、この区分とは別に、「デザインされたグループとアドホックグループ」という区分でグループを考察しているが、前者はスクールカウンセラーが企画し、提供する形態のグループで、後者は相談室などで自由来室時にそこに成立するグループを意味する。

実際のスクールカウンセラーにとって、後者のようなグループへの関わりは安部（二〇〇〇）[5]も触れているように、きわめて日常的ではないだろうか。しかし、このような自由来室時のきわめて構造化されていない文脈でのグループの扱いに関しては、これまでのグループ実践論考には含まれてきていないように感じている。

次項では、アドホックグループを扱う際の留意点も含めて、筆者がグループを実施する際に心がけている事項について述べる。

二　グループを実施する際の留意点

1　グループを成長志向的な心理臨床ととらえる

学校における教育活動との関係に留意することが大切である。教育内容との接続に配慮し、正課外の教育として「育つ場」を提供するという意識が必要となる。

グループにおいては、信頼、尊重、協力、コミュニケーション、感情表出、自律、自己主張、自己表現などがテーマとなる。

また、学校という場で実施する際、プライバシーの尊重や守秘のルール、日常性との連続を考慮することが必要である。

教員からグループの実施を依頼されたり協力を要請された場合、十分にその目的を確認し、心理臨床の要素をどこまで、どのように組み込むことができるかの、可能性について見立てておく。スクールカウンセラーが主体的に企画運営する場合は、可能であれば教員に同席してもらい、心理臨床的発想や手法について体験してもらう。

2　安心して「体験」できる時間と空間に配慮する

スクールカウンセラーが扱い、実施するグループは、既知グループと言われる〝いつものメンバー〟であり、開催場所も〝いつもの教室〟である場合が多い。通常の教科学習でのグループ学習とは異なる場であることを十分に説明することは重要であろう。教室という場所で実施するというだけで、〝いつもの場所のいつもの自分〟に制約されてしまう。

なにより重要なことは、安全・安心の場の提供である。グループの実施者として、最大限のファシリテーターセンスを発揮するよう心がける。その場で新しい体験として人との関わりの心地よさを感じたり、新たな関わりを試すことができるように配慮する。ファシリテーターのあり方については、野島（二〇〇〇）[6]に詳しい。要点を表に示した。

3　グループをアセスメントする

グループ実施の準備として、グループの目的や達成目標を検討し、設定する。そのためには、グループの参加者の動機や意欲など、参加者の状況をアセスメントしておくことが重要である。グループ実施を依頼された場合には、その趣旨、目標、経緯などを把握することが肝要である。学級のメンバーがグループの参加者であれば、参加に関しての任意度は低いが、メンバー間の関係は形成されている。すでに形成され展開している集団を扱うのか、新規のメンバーなのかによっても異なるので、グループの発達段階やメンバーの準備状況を見立てることは大切である。

中でも、グループとしての「感情状態」を把握しておくとよい。〝緊張が高い〟〝沈んでいる〟〝はしゃぎすぎ〟など、グループの状態をとらえ、活動性や自発性、相互作用や関係の質を予測することで、適切なアクティビティの選択やリスクの検討が可能となる。

表　ファシリテーションのポイント

1．グループの安全・信頼の雰囲気形成	個々のペースの尊重／そこにいることの尊重
2．相互作用の活性化	メンバー相互の交流を促す
3．ファシリテーションシップの共有化	グループの自律性とスクールカウンセラーの器としての機能
4．個人の自己理解の援助	メンバーに対してと自分自身への気づき
5．グループからの脱落・心的損傷の防止	公平性と個の尊重

野島（2000）[6]をもとに筆者が改編

後述するが、アドホックグループの際のアセスメントは、重要である。突然来室するグループは事前情報もなく、予測できる範囲が狭く、「今ここで」の把握がすべてと言ってよい。スクールカウンセラーの関わりの程度、適切な場面設定、グループの性質、メンバーの背景や状況などについて、自然観察や若干の働きかけも含め、ほぼ瞬時にアセスメントし、即応していく臨機応変さが求められる。ここはグループを扱う妙味でもある。

4　グループでの活動

グループでの活動は、ワーク、エクササイズ、課題とさまざまな表現がなされるが、筆者は〝活動〟あるいは〝アクティビティ〟と表現している。アクティビティの際には手順やルールを提示し、分かりやすく説明することは言うまでもない。可能であれば、デモンストレーションをおこなうことが望ましい。

アクティビティ主体のグループであっても、ファシリテーションのセンスが求められる。グループ全体の動きやメンバーの非言語メッセージを感じとることに留意する。表現を受け止め抱える器としての役割もファシリテーターに期待される。ここでも、安全に活動しているかどうかを配慮していることが必要である。また、グループの動きが予測を超えた状況になった場合、その状況を受け入れ、臨機応変に対応することが望まれる。手順やルール進行にとらわれるのではなく、新しい局面で体験されることが意味あるものとなるようイニシアティブをとることも、場合によっては大切になる。

グループの体験が単なる体験で終わらないよう、振り返りとシェアリングの時間を十分とることが重要である。アクティビティ中心のグループでは、体験したものをいかに個人の内面に落としこめるか、が課題となる。各自の体験を自身で振り返り、言語化されたものをメンバーで交流させることによって、体験の意味が創造されていくプロセスが生まれると筆者は考えている。もっとも、その場での振り返りで体験の意味が即感知できるわけではない。ただ、その契機を提供することはできると思う。

さらに、シェアリングの話し合いそのものが、自由な表現を保障され、自己の体験が反論や批判にさらされずにメンバーに受け止められ、共有されるプロセスを体験することそのものが、意味ある体験となるのである。アクティビティの利用や効果について、その意義は否定しないが、アクティビティ後の振り返りとシェアリングにこそ、グループの意義があると考えている。

5 安全・安心の場の醸成

青年心理学の立場から岡田（二〇〇三）[7]が指摘するように、近年の青年は「ふれ合い恐怖的心性」が強い傾向にある。仲間を形成し、その仲間で何かの行動を起こす以前の段階として、まず仲間意識をゆっくりと形成していくことが必要となる。これは、そのグループが既知集団か、あるいは新規の集団かによっても異なる。安全感・安心感を感じつつ他者を感じ、「仲間」としてのつながりを形成していくプロセスにおいて、ファシリテーターのメンバーへの関わりは「モデル」となる。話を聴く姿勢、相手を尊重する態度、配慮や主張のあり方などは、安全・安心の場の形成に関与するとともに、メンバーの行動規範ともなる。

また、一人一人の心理的スペースを確保する配慮も重要である。それには、村山（二〇〇七）[8]が指摘するように、個々のペースを尊重することが大切となる。

この点が、学校で実施するグループにとってどこまで可能となるかが問題である。スクールカウンセラーが実施するグループへの参加に対しては、主体性を可能な限り尊重することが求められよう。無理をさせないことがグループの基本である。とくに、日常に近い場で実施される場合、無理をさせないことと、やり過ぎないこと、させ過ぎないということに留意する。

6　トラブルに対して

グループの実際では、何かしらのトラブルは発生する。停滞することもあるし、メンバーの対立や個への攻撃は起こりうることであり、ファシリテーターは対応する術をもたなければならないだろう。メンバーにとっては、そこから何を学ぶかが重要となる。

からかいや冷やかしは、緊張の表現として、中学生年代には最もよく見られる行動と言えるが、そのからかいを受ける側には、その役割によってグループに参加できるという利得もある。「いじられキャラ」という表現が日常であり、その日常を携えてグループに加わってきたとすれば、グループの規範の確認をした上で、別の役割を体験できるように促すことも対応の一つであろう。仲間はずしや、対立、けんか、悪ふざけ、ばか騒ぎなど、しばしば見られるトラブルである。

また、体験を回避したり、グループへの不参加ということも生じる。参加しないという選択を尊重する。尊重した上で、参加を促したり、別のアクティビティを提示することもある。

三　アドホックグループへの対応

休み時間や放課後に自由来室の時間帯を設定しているスクールカウンセラーは多いのではないだろうか。個別の予約制の相談構造に加えて、ウォークインスタイルを設定することは、より多くの児童生徒がスクールカウンセリングを利用できるようにという、コミュニティモデルとしての工夫の一つである。相談の入り口として、また交流の場や居場所としての機能も提供する。

そのような相談室には、三人程度の少人数グループでの来室がしばしば見られる。また、相談室を利用する複数名がグループを形成する場合もある。例を挙げると、昼休みに自由来室が許されている相談室に、クラスの友だちが五〜六名来室する。そこには、別の三人グループがすでに来室しており、スクールカウンセラーは一人である。このようなときに、スクールカウンセラーは、どのようにふるまうことを要請されるだろうか？　筆者自身の体験や他のスクールカウンセラーの実践を聞く中でも、この突然訪れる児童生徒たちに対応する機会は多い。また、かなりのスクールカウンセラーはその対応に難しさを感じているようである。これらの「その場」に成立したグループを、筆者は「アドホック（ad hoc＝その場での）グループ」と呼んでいる。

アドホックグループへの対応では、以下のような事項を筆者は意識している。

まずその集団を臨床心理学的に扱うという意識をもつことである。学校生活の中で日常的に自然発生的に成立している子どもたちの集まり、あるいは人間関係をグループとみなして構造化してみることである。そこからは、通常の心理臨床のプロセスに従うことになる。

まず、アセスメントが重要である。どのような生徒たちなのか、何を求めているのか、メンバーの関係性やそのグループの感情状態など、先に述べたグループ実施の留意点にそってアセスメントする。「ただ静かにゆっくりと過ごしたい」と利用する場合もあるだろう。「スクールカウンセラーと話がしたい」という場合もある。また、カードゲームなどの簡単な遊具が置いてある相談室などでは、ゲームをする目的で来室する場合もあるだろう。さらに、同時に複数のグループが形成される場合もある。

スクールカウンセラーは、学校状況や相談室運営の見地から、児童生徒の利用を想定し、構造化をおこなっておくことが望ましいのは言うまでもない。相談室の利用者が多く、かつ自由来室が可能という構造であれば、おのずと多様な利用形態となり、個人の利用者とグループが混在し、スクールカウンセラーが対応に追われるという状況を生みやすい。

この時に重要になるのは、マネジメントのセンスである。その場を適切に「仕切る」ことが、安心・安全な空間の形成につながっていく。いわば、安心してさまざまな交流が起こる場の見守り役であり、お世話役である。

ここでも、ファシリテーターセンスをフルに発揮することが重要と考えている。筆者は、まず、そのグループへの距離を測ることから始める。そっとそばで見ているのがよいのか、話に加わる、あるいは話に加えてもらえるのかどうか、話を振られるまで待つのがよいか、積極的に話しかけるか、そのグループの雰囲気やこちらに向けてくるベクトルをとらえるのである。

そして、日常の文脈に非日常、もしくはいつもと違う体験を挟み込む、あるいは忍ばせるようにと考えている。いつもの友だち同士でのやりとりだとしても、それをスクールカウンセラーの前で起こすのである。そこは、スクールカウンセラーのいる場であり、インスタントなグループの構造がそこに提起できるのである。

具体的に言うと、いつものやりとりを明確化したり、直面化したり、意味づけたり、反射したり、パラドキシカルに返したり、いつもとは違う表現を促したり、関係性に触れたりできるだろう。わざわざスクールカウンセラーの前で、友達関係を披歴しているわけなので、そこにスクールカウンセラーが加わり、その限りにおいてグループ・アプローチが可能となるのである。

特定のグループが継続的にスクールカウンセラーを訪れることもある。また、その時々でメンバー構成が変わることもある。継続した場合でも、利用に関してオープンなスタイル、すなわち利用に関してきわめて柔らかな構造になっている場合、筆者は一回一回の関わりを大事にしている。

すなわち、「今ここ」での体験をできる限り扱うことである。相談室外の関係とは別個の関係を体験することに意義がある。それによって、日常の関係から一時自由になり、新たな友だちに出会うことができ、また、新たな自分に出会うことができる。

メンバー同士の交流や対話を促し、メンバーに公平に接し、穏やかで柔らかい雰囲気をつくることは、基本と考え、率直な自己表現を促し、それを聞いてのフィードバックを促す。

安全・安心を確保する構造が重要となる。集団の中で安心を体験することは、現在の学校生活を送る児童生徒にとって、大きな意味をもつ。なぜなら、多くの場合、集団の中ですでに傷つく経験を重ね、集団への拒否感や拒絶感・恐怖感をもっているからである。グループで支えられる体験や、受け止められる体験をわずかでも可能とするような、スクールカウンセラーのファシリテーションが大切である。

スクールカウンセラーの前でも、からかいや仲間はずしのような行動はしばしば見られる。また、〝いじられキャラ〟を自認し、自虐的に嘲笑の対象に自らなる児童生徒もいる。退行したり、軽躁的に騒ぐという行動も、集団になって起こす場合も見られる。そのような場面で、スクールカウンセラーは、その行為の意味を取り上げ、背後にある心理状態や感情状態を見立て、一人一人の気持ちに目を配ることが大切となる。このような叱責や注意、または指導とは別の、心理臨床としての関わりを示すことを意識することが必要であろう。

このようなスクールカウンセラーの姿勢は、グループを子どもたち集団として一つのまとまりとして見るだけでなく、集団の中の個を尊重し、個のあり方を理解しようとする姿勢として、子どもたちにとって新しい眼差しの体験となるのではないかと考えている。

学校という集団生活の中で、一斉一律、あるいは秩序や適応という価値観が強調されやすい中で、個として扱われ、個と個のつながりの新たなあり方を体験することが、スクールカウンセラーの提供するグループであると筆者は考えている。

このスクールカウンセラーの姿勢があれば、からかいや冷やかし、仲間はずしや対立が起こっても深刻なものにはならないであろう。さらに、それをきっかけに、プロセスを深めていくこともできる。

相談室には〝仲良しグループ〟として来室する場合も多い。日常の人間関係をそこにもち込んでくる。このようなときに、筆者は、逆説的ではあるが、一時的にグループを解体させるような働きかけを試みることがある。グループではあるが、スクールカウンセラーと個人との関わりを重視して、そのグループの一員ではなく個としてのありようを大切にしていくのである。扇の要と骨のような関係。貼ってある紙をはがして、一本一本確認するようなイメージであろうか。「みんなバラバラでよいし、一緒にいられる」という感覚が感じられたらグループの成果であろう。

日頃のグループでの役割から外れ、その個人と個人の関係を、スクールカウンセラーの前で新しく構築し、体験することが、それぞれの自己の確認や発見につながると考えている。

スクールカウンセラーの前に〝わざわざ〟やってくることの意味を考え、休み時間わずか二〇分足らずの時間であっても、非日常の体験を提供することが、外部性をもつスクールカウンセラーの期待される役割であると考えている。

もっとも、注意しなければならないのは、日常性が接近しているということで、グループへの働きかけが強すぎて、相談室外の生活にネガティブな影響が出てしまわないよう配慮することは必須であろう。

事例

事例を紹介する。過去の学校臨床心理士全国研修会で扱ったものを、修正してある。

事例1

中学校の事例。昼休みや放課後に、相談室に置いてある将棋やオセロを目当てに五〜六名の男子生徒が来室。とくに相談があるわけではない。

お気に入りの場所として、相談室を特定のグループが占有することがある。学校にあって異質な空間で非日常性が、しばしば学校の枠からの逸脱にならないような配慮が必要となる。相談室は何でもあり、という誤った認識をもたれないような、利用上の規則や取り決め、枠づけが必要となる。

オセロのようなゲームをすることも自己表現の一つと理解されれば、それをそばで見物することもできるし、「一緒に混ぜて」と接近することもあるし、遠くで見ていることもできるだろう。スクールカウンセラーや相談室への「試し（testing）」である場合も多く、しばらくして、個人的に話しに来ることもよくある。相談への入場口として、自由来室時にグループで来室するということはよくある。

事例2

中学校の事例。養護教諭からのすすめで、来室した女子生徒A。心細いということで、クラスの友人BとCを伴って来室。Bはスクールカウンセリング利用経験あり。

家族面接と共通の設定と考えてみる。付き添いのB、Cへも等しく配慮し、Aに安心感を感じてもらうことを目的とし、来談の動機を高めて、その後個人面接に導入するという流れを考えてみる。

また、日常の関係を大切にしつつ、A、Bそれぞれの相談内容が流出しないよう配慮する。

事例3

高校の事例。放課後や空き時間などに四～五名でわいわいとやってくる男子生徒。相談したいことがあるわけではない。相談室だから、とスクールカウンセラーから無理やり相談の話題をふるが、話が続かない。

スクールカウンセラーがイニシアティブをとり、意図的にグループと見立て、メンバー相互の会話を促進していく。話題の内容は問題にせず、やりとりの体験を重視し、交流や会話の感想を話題にする。日頃のグループ関係をいったん解体させることを狙って、スクールカウンセラーの前で日常とは違った自己表現ができるように促す。メンバーそれぞれに発見や気づきが起こり、新しい関係が形成される。

おわりに

スクールカウンセラーがグループを扱うということは、人の集まりの中で人とのつながりを体験し、グループの中で個が尊重される体験の機会を提供するということではないだろうか。スクールカウンセラーにはその場を枠づけし、集合している人をメンバーとして構成してグループをマネージすることが求められる。即応性をもち、瞬時に状況を判断し、臨機応変に構造化していくのである。その基底にあるものがグループ・アプローチであり、ファシリテーションの理念と技法なのである。

「コミュニケーション能力の向上を目的とした」グループのような特定の機能をもつグループ活動を学校に提供することだけでなく、むしろ学校の中の多種多様な人の集まりに「グループ」としての機能を付与するという発想が大切でないだろうか。三〜四名の生徒の昼休みの二〇分間であっても、それが一回限りのものとなっても、そこでの体験が一人一人の人間的成長（human growth）の契機となるよう意識し、その場をマネージすることもスクールカウンセラーのグループワークと考えてよいのではないだろうか。そして、グループを通して、心理臨床の原理としての個の尊重であり、河合隼雄先生が強調された「個と集団の関係性を生きるという大切さ」[1]を改めて確認すべきであろう。

臨床心理士がスクールカウンセラーとして学校で扱うグループは、グループという形態であっても、心理臨床として本質は変わらないのだ、という当然なことを結語としたい。

本論は、筆者の体験やスクールカウンセラーへのスーパーヴィジョンを通して考察してきたこと、これまで数回担当した学校臨床心理士全国研修会でのグループの分科会において参加者と討論してきたこと、そして学校臨床心理士ワーキンググループ代表の村山正治先生との対話においてご示唆いただいたことを基に述べている。発想のオリジナリティは関わった人びとの中にあり、いくつものグループワークの成果でもある。出典を明らかにできなかったところは多いが、ご容赦願いたい。発想のきっかけをつくって下さった方々に感謝します。

引用文献

(1) 村山正治「いまなぜグループか」『臨床心理学』4(4)、金剛出版、四四五～四五二頁、二〇〇四年
(2) 村山正治「エンカウンターグループにおける『非構成・構成』の統合した『PCA－グループ』の展開――その仮説と理論の明確化のこころみ」人間性心理学研究24(1)、一～九頁、二〇〇六年
(3) 村山正治「エンカウンターグループによってクラス内に信頼のネットワークができる試み――PCAグループの視点から」〔村山正治編〕『臨床心理士によるスクールカウンセリングの実際――コラボレーションを活かす時代へ（『現代のエスプリ』別冊）』至文堂、九九～一一〇頁、二〇〇八年
(4) 鎌田道彦、本山智敬、村山正治「学校現場におけるPCA Group基本的視点の提案――非構成法・構成法にとらわれないアプローチ」心理臨床学研究22(4)、四二九～四四〇頁、二〇〇四年
(5) 安部恒久「スクールカウンセラーとグループ・アプローチ」〔村山正治編〕『臨床心理士によるスクールカウンセラー――実際と展望（『現代のエスプリ』別冊）』至文堂、三〇五～三一三頁、二〇〇〇年
(6) 野島一彦『エンカウンター・グループのファシリテーション』ナカニシヤ出版、二〇〇〇年
(7) 岡田努「現代青年の対人関係」思春期学21(1)、一六～二〇頁、二〇〇三年
(8) 村山正治「いじめの予防：エンカウンターグループによる学級づくり――PCAグループの視点から」『臨床心理学』

7(4)、金剛出版、四九三〜四九八頁、二〇〇七年

押さえておくべきキーポイント

① **スクールカウンセリングは多様なグループを扱う**
既知の集団である学校の中でさまざまなグループを心理臨床として構造化する。

② **グループをアセスメントすることが重要である**
グループの状況や構成メンバー、目指す方向など個人臨床と同様にアセスメント。

③ **グループを成長促進的な場としてとらえ提供する**
治療でもなく教育指導とも異なる「質」を提供する。

④ **グループの一人一人を尊重することを心がける**
「ばらばらで一緒」を大切に、個を尊重しグループに安心・信頼を感じられるように。

⑤ **スクールカウンセラー自身がグループを信頼することが大切である**
スクールカウンセラー自身グループ体験を重ね、グループが好きになること。

読んでおきたい参考文献

- C・ロジャーズ『新版 エンカウンター・グループ』畠瀬稔、畠瀬直子訳、創元社、二〇〇七年
- 村山正治「いまなぜグループか」『臨床心理学』4(4)、金剛出版、四四五〜四五二頁、二〇〇四年
- 村山正治「エンカウンターグループにおける『非構成・構成』の統合した『PCA－グループ』の展開——その仮説と理論の明確化のこころみ」人間性心理学研究24(1)、一〜九頁、二〇〇六年

● 村山正治「いじめの予防：エンカウンターグループによる学級づくり――PCAグループの視点から」『臨床心理学』7(4)、金剛出版、四九三〜四九八頁、二〇〇七年

● 村山正治「エンカウンターグループによってクラス内に信頼のネットワークができる試み――PCAグループの視点から」〔村山正治編〕『臨床心理士によるスクールカウンセリングの実際――コラボレーションを活かす時代へ（『現代のエスプリ』別冊）』至文堂、九九〜一一〇頁、二〇〇八年

● 野島一彦『エンカウンター・グループのファシリテーション』ナカニシヤ出版、二〇〇〇年

● 安部恒久「スクールカウンセラーとグループ・アプローチ」〔村山正治編〕『臨床心理士によるスクールカウンセラー――実際と展望（『現代のエスプリ』別冊）』至文堂、三〇五〜三一三頁、二〇〇〇年

● 安部恒久『エンカウンター・グループ――仲間関係のファシリテーション』九州大学出版会、二〇〇六年

● 鎌田道彦、本山智敬、村山正治「学校現場におけるPCA Group基本的視点の提案――非構成法・構成法にとらわれないアプローチ」心理臨床学研究22(4)、四二九〜四四〇頁、二〇〇四年

● 岡田努「現代青年の対人関係」思春期学21(1)、一六〜二〇頁、二〇〇三年

● 『臨床心理学9(6)　グループの現在』金剛出版、二〇〇九年

● 『現代のエスプリ385　グループ・アプローチ』至文堂、一九九九年

7　グループワーク――現場で役立つヒント集

鵜養美昭
Yoshiaki Ukai

はじめに

学校臨床心理士は指定制大学院で臨床心理士養成の専門的訓練を受けてきている。その過程で、さまざまなグループ（集団）課題をこなすことになる。事例検討会も集団討議であり演習科目も通常は少人数集団討議、事例運営については相談チームとしてグループで話し合いをおこなう。事例自体が個別、少人数の相談活動であり、視点を変えれば集団である。こうした多様なグループ活動に加え、学外実習で、医療や教育、福祉などの実習の形で、集団場面を経験してきている。この過程で訓練生はさまざまなグループ活動を自ら経験し、その中で内的プロセスを体験し、ファシリテーションや企画運営にも携わってきている。まんべんなくバランスよく、という訳にはいかないだろうが、集団心理療法などの比較的大規模なグループから小集団での話し合い、家族療法、少人数なら個人療法と言う二人集団まで、規模の面でもさまざまなグループを、意識するとせずとにかかわらずに経験しているのである。訓練法としても、集団討議、ケースカンファレンス、ロールプレイ、エンカウンターグループ、アサーション・トレーニング、心理劇など多様な手法を経験してきている。こうした経験を実践に活かさないのはもったいない。

読者各位がご自身の受けてきた学習体験を振り返ってご覧になると、ご自分の訓練体験から多くのグループ活動の経験知を引き出すことができるであろう。もちろん、こうした学習体験は、臨床心理士養成のために周到に準備され、適用されたものであり、そのままの形で対象の異なる集団に適用できるものではない。しかしながら、集団に対する臨床心理的介入という点では共通しており、慎重な配慮のもとに適用すれば、学校教育の中でさまざまな教育活動に活用できるメニューを学校臨床心理士はもっているのである。

筆者は、さまざまなスクールカウンセラーの研修会などで、学校臨床心理士の実践・事例検討に参加してきたが、彼らの多くが、こうしたグループワークの経験を見事に活用していることに気づかされた。そこで語られた学校臨床心理士の経験知の一端をここで紹介することにする。なお、個人情報の保護と守秘義務の遵守のために記述の一部を臨床的本質に関わらない程度に改変してあることをお断りしておく。

一　学校臨床心理士の体験から

さて、グループワークを学校教育に導入してきた学校臨床心理士たちが口を揃えて指摘するのは、対象に対するアセスメント、特にニーズ査定の重要性である。学校臨床心理士は、特定のグループワークの宣伝マンではない。倫理綱領に基づく業務をおこなう。特定学派の利益のために働くのではなく、児童生徒の自己実現、利益と福祉の向上を目的としている。究極の目的を見据えながら、今、ここで、どのような関わりを対象者、対象集団との間に結べば、目的を果たすことができるのか、対象理解とニーズ査定をおこなっている。学校臨床で対象となるのは、児童生徒個々人が大原則だが、特定の児童生徒集団である場合もあり、学級集団、学年、学校全体、教職員組織、PTAなど、その時々でさまざまである。それぞれの場合に応じて、オーダーメイドのグループワークが工夫できる。また、彼らが強調する他の側面として、関わりを依頼される集団のみの査定ではなく、それを含みこんだ、さまざまなグループやコミュニティの査定も同時におこない、特定の集団が「問題視」される文脈を理解するように工夫している。こうしないと、せっかくの臨床的関わりも有効に機能しない結果になるということである。

二　学級・学年での問題行動への対応

特定の生徒集団の授業妨害が課題となった学年へのグループワーク導入の具体例を挙げる。Aスクールカウンセラーは、中学二年生のある学級で三、四人の男子生徒が授業妨害をしているので、「あの子たちを呼んで、教育相談してください」と学年主任に依頼された。依頼を受けてAさんは、まず担任のニーズを聞き、今までの学年の生徒の様子を聞き、授業を観察して実際に学級集団の様子を確かめ、依頼から二週間後の二学期末までに三つのグループワークと一人の生徒への個人相談、保護者相談を導入し、解決に到った。その過程を紹介しよう。

まず、Aさんは行動観察からは、授業妨害の発端がいつも特定の男子生徒B君にあることを割り出し、そのことを職員室で学年会の事例検討（職員室の学年会の「島」での話し合い＝第一のグループワーク）で先生方に報告し、話し合った。この話し合いで、Aさんはファシリテーターに徹して、それぞれの先生の発言をエンパワーし、「教職の専門性は集団行動の観察力にある」ことを強調し、矛盾するように見える意見を明確化し、多面的な視点により生徒理解が立体的になることを指摘して、B君の状態像を明らかにすることに集中した。その結果、B君には発達障害の特徴があることが浮き彫りになった。B君は授業が分からなくなると、騒ぎ始め、学習に乗れていない何人かが呼応して学級が騒然とした状況になる、というプロセスであった。呼応する生徒たちも学習上の困難を抱えていて、将来の展望をもてずにいることが明らかになってきた。そこまで話が進むと、担任、学年会の依頼が変わり、中心的な生徒たちに対する進路相談（第二のグループワーク）をすることになった。その結果、それぞれの学習上の困難を見立て、そのうちの二人には学習ボランティアの学生をつけることになった。また、職員室での話し合いから、学期末を控え、学年全体も「目標がもてなくなって」「だらけている」ということで、学年全体に何らかの目標をもつことが必要ではないかという話が出てきて、三つ目のグループワークの依頼につながった。それは二学級ある二年生全体五〇名に対する「新入生を迎えるにあたって――最上級学年の対人関係の技を磨く」と銘打ったアサーション・トレーニングのグループワーク（第三のグループワーク）であった。B君については、本人との個人面談で状態を確かめて、担任と打ち合わせ、担任と一緒に母親から家での状況を聞いて、家でも本人の学習不振が気になっていたことが分かった。その後、母親と家でどのように本人と関わっていけばよいか、今後の進路はどう考えるとよいか、中学卒業後に相談できるところはあるのか、などの保護者相談につながっていった。

三　学校参入にグループワークを応用する

学校臨床心理士のCさんが臨床歴八年目に赴任したX中学は開校して六〇年の歴史をもち、各学年三〇〇名前後、全校在籍数一〇〇〇名弱の規模の中学校である。学区内に小学校が三校ある。教職員は七〇名弱、休職者三名、育休二名がいる。校区は県庁所在地の勤務先に通うサラリーマン、公務員の住む「ベッドタウン」であり、大規模なショッピングセンターがあり、交通網も整備されてきている。数年前に校内秩序が乱れ、暴力的事象も起きたことから、徹底した生徒指導が必要になった時期があった。現在は、地域ぐるみの取り組みにより、徐々に落ちついて、学習に取り組む雰囲気になり始めている。別室登校が認められており、担当教員も配置されている。Cさんの前任者は四年間続けて勤務し、家庭の事情で首都圏に転居することになり、十分な引き継ぎができなかった。

Cさんの赴任決定時の教育委員会での打ち合わせ会に出席したところ、赴任校の副校長から、「スクールカウンセラーが根づいてきた学校なので安心して来てください」との言葉と「これからは先生たちとの情報共有に心がけてほしい」と言われた。前のスクールカウンセラーと教職員のコミュニケーションが取れていなかった様子が垣間見えた気がして、他の点からも確かめることにした。また、グループワークの手法を意識して、「出会いのワーク」を念頭に教職員と出会っていくことを心がける必要があるかもしれないと考えた。

勤務初日に校長室に挨拶に出向き、前任校時代になじみのあった校長に「校舎だけでも大き過ぎて把握しきれない」ともらすと、「じゃあ、今日の放課後に案内しよう」とおっしゃっていただけた。古参のグループメンバーは、他のメンバーのお世話をすることで、心理的に満足できる。また、相互交流は新来者の所属感を高めることになる。

次に接触した窓口教諭は「前のスクールカウンセラーはすべて自分でやってくれていたので関与していない。どうすれば？」とかたい口調。一般的なやり方を伝え、「この学校なりのやり方をつくっていこう」と提案したが、ピンとこない様子である。自己紹介ゲームの「共通点探し」を意識し、中学時代の話を出すと、Cさんと部活動が同じで三年先輩ということが分かった。窓口教諭は一転して笑顔になり、口調がほぐれ、「気心知れた人に来てもらうと心強い」と言う。

その足で訪れた保健室では、養護教諭も異動したてで、保健室の模様替えや清掃・整理に追われているとのこと、こちらからも「掃除は大変」と共感すると「引き継ぎ書はもらっているが、読むどころではない」し、教育相談については誰からも「情報をもらえていない」と言う。早速、その日の放課後に校長と窓口教論、担当副校長を交え、養護教諭とCさんの五人のグループワークをセットすることを考えた。表向きは「校内見学」であるが、臨床心理的地域援助から言うとグループワークの一種である。養護教諭にもちかけると、「私も行きたい」とのこと、窓口教諭に話すと「じゃあ案内役にD先生（生徒指導主任）も……」とのことで、急遽、六人のグループで校舎を見て回ることになった。

校舎めぐりの合間に、窓口教諭は学校の現状を問わず語りに語りだす。転入したばかりの養護教諭が前任校の例を引き合いに質問をする。Cさんはグループプロセスのファシリテーターとして、発言の趣旨を明確化し、つなげ、ディスコミュニケーションに介入して整理することに集中する。と、口の重かった生徒指導主任が理想の生徒指導について「強制ではなく、自己実現」と熱く語り始める。副校長が「それには生徒理解」が必要と言い、Cさんに「情報共有と守秘義務との矛盾」について聞いてくる。Cさんは、学校組織の一員としての学校臨床心理士のあり方と情報発信・情報共有の仕方を守秘義務・情報共有や臨床心理士の倫理を交えて解説する。それを受け、校長が窓口教諭を、支援の必要な生徒についての情報把握と情報発信、校内組織の調整の要《かなめ》と位置づけ、全校体制での当該生徒の成長促進のドラマの監督と解説する。窓口教諭はそんなものかと感心し、俄然、やる気が出てきた様子……。それぞれの居方、持ち味がエンパワーされ、学校コミュニティ、学校組織の中での位置づけが、個々の持ち味に則して明らかになってくる。出発点だった校長室に戻る頃には、赴任校の生徒指導・学校教育相談体制の基本的な了解事項があらかたでき上がっていた。

四　基盤づくりのできた学校でのグループワーク

次は、落ち着いた小規模中学に赴任した学校臨床心理士Eさんの場合である。各学年一クラスで、市内で最も小さな中学校である。スクールカウンセラー担当の教頭先生は教育相談に造詣があり、頼りになる。落ち着いた地域で、住民も学校に協力的で、少人数だけに生徒へのまなざしも優しく、前のスクールカウンセラーの耕しもあって、教育相談に対する理解も行き届いている。それだけに、人の目を必要以上に意識してしまうために、相談に来る生徒は少ない。また、大人たちも本心をむき出しにすることはなく、コミュニケーションがオープンになりにくく、インフォーマルなコミュニケーションの断片や憶測で物事が進む傾向がある。少人数ゆえの対人関係のしんどさも見えてきている。一九九五年度の調査研究の頃はもっと素朴な黎明期であったが、スクールカウンセラーが中学校に原則全校配置になった頃からはこういう学校も出てきている。

Eさんは赴任当初は落ち着いた学校で安心したが、途中からスクールカウンセラーの存在意義に疑問を感じ始めた。赴任当初から相談室やカウンセラーに慣れてもらうために在籍生徒全員を対象に面接をおこなったが、援助が必要な生徒の来談にはつながらなかった。そこで、「生徒理解研修」と称して、校内事例検討会的な教員のグループを職員室の各学年のコーナーで始めることにした。学年団の座席に近づき、「○○年の◇◇さんのことですが……」と担任に話しかけることから始めると、それぞれの学年団の個性も取り組みも見えてきて、スクールカウンセラーとしてはたいへん勉強になる。何より、先生方が構えずに実質的な生徒理解研修になってしまう。この話し合いは好評で、一人ひとりの生徒に合った個別発達促進プロジェクトチームを組み、成長促進のストーリーを演出していくことになりつつある。研修会でこの状況を報告した際に、指定討論者から、「個人の心理臨床ではなく、学校全体の人格変容の促進業務をしている」と指摘された。最近では個人の人格変容や心理的成長を促進する業務がやりにくい小規模校では、学校コミュニティが成長促進的な自己実現の共同体に発展していくことを促進する業務も意義のあることとEさんは考え始めている。と同時に、こうしたコミュニティ臨床、または、臨床心理マネージメントと個人臨床のどちらに自分の適性があるのかを考えるようにもなった。

また、中学校区に位置する小学校に空き教室を「プレイルーム」として使わせてもらい、午前中の二〇分休みに出向いて来室する子どもたちと過ごしている。子どもの心理的成長の可能性を目の当たりにしつつ、その成長に触れた担任、保護者の感謝の声も寄せられるようになった。小学校では、スクールカウンセラーに対する認知度も理解も少ないために、今後も続ける予定でいる。赴任校ばかりでなく、小学校を含めた地域のパーソナリティ変容を促進できる可能性が出てきているのである。

このような状況の中学校では、無理に個別相談を進めようとするのではなく、Eさんのように、全員面接から心理教育的なグループワークへと進み、その中で心理的危機状態にあると想定される人々の集団（リスクポピュレーション）に対する査定をおこない、必要度の高い生徒から生徒理解研修で取り上げ、学校全体を面接室、プレイルーム、または箱庭などの治療的空間に見立てて、その中での成長のストーリーを心理職として見立て、それを事例検討会や職員室での情報共有などで無理なく共有して、成長を促進するような働きかけをチームで推進できるとよい。スクールカウンセラーの直接支援が困難な場合、むしろ間接支援の促進や恵まれた人的資源の活用を通して、豊かな自己実現を促進することができる。また、そのための生徒理解研修を通して、小規模なコミュニティの中での閉塞感を生徒のこととして共有し、検討することを通して、学校文化としてのオープンな対人関係の生産性を学習していくことで、大人同士の心理教育につなげていくと、新しいスクールカウンセリングのあり方を開拓していくことになるであろう。

おわりに

このように見てくると、スクールカウンセラーにおける実際的なグループワークの進め方について、筆者の接してきた学校臨床心理士の方々は、ご自身は気づいておられない場合もあるが、豊富なグループ経験をもち、知らず知らずのうちにその経験知を活用しておられる。これを意識化して、状況に応じて使いこなせるとたいへんに有効であろう。

そう思って見直して見ると、練達の学校臨床心理士の方々は、個人療法における個人の内界のストーリーの流れを読むように、学校コミュニティの文脈を理解し、その流れに沿って、教職員組織、学年、学級、特定集団、そして個々人の見立てをおこない、それぞれの心的エネルギーの潮流を見きわめながら、多様なグループワークのメニューの中から、最も適したものを選び、さらにグループワークと意識させるのではなく、対象者にとって自然で違和感のない流れを促進し、自身はファシリテーションに徹しているようである。もちろん、学校コミュニティを査定することで、上記のような健康なプロセスが困難、または不可能な場合も存在するのは事実である。こうした場合は熟練した学校臨床心理士のスーパーヴィジョンを受けることをお勧めする。

さまざまな研修会やスーパーヴィジョンを通して、また自験例の中から、グループワークの活用可能性がいよいよ高まってきていると感じている。若い頃に、「日常業務がグループです」とか「学校全体を生徒は箱庭にしてしまう」などと言っておられた先輩を思い出している。

押さえておくべきキーポイント

① **経験を活かす**

自分の受けてきた教育訓練における集団体験メニューを活かす。

② **ニーズと流れに合わせる**

メニューから対象者（学校、学年、学級、教員組織、ＰＴＡ、生徒集団ｅｔｃ.）のニーズに合わせたオーダーメイドに。

③ **ファシリテーターに徹する**

指導者、教育者、支配者ではない。対象者のよい体験が目標。

④ **必ず反応を抑える**

ワークショップごとに評価してもらい、次回以降に活かす。

読んでおきたい参考文献

- 北九州市立　皿倉小学校ＨＰから「対人スキルアップ学習『皿倉プログラム』」二〇一〇年
- 平木典子『改訂版　アサーション・トレーニング――さわやかな〈自己表現〉のために』日本・精神技術研究所／金子書房、二〇〇九年
- 日精研心理臨床センター編、園田雅代、中釜洋子著『子どものためのアサーション〈自己表現〉グループワーク――自分も相手も大切にする学級づくり』日本・精神技術研究所／金子書房、二〇〇〇年

8　スクールカウンセラーによる保護者支援

鵜養啓子
Keiko Ukai

スクールカウンセラーは、子どもたちの学校教育におけるその子らしい発達の支援を第一の仕事として関わっているが、その際に、子どもを取り巻く大人たちとの連携協力も大切な仕事となる。子どもにとって、保護者は生活の中で直接関わる重要な他者であり、保護者は子どもの成長とともに自らも成長し、子どもが何らかのつまずきを経験すると、保護者も思い悩み、子どもとの関わりに自信を失ったり、子どもを思うあまりに学校との関係が悪化したりする。保護者を支えるのも、スクールカウンセラーの大切な仕事である。

一　保護者と関わるとき

スクールカウンセラーと保護者は、どのようなきっかけで関わりをもつのであろうか。いくつかの場合に分けて検討してみたい。

1　担任や養護教諭から依頼される

保護者が子どものことを心配して、担任や養護教諭に相談をもちかけ、その内容から「スクールカウンセラーに相談したほうがいいのではないか」と教員側が判断し紹介される場合がある。その際は、保護者に対してきちんとオリエンテーションがされているので、カウンセラーとの話はスムーズにつながり、必要に応じて連携協力もおこないやすい。一回だけの情報提供や他機関紹介などで終わる場合もあるし、継続相談になることもある。

時には、なかなか来校してくれない保護者宛てに、学級担任と相談してカウンセラーから手紙を送ることもある。手紙を書いたらその内容を担任にも確認してもらい、カウンセラーがどのようなスタンスで保護者に接触するのかを、明らかにしておくほうがいい。

同じような紹介の場合でも、担任が困惑したり、多忙で関わりたくないと思ったり、「心のことは全部スクールカウンセラーに」という思い込みがあったりして、保護者のニーズを十分に聞かないで紹介してくる場合もある。こういうときは、保護者が怒りを覚えていたり、たらい回しにされた不快感を抱いていたり、どうして紹介されたかわからず困惑していたり、担任から見捨てられた感を抱いていたりするので、注意が必要である。まず保護者の話を聴き、気持ちを受け止め、校内連携についてどのレベルまでどうするかを一つ一つ確かめた上で、時間をかけながら、担任と保護者の関係の改善を図る。

いずれにしても、保護者に会う前に、「なぜスクールカウンセラーを紹介したのか、カウンセラーに何を期待しているのか」を紹介してきた人と話し合っておくことが大切である。

2　保護者から自発的に面談申し込みがある

保護者が学校便りやカウンセリングルームの案内などを見て、直接相談を申し込んでくることもある。子どものことで学校に理解を求めたいが、まず心理の専門家に話して学校にどう話すか考えたいという場合（子どもに精神障害があるのではないかと気になるが、精神科には行きにくい場合、発達障害と診断されている子どもの場合など）、学校には理解してもらえない気がするが、カウンセラーには伝えておきたいと思う場合（家族に問題を抱えていて、学校には直接知らせたくないときなど）、子どもとの関係の中で子どもには学校に相談したことを知られたくないが、保護者が一人で抱えきれない場合（子どもから他校との抗争の話を聞いた、自分の子どもには言っていないが実は養子であり、そのことを子どもにいつ、どのように伝えるべきか悩んでいる）など、さまざまな状況が考えられるが、まず話を聴き、カウンセラーが学校と協力していくことの必要性を見いだしたときは、それについて時間をかけて丁寧に説明し、保護者の理解を求めた上で、適切な教員（管理職、生徒指導担当、学級担任、養護教諭など）との連携協力ができるよう、援助することも大切である。親子関係の問題があれば、時間をかけつつ保護者の思いを聴いていくうちに、打開点が見つかってくることも多い。

3　子どもに関わる問題で、スクールカウンセラーが保護者面談の必要を感じる

子どもから相談を受けていて、子どもとカウンセラーだけでは解決できない内容であり、どうしても家族の協力が必要と考えられる場合がある。誰かからいじめを受けている、恐喝されている、妊娠したかもしれない、死にたいなど、子どもは、「親に言わないで」と言ってくる場合も多いが、子どもを守る必要がある、子どもだけでは解決ができないということも多いので、保護者に伝える必要性を子どもに話して了解をとる。どうして親に言いたくないのかを丁寧に聴きとることで、親に対する子どもの気持ちや親子関係についても理解することができ、子どもの気持ちを受け止めつつ、保護者との協力関係をどう求めていくか、相談して

いくことができる。保護者面談をするときにも、カウンセラーから直接保護者に働きかけるほうがいいのか、子どもを通じて、保護者を学校に連れてきてもらう方法をとるのか、話をカウンセラーから切り出すのか、子どもが自分で話すときの立会人として見守るのかなど、子どもが納得できる形を見つけていくことも大切である。

4　保護者会、ＰＴＡ行事などに参加を依頼される

保護者会全体会や、学年保護者会、ＰＴＡ主催の講演会などで、講義や講演を依頼されることがある。時には、地域行事として、連携する小学校などにも呼びかけがされていることもある。どのような趣旨の、誰が参加する会なのか、講義や講演の依頼の意図は何なのかを確認し、事前に担当教員や保護者代表と、丁寧に打ち合わせをしていく必要もある。このような機会は、保護者にカウンセラーの存在を伝える大切なチャンスでもあり、また、どのような話をし、保護者にどのように関わるのかを、管理職や担当教員、ＰＴＡ役員などに見てもらえる機会でもあるので、きちんと受けて自分のできる範囲での責任を果たす。その際、守秘義務に注意しながら、「最近の中学生の相談から」「思春期の子どもの気持ちとその受け止め方」というような、ある程度具体性をもった話をすると、保護者も納得しやすい。

参加者の人数や狙いによっては、一方的な講演会で終始するより、短めの話をして、それをもとに小グループで話し合う、「学校版井戸端会議」も意味がある。母親同士の相互援助関係もその中でつくることができる。また、質疑応答の時間を十分にとると、その中で自分の子どもについての親の不安が質問の形で出てくる。個別の事例について答えながら、同じような不安を抱える他の保護者の役にも立つように、回答に膨らみをもたせていくことも必要である。

5　相談室利用案内、相談室便り、学校便りなどに執筆する

相談室から、利用案内を保護者宛てに出したり、相談室便りを子どもと保護者双方に宛てて発行したりすることもある。また、学校便りにカウンセラーからの情報発信を依頼されたり、PTA広報誌に執筆を依頼されたりする。上記の講演会以上に、在籍するすべての児童生徒の家庭にカウンセラーの存在が伝わっていく可能性のあることなので、言葉づかいや内容に配慮しながら、カウンセラーの自己紹介を兼ねて執筆するといい。その際に、原稿段階で、教頭（副校長）、校長など、学校の責任ある人に提示し、これでよいかどうかを確認しておく。学校から発信するものとして不適切な言葉づかいや、書かれては困る内容が無いかをチェックしていただく過程で、内容についても読んでもらえるからである。文書は後々まで残るので、講義・講演よりも言葉づかいや内容に留意する。

以上いずれの場合でも、大切なことは、まず保護者の不安をしっかりと受け止めること、子どものことを大切にし、子どもが成長していくために協力体制をつくりたいという意図を明確に伝えること、その上で、必要に応じて学校と家庭の間の関係調整を図る用意があることを伝えていく必要がある。

二　学校と保護者の間の葛藤関係とその調整

保護者も学校関係者も、それぞれの立場からそれぞれの思いで相対する。保護者は子どもについて学校に理解を求めたかったり、自分の子どもが教員にちゃんと受け止めてもらっていないと感じていたり、他の子とのトラブルの中で、自分の子どもが不利な立場になっているのではないかと懸念したりして、教師と会う

ことが多い。また教師は、学校教育についての理解を保護者に求めるため、子どもの学校での現状を保護者に伝えるため、子どもの発達援助に関して学校と家庭の協力を深めるため、保護者に必要なことを通達するために保護者との面談をもとうとする。どちらも、それぞれの立場の構えをもって会うことになるので、時々両者の思いがうまく伝わらず、葛藤関係を生じてしまう。カウンセラーは保護者からは学校への怒りや不満を訴えられ、教師からは保護者の無理解や不当な要求を嘆かれたりすることもある。

これらの葛藤解決を、カウンセラーに期待されることも多い。ここでカウンセラーが安易にその仲介役、調整役を引き受けてしまうと、自分自身もその葛藤に巻き込まれ、状況が見えなくなって大きな心身の負担を引き受けざるを得なくなることもある。学校側に保護者の代弁をしたり、保護者に学校の意図を説明したりしても、うまくいかないことが多い。こういうときには、カウンセリングの基本に立ち戻り「今、目の前にいる人の話をしっかり聴く」という態度に徹する必要がある。保護者の怒り、教員のいらだちをしっかり受け止めることによって、当事者自身が自分の気持ちに気づき、自分が相手に何を求めていたのかが理解できるようになる。その上で、相手の気持ちや立場を理解できると、おのずから解決の方向に向かっていく。そうした状況ができた上で、必要に応じて、保護者の気持ちを教員に伝え、学校の立場を保護者に伝えていくと、双方の理解が進んでいく。場合によっては、担任と保護者とカウンセラーの同席面接が功を奏することもある。

三　保護者支援の際の留意点

上記の保護者との関わりのきっかけや、学校内でのスクールカウンセラーの立場を吟味した上で、保護者に対する支援を行う際にカウンセラー自身が留意すべき点を列挙し、検討してみたい。

1　関わりをもつときの留意点

(a)　どんな目的で、誰と、どのような立場で会おうとしているのか自分の中で明確にすること

カウンセラー自身が、自分の保護者面談の目的を明確にしておくことが大切である。初心のスクールカウンセラーにありがちだが、管理職から「保護者に会ってください」と言われたり、学級担任から「親を呼びましたのでよろしく」と言われたりして、自分自身がどうして保護者に会おうとしているのか吟味できないままに会ってしまうことがある。その場合に、葛藤関係に巻き込まれたり、また保護者からスクールカウンセラーの立場が見えなかったり、子ども本人とカウンセラーの関係が損なわれたりという不都合な状況が生じる。自分が会おうとしている人とどのような二者関係をつくろうとしているのかを、通常の心理臨床場面でのクライエント－カウンセラー関係のあり方に立ち返って、きちんと見直す必要がある。

(b)　保護者はどのような構えで、自分と会おうとしているのかを見極めること

カウンセラー自身は、教師とは異なる立場で保護者に会おうとしていても、保護者から自分がどう見えているかを十分に確認しておかないと、お互いの思い込みで面接が進み、せっかくの努力が空回りしてしまうこともある。「学校の先生から言われたので、とりあえず会わないと担任との関係がまずくなる」という思いで来ている人、学校側（担任や管理職など）に不満があって、カウンセラーもその一味だと思って敵意を抱いている人、逆に、カウンセラーを自分の味方につけようと思って来ている人、不安があって、それをともかく訴えたくて来ている人、子どもにどう関わったらいいか教えてもらいたいと思って来ている人など、さまざまな構えを保護者はもっている。面接の時間に、そのような保護者の構えや思いをきちんとアセスメントする必要がある。

(c)　保護者には、自分がどのように見えているかを意識すること

前述したように、目の前にいる人が敵か味方かという見方をする保護者もいる。また、若くて頼りないと見られる場合、逆にカウンセラーが保護者の親と同年配であるが故に、親に対する感情をカウンセラーに投影する場合、意のままにできると思われて利用される場合など、さまざまなカウンセラーに対する保護者の見方がある。自分がどのように見られているのかに鈍感だったり、逆に「頼りないと思われるのではないか」と勝手に思い込んで緊張したり虚勢を張ったりすると、関係が形成できなくなる。保護者がカウンセラーに向けているありのままの感情をしっかり受け止め、自分自身が保護者にとっての脅威や、逆に使いやすい道具とならないよう留意する必要がある。

(d)　保護者がどのような状態にあり、カウンセラーの言葉をどの程度理解し、どのような反応をする人かを吟味すること（保護者の発達段階・病理の吟味を含む）

(c)とも関係するが、保護者についてしっかりアセスメントしながらの面接が必要である。保護者であるからといって、発達的に大人であるとは考えられない場合、保護者自身が大きな不安を抱えている場合、あるいは精神疾患がある場合、知的な遅れがある場合、極度に防衛的な場合など、さまざまな保護者の状態が、関係性の構築に影響する。また、保護者がカウンセラーの言葉にどのように反応して、それが子どもにどう影響するか、学級担任との関係などにどのように波及するかなどを考えておく必要がある。

(e)　一度で何か通じる、または保護者の行動が変化するとは期待しないこと

子どもに対する保護者の影響を考えて、保護者の関わり方を変えてほしいと願ったり、子ども理解を進めてほしいと願ったりすることは、子ども中心の援助を考えているときには、当然起こってくる気持ちである。しかし、保護者もそれぞれの内的世界をもっており、問題を抱えている可能性もある。また、長年にわたっ

て身に着けてしまった生き方や対他者関係を、そう簡単に変えることは難しいのは当然である。人間の変化は、本人の中でそれを求める気持ちが動いてきた結果であることを肝に銘じ、焦らずじっくりと関わること、そのことを学級担任などにも伝えていくことが大切である。

(f)　担任や他の教師との協働を考える必要がある場合には、協力してチームを組んであたること

スクールカウンセリングは、学級担任やその他の教師との協働なしには成り立たない仕事である。そのことに十分留意して、「子どもの発達をサポートするチーム」としての意識をもつ必要がある。保護者支援においても、学級担任とカウンセラー、養護教諭などがどのように役割分担をするかを検討し、相互理解をしておく必要がある。学級担任から見える保護者像と養護教諭から見える保護者像の違いの意味をどう理解するかなど、スクールカウンセラーが関わることによって、学校内のシステムがより機能しやすくなることもある。カウンセラーは学校コミュニティにおける各成員のあり方に目を配り、システムが子どもや保護者にとってよりよく機能するように援助する必要がある。

(g)　保護者自身のプライベートな問題については、深入りせず、保護者自身が自分のことを話せる援助機関を紹介したほうがいい場合もある

学校における主役は、あくまで子どもである。スクールカウンセラーのアセスメントにより、明らかに保護者が発達上の、あるいは精神医学上の、または心理的な問題を抱えていることがわかっても、学校は保護者の治療の場ではない。保護者自身のプライベートな問題への介入は、子ども援助の立場から離れるおそれもあることを十分念頭に置き、それには深入りせず、保護者にとって最良の外部専門治療援助機関を紹介することも大切である。

2 その他、子どものことで保護者を援助したいときに留意すべきこと

(a) まず、保護者の言いたいことを、十分聴くこと

今までの学校の関わりに不満があり、怒りに燃えていることもあるので、まず聴くことから始める。それが一段落してから、親が子どもをどう見ているか、十分にたずねることも大切である。「うちでは何の問題もございません」という発言から始まった面接でも、「それでは、今日ここに来るように先生から言われたのは、お母さんにとっては腑に落ちないし、とても驚いたということなのですね」と保護者の気持ちに沿って受け止めていくうちに、落ち着いて考え始めると、学校での見方とはまた異なる視点からの保護者の不安や心配が出てくることが多い。

(b) 学校での具体的事実をもとに話す

カウンセラーの見解や子どもについての見立てを伝えようとせず、具体的な学校内での事実をきちっと伝える。子どもの伸びやプラスの変化をまず伝え、次に、どのようなところに困難が生じているかを話していく。

(c) その保護者にとって決定的な言葉を探ってみる

「異常だ」「遅れがある」「精神科に行ったほうがいい」「問題がある」「学校では困る」「他の子どもに迷惑」など、これまでの経過の中で、親戚や近隣関係などの周囲の人や学校教育の中でいろいろ言われ、こうした言葉で深く傷ついている保護者もいる。人によっては、知的な遅れを指摘されることは致命的で、それより精神疾患を指摘されたほうがよいという場合もあるので、一般論ではかれないものである。

(d)　他機関、他の学級などを紹介する

学校だけではその子どもに対して十分な治療援助的関わりができないときには、外部の専門治療援助機関などを紹介する必要も出てくる。その際には慎重に、そこでは何がしてもらえるかを十分に説明して、丁寧に紹介の労をとること、同時にその機関と必要があれば協力していけること、相談機関には守秘義務があり、本人（保護者）の了解が無ければ相談内容は明かされないことを伝えておく必要がある。また、その地域での評判なども あるので、事前に養護教諭などと近隣機関についての学校側の情報や認知を話し合っておくほうがいい。

3　障害のある子どもについて

特別支援教育が進められ、すべての子どもが一人ひとりその子にとって意味のある関わり方を求められるようになって以来、通常学級の中にも心身に障害のある子どもが在籍し、学校教育を受けていることが増えた。特に、発達障害者支援法の施行以来、軽度発達障害と診断された子ども、診断を受けてはいないが、限りなく発達障害ではないかと思われる子どもが、通常学級の中で授業を受けている。診断がついている子どもは、さまざまな形で、教育行政の中での個別支援を受けることができるが、保護者が受診をためらっていたり、就学指導委員会で特別支援学級での教育が適切と判断が出たにもかかわらず、保護者の意思で通常学級に在籍していたりすると、行政的援助を受けることができない場合もある。ここでは、何らかの障害（あるいはその疑い）のある子どもの保護者支援について検討する。

(a)　親が子どもの障害を認知するには、時間がかかる

保護者が自分の子どもに何らかの障害があると気づき、診断を受け、それを受け入れていくには時間がか

かる。特に軽い障害の場合、親としてはそれを認めたくないという思いが強く、診断を避けてきている場合も多い。学校はその子どもに必要な援助が通常学級では適切にできないという罪責感、他の子どもたちに対して十分な関わりがもてなくなるといういらだち、「特別支援学級に入るのは、なるべく早いうちがいいのに」という焦燥感などで、保護者に診断を受けるように迫り、保護者が不安と怒りに突き動かされて学校との関係が悪くなるという場面が起こりやすい。スクールカウンセラーには、学校状況を十分理解しつつ、保護者の気持ちを受け止めて、ある程度時間をかけて調整していくことが求められる。

(b)　診断を避けてきた保護者・現実を見たくない保護者への対応

保健所の一歳六か月健診、三歳健診で何か言われて傷つき、以後、すべての診断の機会から目をそむけ、就学時健診も受けてこなかった場合もある。

子どもが本当に困って、何らかの信号（症状や行動）を出すまで、親は現実を見ようとしない場合もある。学校での事実をいくら伝えても、家では何も問題はなかったと言い募り、学校がちゃんと対応してくれさえすれば、子どもには問題はないと主張する。あってもなくても無理やり説得することは不可能なので、「いずれこのようなことが起きてくる可能性があります」という予告をしながら、本当に保護者が困るまで、じっくり待つ覚悟も必要である。予告通りの事態が起きてきたときに、保護者を責めるのではなく、そのときの保護者の不安や混乱を受け止めつつ、そこをチャンスとして特別支援教育に乗せていくこともできる。

(c)　ゆっくり話すと、親なりの心配をもっていることもある

保護者は、まったく不安をもっていないわけではないことが多い。ただ、他者から言われたことは呑み込めないという場合が多いので、保護者がもっている不安や戸惑いが出てくるまで待つことも大切である。いらだち焦る教師とも話し合って、そのあたりの保護者の気持ちについて共通理解をしておく必要がある。

(d)　母親は，「自分のせいと言われるのではないか」という恐怖感をもっている

母親は，親戚から「うちの家系にはこういう子はいない」と言われたり，幼稚園などで，「お母さんの関わり方のせいでは」というようなことを言われたりして，傷つき，また同じようなことを言われるのではないかという恐れをもっていることも多い。これまでの学校教育での関わりを確認する必要もある。保護者に責任を負わせるのではなく，「どうしたら子どもが安心して成長していけるのか，一緒に考えましょう」というスタンスを，保護者と確認することが大切である。

(e)　保護者自身がトレーナーになっていて，子育てを楽しめないこともある

障害が軽度である場合に，保護者が親としての関わりができず，健常児に近づけたいと思うあまりに，子どものトレーナーになってしまって，子育てを楽しめず，子どもの発達を共に喜ぶことができなくなっている場合もある。特に，軽度の脳性まひや発達障害の場合に，そういうことが起こりやすい。子どもは，親の感情を受け止めるチャンスがなくなり，子ども自身の情緒的な発達もさらに遅れてしまうことになる。保護者面接の中で，気持ちの部分に焦点化し，保護者がまず親としての気持ちを味わえるよう援助していくことが望ましい。

以上，スクールカウンセラーによる保護者支援のあり方や留意点について述べてきた。学校教育の中で，保護者支援は，教師にとってなかなかやりにくい部分であり，それゆえに，スクールカウンセラーにゆだねられやすい。しかし，無自覚に依頼を受け入れていくと，本来なら学級担任と保護者の間で信頼関係を築きながら子どもをサポートしていくべきところまでスクールカウンセラーがやろうとしたり，保護者支援に時間をとられて，子どもへの直接の関わりや教師コンサルテーションができなくなったりして，カウンセラー自身も疲弊する可能性もある。スクールカウンセリングの目的は，一人ひとりの子どものその子らしい発達

の援助であることを踏まえ、保護者支援のあり方、その限度についても十分検討することが必要である。

押さえておくべきキーポイント

① 保護者とどのような状況で関わりをもつか
② カウンセラーはどのようなスタンスで保護者と会うか
③ 保護者をきちんとアセスメントしているか
④ 学校と保護者はどのような関係にあるか
⑤ 保護者と会うことは、子どもの成長発達にどう影響するか
⑥ 障害のある子どもの保護者をどう支援するか

読んでおきたい参考文献

• 村山正治、滝口俊子編『河合隼雄のスクールカウンセリング講演録』創元社、二〇〇八年

9　教師への支援

中川美保子
Mihoko Nakagawa

はじめに

スクールカウンセラーにとって、教師にその存在を認められ受け入れられることは、スクールカウンセラー活動を円滑に遂行するために不可欠である。そしてこの点に関して言えば、スクールカウンセラー事業開始より一五年以上の年月を重ねた現在、スクールカウンセラーの存在は、かなりの程度教師に認められていると言ってもよいだろう。教師から、「『悩みの相談はスクールカウンセラーさんにしたら』と、子どもたちにすすめている」とか「保護者にスクールカウンセラーを紹介して相談してもらったら、子どもが元気になってきた」など、スクールカウンセラーの存在を肯定的に認める発言も確実に増えてきている。最近では、スクールカウンセラー配置当初の「黒船の来襲」と呼ばれたときのような、教師からのスクールカウンセラーに対する排斥的なムードや否定的なイメージは払拭されたとみなしてもいいだろう。

一　相談活動と教師支援

しかし、スクールカウンセラーが教師たちから否定されなくなってきたことが、スクールカウンセラーと教師との関係が親密になったとか、両者の連携が頻繁にそしてスムーズに進行していることを物語っているわけではない。確かにスクールカウンセラーは不登校やいじめ問題への適切な対応を通して、教師にその存在を認められ受け入れられてきている。しかしそれは、スクールカウンセラー制度導入当初、教師によって外部の人間とみなされていたスクールカウンセラーが、次第にその実績から、子どもや保護者との相談活動を学校内でおこなうことを認められたということに過ぎないのかもしれない。つまり、教師にとってのスクールカウンセラーのイメージがプラス方向にシフトしたことによって、スクールカウンセラーは学校という教師と共通の活動場所を獲得した。しかし、そのことによって、コンサルテーションをはじめとするような、直接的な教師への支援活動が目に見えて増加し、それが顕著なスクールカウンセラー活動として社会に認識されるようになっているとまでは未だ言えないだろう。

なぜコンサルテーションを受ける教師が、保護者や子どもへのカウンセリングに比べてそれほど増えていかないのかについては、次のような教師の思いを聞くことができる。「スクールカウンセラーのことは、不登校の子どもたちや保護者の相談をする外部の専門家として認めているが、教師の仕事を理解しているわけではないし、自分たちの領域にまで踏み込まれたくない」。このような〝スクールカウンセラーは外部の専門家〟という見方は、その代表的なものである。

しかしコンサルテーションはスクールカウンセラー活動として重要なものであり、回避することはできない。さらには自分たちの領域に踏み込まれたくないという教師からの声の一方で、教育委員会関係者からは「これからは教師がカウンセリング・マインドを身につけることがますます求められる。不登校やいじめへの対応について、教師はスクールカウンセラーとのコンサルテーションでヒントを得るなどしてほしい。スクールカウンセラーも相談活動だけでなく積極的にコンサルテーションを働きかけてほしい」との要望が強いのも事実である。

コンサルテーションを中心とした教師への直接的な関わりによる支援は、子どもや保護者との相談活動とならぶ、スクールカウンセラー活動を牽引する何よりも重要な両輪のひとつなのである。したがって、スクールカウンセラーは今後さらなる質の高い活動を担保するために、子どもたちや保護者との相談活動のみならず、教師への直接的な支援にも今以上に力点を置き、その支援のあり方について考えていかなければならない。

二　ある事例から

ここでは、教師支援について考察するのに適切と思われる事例を提示し、その事例から教師の職業上の特徴や、教師の専門性について考え、教師支援についてスクールカウンセラーが理解したほうがよいと思われることがらについて、続いて考えてみたい。提示事例は、スクールカウンセラーへのスーパーヴィジョンで語られたある教師とのやりとりをもとにして、複数の事例を参考に作成したものである。

事例

著者のスーパーヴァイジーであるZさん（スクールカウンセラー、四〇代、男性）は、赴任校で関わっているAさん（中二、女子）への担任の対応から始まった学校側とのトラブルで、とても困っているという。

まず、発端は中一の二学期中頃から不登校になっていたAさんの母親面接を担任から依頼されたことからだった。今年の四月からこの学校に着任したZさんは、職員室で隣に座っているM先生（三〇代、男性）と、朝夕の挨拶を交わすことから、少しずつ会話するようになった。五月の連休明けのZさんの勤務の日、M先生から、担任をしているAさんの不登校の件を切り出された。その際M先生から、先日、家庭訪問でAさんの家に行った際、スクールカウンセラーとの面接を母親にすすめたことを伝えられ、『もし相談申し込みがあればよろしく』と依頼された。実際、翌週にはAさんの母親から相談の申し込みがあって、六月初旬から母親が来談することとなった。毎週の面談を九月まで重ねた頃、母親から、夏休みをゆっくりと過ごせたAさんが、二学期になって少し元気になり、一〇月の合唱祭の練習のため登校してみようかと母親に話したと報告された。母親の話では、Aさんは、昨年の合唱祭直後から欠席しはじめたので、合唱祭は何となく心に残っていた行事であること、何かAさんの心にも変化があらわれているように思うので、慎重に対応したいとのことであった。ところが、スクールカウンセラーがこの状況を担任のM先生に話したら、なんとその翌日、M先生がAさんの家に合唱祭のクラス運営委員をともなって家庭訪問したという。事前に担任から訪問するという電話連絡はあったものの、M先生の勢いに押された形で訪問を受けたAさんは、M先生たちが帰った後、母親に対して久しぶりにひどく荒れたらしい。そのことを母親からの電話で知ったスクールカウンセラーは、担任のM先生に「今はAさんが動き出すのを待つ大切な時期。焦りは禁物。Aさんの回復力を信じて、もう少しじっと待っていてほしい」と話した。それに対してM先生が「どうして！　これまで、スクールカウンセラーである先生の意見でAさんをそっとしておいたじゃないですか。今こそ、Aさんを家から引き出すチャンスですよ。待っていたら、合唱祭は終わってしまいますよ。また引きこもってしまったら誰が責任を取るんですか。僕は担任なんです。あの子のことを思って言っているんです」と強い口調で言い返されてしまった。

実はこの担任はこれまでも、Aさんの承諾なしにクラスの子どもたちにAさんへの励ましの手紙を書かせたり、予告もしないで朝、家に迎えに行ったりすることがあった。その度に母親から相談されていたスクールカウンセラーは、M先生に自らの信条でもある“doing より being”の重要性を説明し「今はこちらから動かずに待ってみたら。Aさんには学校という雰囲気を感じない時間が必要かも」と、何とかAさんに働きかけようと動くM先生を押さえてきたとのこと。今回は、おそらくスクールカウンセラーに相談したら、これまで同様に家庭訪問を止められると察したM先生が、独断専行を決意したのだろうと思う。しかしスクールカウンセラーにとっても、ここがAさんへの支援の肝心な要だと感じたので、思い切ってM先生との話し合いを求めた。そこで、M先生の“doing”が先行してしまう行動の意味について、スクールカウンセラーの視点からその否定的な面をしっかり伝えて、M先生に内省を促した。特にM先生のAさんへの“doing”が、いかに〝過剰な関わり〟かについて触れ、それがM先生の〝不登校の生徒をほったらかしている担任と見られたくない〟という、教師としてのプライドや自己愛と関連していることに触れた。M先生は最初言い返したそうだったが、そのままうつむき加減で黙ってうなずくように首を振っていた。結局最後までスクールカウンセラーの話を聞いてくれ、「自分の行動が独りよがりだったのかも」と言ってくれたので、コンサルテーションをしてよかったと思っていた。

ところが、その次の勤務日に学校へ行ったら、Aさんの母親から、相談担当窓口になっている養護教諭に電話があったようで、スクールカウンセラーとの面接の中断が申し入れられていた。理由を聞きたいと思って職員室でM先生に話しかけたが、「そうですか。僕は何も聞いていませんが」とのこと。実はこのとき何となくだが、M先生が今までよりも他人行儀な感じがした。そんな日々が少し続いた一二月初め、校長先生との来年度についてのヒアリングがあった。もちろん、二年目の勤務の継続を希望したのだが、校長先生から「私としては、もちろん来年もお願いしたい。ただ、正直言うと一部の先生なのですが、ちょっとZさんにクレームと言いますか、ネガティブな意見があって。まあ、気にしないでほしいんですけど、教師の仕事をわかってくれないとか、男性カウンセラーはちょっと厳しいという意見もあって。まあ、来年度に向けて心に留めていただければという程度のことですが」と言われた。おそらくM先生とのあの件かなとも思い、M先生を傷つけてしまったことを反省しなければならないとは思った。でもM先生もコンサルテーションのときは、了解されていたと思っていたのに。自分も正直に言うと納得できない気持ちもあって、もう一度、M先生と話し合いたいと思うが、どう思うかとのことだった。

三 doing と being

なぜ、事例のM先生はAさんの家庭訪問をしたのだろうか。おそらくその最初の答えは、すでにスーパーヴァイズでのスクールカウンセラーの語りからうかがうことができるだろう。「今はそっとしておいたほうがいい」というスクールカウンセラーの意見に対して、M先生は「今こそ、Aさんを家から引き出すチャンス……。また引きこもってしまったら誰が責任を取るんですか。僕は担任なんです。あの子のことを思って言っているんです」と宣言している。おそらくM先生のみならず、多くの教師は「なぜ家庭訪問するのか、なぜ保護者に電話するのか」など、子どもや保護者への積極的な関わりについて問われたならば、「子どもたちのため」に行動したと答えるだろう。

しかしスクールカウンセラーは自らの専門性による視点から、M先生のAさんへの“doing”をアクティングアウトとみなしたのである。なぜなら、M先生の行動が、Aさんへの援助を意識的には目指していながらも、その背景にM先生の自己愛や自己効力感が潜んでいると考えたからである。おそらく、このようなM先生の行動への理解は、臨床心理学的視点からはそれほど的外れではなく、妥当な見方とも言えるだろう。しかし実際には、〝ここが支援の肝心な要〟とのスクールカウンセラーの決意からおこなわれたコンサルテーションは、さらなる事態の悪化を招いてしまった。

くり返すが、事例のM先生の行動を〝過剰な関わり〟とみなしたスクールカウンセラーの見解は、“doingよりもbeing”という視点からは、間違ってはいないだろう。しかし、ある行動の意味づけはひとつであるとは断定できない。〝家庭訪問したのはAさんのため、彼女のことを思ったから〟との、M先生の思いも間違っているわけではない。その言葉は、スクールカウンセラーが真摯に受け止めなければならない教師の本音だったかもしれない。

実は教師にとって、ここで述べてきた“doing”の意味を含む〝行動力、実行力〟は、非常に大切な教師としての資質であり専門性とも言えるものである。授業のみならず、給食や清掃指導、学級通信の発行や家庭訪問など、学校はM先生のような教師の自発的で献身的な、子どもたちへの働きかけによって支えられているのも事実なのである。もちろん、他者に対して何かをすることで、自らが役に立っているという思いによって自己愛が満たされるのも確かであろう。しかしその思いが彼らを支え、さらなる子どもたちへの献身的な活動への意欲となっているのもまた紛れもない事実なのである。教師とは、子どもたちのためによかれと思って関わることによって、自らの存在価値を見いだすとともに、子どもたちに喜びや達成感などの肯定的な思いを与えることを専門とする職業なのだ。

したがって、スクールカウンセラーが教師への支援を考えるとき、この教師の言わば“doing”を信条とする専門性への深い理解が不可欠である。“doingよりbeing”という臨床心理学的な専門性をそのまま教師にあてはめるのではなく、たとえば“doing”に、どのようにして“being”をほどよく加味できるのかを考えるほうが、有効な視点となる。さらに踏み込んで教師のおこなう“doing”のよさを認め、その質を高めるようなアイデアを両者で考えるのもいいだろう。教師の意欲の流れに沿って、それまでにはない新たな視点をスクールカウンセラーと教師が話し合いながら創造する過程こそが、有効な支援となるように思われる。

四　母性と父性

教師の“doing”を喚起する彼らの心性についてさらに考えてみよう。提示事例のM先生は、スクールカウンセラーが〝過剰な関わり〟と指摘したAさんへの対応について、「あの子のためを思って……」と、自分の行動を子どもへの献身的な思いからと位置づけている。

M先生のみならず、保護者からの突然の電話にも長時間熱心に対応する、勤務時間にこだわらず夕方遅くなってから家庭訪問に出かけるなど、授業以外での教師の献身的な関わりは、学校で見受けられる日常的な風景と言えるだろう。さらに家庭での子どもに対するネグレクトが察知されるような事例では、昼食を持って来られない子どものために自らの食事を分け与える、何日も汚れたままの子どもの制服を洗濯するなど、保護者代わりになっているような教師さえ見受けられる。しかも、このようないわば自己犠牲を伴うような場合でさえ、彼らはそのような行動を他者から強いられてやらされているわけではない。多くの教師たちは、自らの熱心な関わりについて〝子どもたちのための行動〟として、使命感をもって必死にがんばっているように思われる。

このような子どもや保護者など、他者への積極的で献身的な活動を引き起こす教師の心性とは何なのか。おそらくそれは彼ら教師たちが内包している母性であると言えるのではないだろうか。教師の他者への献身的な“doing”を支える〝母性——積極的な関与、保護的、養育的な心〟こそ、子どもを主な他者として活動する教師の大きな特質と思われる。

しかし、この母性を基盤とした教師の懸命な関わりは、常に報われるわけではないのも現実である。たとえば先に挙げた、制服を保護者に代わって洗濯するなどの行為を、たとえ何週間も継続しておこなったとしても、目に見えるような進展があるわけではないだろう。それどころか、このような献身にもかかわらず、

「ひいきしている」「授業がおろそかになった」などと周囲から非難されることもある。さらには懸命に援助している子どもが他の子どもたちからいじめを受けるなど、否定的な結果を招くこともあるだろう。

もしこのような事例のコンサルテーションに臨んだ場合、事態の思わしくない展開は、「ひいきしている」などの非難を浴びせる周囲の人たちだけが悪いのではないと感じるスクールカウンセラーもいるだろう。なぜならスクールカウンセラーには、他ならぬこの教師の母性的な関わりにも問題が潜んでいることを察知することができるからである。したがって、コンサルテーションで臨床心理学的な視点から、母性のネガティブな側面を説き、教師に自戒を求める展開も考えられよう。しかしこのようなスクールカウンセラーの指摘は、たとえ教師にとってそれが思い当たるものであったとしても、それによって急激に彼らの日常的な他者への関わりを変容させることはむずかしい。事例のM先生がコンサルテーション以降、他人行儀になったように、教師からの肯定的な反応よりもむしろ事例で校長が後に語っているように「教師の仕事をわかってもらえない」との心情から、距離が遠のいてしまうことにもなりかねない。

なぜなら、言うまでもなく教師という職業は、文字通り「教え育む」という「教える」という父性的な行為と「育む」という母性的な行為を両立させる営為なのである。したがって教育とは、父性のみならず、子どもたちへの母性的な関わりがなければ成り立たない職業である。より視野を広げて述べるならば、教師とはカウンセラーと同様に対人援助職であり、対人援助には「母性的な心性」が不可欠であるとも言えるのである。

したがって、コンサルテーションでは母性のネガティブな側面を指摘し、それを押さえるのではなく、教師の献身的な関わりに触れ、それをねぎらい、彼らの報われなくてもくり返される、日々の活動の苦労に耳を傾けることが肝要である。そしてスクールカウンセラーとしては、カウンセリングで尊重される「面接構造、相談の枠組み」を直接解説するのではなく、母性を支える父性の役割の重要性について、具体的な例を挙げて教師と共に考えることができよう。たとえば、「継続的に家庭訪問をするときは、訪問する曜日や時間帯を訪問相手である子どもと保護者と相談して決めてからおこなったほうが、子どもも安心するかもしれない」と、家庭訪問の方法として枠組みをつくることを提案するのもひとつだろう。あるいは「ネグレクトなどの虐待が疑われる場合には、児童相談所などの機関と連携することも考えてみたら」と、連携の方法を示し、相談の構造を再設定するのもいいかもしれない。教師の母性性を否定するのではなく、日常場面では見失われがちな対人関係を安定させる外枠として構造――時間や場所などのルールの設定という視点を提供し、母性の質を高めるような支援をおこなうことが、スクールカウンセラーにより求められる役割と言えるのである。

五　二者関係と三者関係をめぐって

さて、提示事例ではコンサルテーションのあと、突然Aさんの母親面接が中断し、うまく連携していたと思っていたM先生が他人行儀になり、スクールカウンセラーへの教師からの批判的な見解を学校長から聞かされてしまうなど、スクールカウンセラーとして腑に落ちない、気持ちが沈むような事態が続いた。

しかし、順調に継続していた相談が突然中断する、教師との人間関係が安定しない、自分に対しての批判を間接的に聞く、などの経験は、スクールカウンセラー活動では特別な出来事とは言えない。むしろこのような行き違いの意味を考えることから、以下に述べるようなスクールカウンセラー活動の重要な視点が見えてくるとも考えられる。たとえば、スクールカウンセラーが予測できないような展開が起こるのは、二者関係を中心に活動するカウンセリングと、二者以上の多様な人間関係が輻輳する学校という活動の場の相違があるからではないか。換言すれば、学校という場では、起こっている出来事を自らとの直接的な因果関係だけで推し量ることができないことが重要な特徴なのである。

このことを先の事例のその後の展開から考えてみよう。

年度末になったある日、スクールカウンセラーは母親面接が中断した理由について、養護教諭から関連があると思われる話を聞くことができたそうである。それは、当時コンサルテーションで動揺し自信を失ったM先生が、母親に電話で「これからはスクールカウンセラーの先生とだけ相談してがんばってください。私はあまりお力にはなれないように思います」と話した、との情報だった。この電話で母親は、「このままでは我が子がM先生に見捨てられるような気がして、スクールカウンセラーとの相談を継続することが怖くなった」と養護教諭に語ったのだそうである。このことから考えると、相談者である母親は、スクールカウンセラーに対して直接的に陰性感情を抱いたわけでなかったが、我が子のことを考えれば、担任との関係をより大切にしたほうがよいと思ったということになる。

実は、学校という場所は、このように複数の人たちとの関係が幾重にも生じ、それが絡み合っている場と言える。こういう場では、一人の人のある語りが、あたかも水面に投じられた小石のごとく、幾重もの波紋を生じさせる。つまり、その場で起こっている出来事の背景に、自分ではあずかり知れない事象が生起し、現在の事態に関連してくるのが学校という場の特徴なのである。したがって、スクールカウンセラー活動で重要なことは、教師たちがそのような場で活動している存在であることを認識するとともに、自らも小石を投じたり投じられたりする立場であることを自覚することである。たとえば、この事例のように保護者や教師から否定的な思いを向けられたとしても、それを言葉通りに受けとり落ち込んだり、あるいは言い返したりするような直線的な対応は控えるほうがよいだろう。なぜならこのような否定的な反応も、ほとんどの場合は学校という場での多様な関係から引き起こされる葛藤や攻撃性の投げ入れを含むものと解したほうが妥当だからである。したがってスクールカウンセラーとしては、自らへのネガティブな評価を鵜呑みにしてことさらに動揺したり、それに巻き込まれ教師と対立する必要はない。むしろその状況の背景にある、多様な人間関係が織りなすそれぞれの人たちの心情を思い描き、それを受け止める営みのその先にこそ、有効な教師への支援に通じる道が見いだせるのである。

六　コンサルテーション、そして支援へ

なぜ、提示事例でのコンサルテーションは支援として実を結ばなかったのだろうか。おそらくその一因は、スクールカウンセラーがM先生の行動を、“doing より being”という自らの専門性から否定的に解釈し、それをM先生にそのまま伝えてしまったことにあるだろう。おそらくM先生からしたら、たとえスクールカウンセラーの語ったことが間違いでなかったとしても、子どものためを思っておこなった自らの働きかけを否定された、との思いが心に残ったにちがいない。コンサルテーションでM先生が最初に言い返したかった思いとは、生徒のためを思って家庭訪問をしたにもかかわらず、悪い結果になったからといって、なぜスクールカウンセラーからも責められなければならないのかというつらさではなかったか。そして、うつむいてしまったのは、自らの気持ちをスクールカウンセラーに何も理解してもらえないというあきらめとも感じとれる。最後に自らの行為の行き過ぎを認めたときには、面従腹背のような怒りの気持ちさえ抱いていたかもしれない。

コンサルテーションでは、臨床心理学的な視点からは適切な見解であるとしても、それは自らの思いとして心に留め、まずはコンサルティである教師の思いに耳を傾けることが何よりも優先されるべきであろう。そうでなければ、このようなスクールカウンセラーの行為はコンサルテーションに名を借りた一方的な指導、専門性の押しつけにしかならない。教師の言動の間違いを指摘したり、彼らの行為に否定的な意味を与えるなどの直接的な指導をするのではなく、まずは彼らの思いに耳を傾けることから始めるのを忘れてはならない。なぜなら、教師の行為の意味を教師自身の言葉で語ってもらうことによってはじめて、スクールカウン

セラーの立場からではなく、教師の立場から行為の意味を再考し、教師の思いに寄り添うことが可能となるからである。

最後に、実は事例のスクールカウンセラーの何よりもの見落としは、コンサルテーションでスクールカウンセラーが自分のほうから語りはじめたことこそが自らの〝doing〟であること、すなわち、Aさんの母親への思い入れによるアクティングアウトであることに気がつかなかったことにある。このような陥穽は、しばしば多くのスクールカウンセラーがおこなうコンサルテーションで見受けられるものであり、〝コンサルテーションは指導とは似て非なるものである〟ことを肝に銘じたい。

押さえておくべきキーポイント

① **doing と being**
教師の〝doing〟に、どのようにして〝being〟をほどよく加味できるのかを考えてみよう。さらに教師のおこなう〝doing〟のよさを認め、その質を高めるようなアイデアを話し合ってみよう。

② **母性と父性**
母性のネガティブな側面を指摘しそれを否定するのではなく、教師の日々の苦労に耳を傾けることが肝要である。そして、母性を支える父性の役割を示した上で、困っている状況への適切な対応を共に考えてみよう。

③ **二者関係と三者関係**
学校という日常性を帯びた活動場所では、生起している出来事の背景にも、多様な人間関係が存在する。

その人たちが織りなすそれぞれの心情を思い描き、彼らの気持ちにできるだけ近づき、それを受け止めることが大切である。

読んでおきたい参考文献

- 本間友巳編著『学校臨床——子どもをめぐる課題への視座と対応』金子書房、二〇一二年
- 中川美保子「スクールカウンセリングについての一考察——いじめ問題への対応を通して」心理臨床学研究22⑹、六〇五〜六一五頁、二〇〇五年
- 山中康裕著『山中康裕著作集1　たましいの窓　児童・思春期の臨床〈1〉』岩崎学術出版社、二〇〇一年
- 山中康裕著『山中康裕著作集2　たましいの視点　児童・思春期の臨床〈2〉』岩崎学術出版社、二〇〇一年

10　小学校・中学校のスクールカウンセリング

青木真理　Mari Aoki
山下一夫　Kazuo Yamashita

はじめに

本稿では、筆者らの経験をもとに、小学校・中学校双方に共通するスクールカウンセラーの活動の基本について述べ、ついでそれぞれの校種別のスクールカウンセリングのあり方を論じていくが、その前に筆者らのスクールカウンセリングに関する経歴を簡単に述べておきたい。

青木は、一九九六年度に徳島県の高校でスクールカウンセラーとして勤務した後、一九九七年度から二〇〇〇年度まで福島県の中学校で文部省（当時）事業のスクールカウンセラーとして勤務し、二〇〇二年度から現在まで福島大学附属中学校においてスクールカウンセラーとして勤務している。また、ある県の小学校で半年間スクールカウンセラーとして勤務した後、その小学校に毎年数回、教育相談アドバイザーとして関わっている。

山下は、文部省スクールカウンセラー活用調査研究委託事業が開始された一九九五年度から二〇〇三年度まで徳島県で中学校のスクールカウンセラーとして勤務するとともに、その中学校の校区にある小学校のスクールカウンセラーも兼務した。そして長年にわたり、徳島県教育委員会と県臨床心理士会との連携役を務めるとともに、スクールカウンセラーのスーパーヴィジョンを行ってきている。

一　スクールカウンセリングの基本

1　スクールカウンセラーの専門性

スクールカウンセラーの専門性とは何か。つまり、スクールカウンセラーとして少なくとも何ができるのか、逆に学校側から少なくとも何が期待されているのか。山下（二〇〇九）[1]は、次の三つを挙げている。

①カウンセリングができる
②子どもの状態や心理的背景などを、保護者や教師に説明できる
③さまざまな人間関係における調整役を担うことができる

この三つは相互に密接に関連し合っており、結局、「人と関わる力」と言ってよい。そして、実際問題として、少なくとも不登校や発達障害に関して適切な対応が期待されている。

このようなスクールカウンセラー一般に求められる専門性を基盤として、個々のスクールカウンセラー自身の特性やニーズと、その勤務校の特性やニーズとを、勤務校とスクールカウンセラーが互いに理解することによって、勤務形態が決まってくる。[2]

2　互いのニーズを知る

新しい勤務地でのスクールカウンセラーにとって、最初の段階で学校の現状とニーズを把握することがまず肝要となる。その際、スクールカウンセラーの資質とスクールカウンセラー自身がやりたいこと、得手とすることなどを適切に伝えることも必要である。スクールカウンセラーによる学校の現状とニーズの把握は、管理職との最初の打ち合わせ面接をはじめとして、その後もさまざまな場面で順次行い、データを積み重ねていくことになる。生徒指導主事や養護教諭といった、校内の子どもの問題に接し、包括的な情報を有している教員との打ち合わせ面接、校内を歩いてみて肌で感じる学校の雰囲気、支援を必要としている子どもや保護者に関しての学級担任との面接、子ども本人との面接等々、スクールカウンセラーはさまざまな事象に出会いながら、ニーズに合わせた自身の活動を徐々に策定していくことになる。

では、学校側から見た打ち合わせはどうか。学校がいかにスクールカウンセラーを主体的に活用できるかで、スクールカウンセラーの活動の実際は大きく変わってくる。スクールカウンセラー活用の目的・方法に関して、重点的活用分野は、不登校なのか、いじめなのか、非行なのか、発達障害なのか。学校に協力的でない、あるいは主観的な関心をもちすぎる保護者への対応なのか。そうした活用の方針と計画を、学校長以下教員スタッフが緩やかに共有していることが望ましい。

3　窓口教員

学校スタッフとスクールカウンセラーとの協働が効果を上げるために何より重要なのは、スクールカウンセラーのコーディネート・窓口を担当する教員の役割である。ここでは「窓口教員」と呼んでおきたい。教育相談を「校務分掌」（教職員が学校の仕事を分担して処理していくこと）の一つとして位置づけ、教育相談担当教員を置く学校では、その教員が窓口の役割を担う。教育相談担当教員がいない場合、教頭、生徒指導主事、養護教諭、あるいは特別支援教育コーディネーターが窓口を担当していることが多い。

窓口教員には、スクールカウンセラーの勤務日程づくり、県教育委員会との事務連絡などの事務的な仕事はもちろんのこと、非常勤スタッフであるスクールカウンセラーと常勤スタッフである教員との「橋渡し役」としての機能が期待される。

窓口教員による橋渡し機能の一つは、教員のニーズをスクールカウンセラーに伝えることである。その際、潜在的なニーズを掘り起こすこともある。筆者らの経験で言うと、学級の中に何らかの問題を抱えつつもスクールカウンセラーの活用に積極的でない教員に対して、それとなくスクールカウンセラーと話してみたらどうか、とすすめてくれる窓口教員の存在はありがたい。一人職であるスクールカウンセラーの苦労を理解して励ましてくれる窓口教員もいる。スクールカウンセラーの預かり知らぬところで、スクールカウンセラーの活動について、他のスタッフや保護者、あるいは児童生徒に対して、スクールカウンセラー活用が促進されるようなポジティブな宣伝をしたり、研修担当の教員と図って研修機会にスクールカウンセラーを登用することを企画したり、といった活動も行われたりする。

理想的な窓口教員とは、学校の問題について適切なアセスメントを行うことができ、内外の「資源」をよく知り、スクールカウンセラーの資質と能力についてもアセスメントできる教員である。臨床心理士資格を有する教員や大学院で学校臨床心理学を学んだ教員が、こうした役割を担えば、スクールカウンセラーのよき協力者となり、スクールカウンセラー活用の推進役となってくれるであろう[(3)(4)]。

ところで、高知県では、スクールカウンセラー配置校に窓口教員として「スクールカウンセラー担当教員」を決めている。そして、毎年、高知県教育委員会がスクールカウンセラーの活用に関する研修会を開催し、県下のスクールカウンセラーとその担当教員全員が参加している。

4　スクールカウンセラーを組織内に位置づけること

スクールカウンセラーは非常勤スタッフではあるが、校内組織の中に位置づけられていることは大変重要である。その意義は、スクールカウンセラーと教員スタッフとの直接の協議の場を確保することのほか、スクールカウンセラーの活動が密室化したり孤立化したりすることを防ぎ、公的に認められるようにすることも挙げられる。ただし、既存の生徒指導関連組織だと、スクールカウンセラー勤務日と会議の日が必ずしも重なるとは言えず、スクールカウンセラーによっては、生徒指導などの会議の日に勤務をずらして工夫している例もあるが、常にそういうことができるとは限らない。

ではどうするか。既存の組織とは別に、スクールカウンセラーと教員スタッフが話し合う場をつくってしまうことができればよいのだが。福島大学附属中学校の例で言うと、二〇〇五年から「教育相談推進委員会」という組織がつくられ、各学年から委員一名、校長、副校長、主幹教諭、養護教諭、スクールカウンセラー二名により構成されている(5)。その会議はスクールカウンセラーの勤務可能な日と学校の予定をすりあわせて、原則として月一回開催されている。スクールカウンセラーの支援を受けている生徒や保護者、スクールカウンセラーの支援が必要と考えられる生徒・保護者について情報交換と協議を行っている。おおむね、各学年からの報告、スクールカウンセラーによる報告と助言、全体協議という手順で会議は進められている。

言うまでもなく、こうした会議では、よりよい支援を行うために必要な情報を、その支援に関わる集団で共有し、支援に役立てるという、集団守秘を前提としている。多忙な学校現場で月一回の会議をもつことは容易ではないが、要支援の児童生徒についての情報を教員スタッフとスクールカウンセラーが共有し、協議するプロセスを通じて、スクールカウンセラーの活動は教員スタッフによってより深く理解され、要支援児童生徒をスクールカウンセラーにつなげる活動もよりスムーズになるという効果がある。

5　広報活動

スクールカウンセラーの活動が学校に浸透し、より効果的に活用されるためには、スクールカウンセラー自身の広報活動も不可欠であろう。広報の場は開拓すればさまざまなものがある。児童生徒による昼休みの校内放送に出演するとか、児童生徒が一堂に会する機会にうまく勤務日が合えばそこで挨拶するとか、保護者対象ならＰＴＡの集まりで挨拶の機会を得たりする。さらに、保護者、教職員、あるいは子どもたちを対象に講演会やエクササイズを行うこともある。

多くのスクールカウンセラー配置校で実践されていることだが、「スクールカウンセラー便り」といった広報誌の発行も、スクールカウンセラーの存在を児童生徒、保護者、教職員にアピールすることに役立つ。スクールカウンセラーの勤務日・勤務時間、カウンセリングの申込みの仕方などを知らせるとともに、興味を引く記事も掲載したい。

スクールカウンセラーが姿を見せることそれ自体が、広報活動となりうる。たとえば、対児童生徒では帰りの短学活や昼食時間を活用して各教室をまわり、挨拶をしたり、一緒に昼食を食べたりする。このような活動は、スクールカウンセラーの顔を知ってもらう広報の面をもつだけでなく、各クラスの様子を観察し、支援の必要性についてのアセスメントを行う機会ともなりうる。対教職員の広報としては、スクールカウンセラー用の机を職員室に置いてもらうことは基本である。

スクールカウンセラーが着任してしばらくの間は、既述したように学校の現状とニーズを把握することに努め、焦らずに様子を見ながら自身の活動を徐々に策定していくことになる。しかし、数か月経っても来談者が来ず、ただ相談室で待っているようでは問題である。この学校において、スクールカウンセラーとして自分が役立てる可能性は何であるか、と「御用聞き」にまわるアウトリーチ的な臨床活動を行う必要がある。

6　保護者からの情報の聞き方

保護者と面接するとき、子どもの立場に立って保護者に何かをしてもらおうとする前に、何よりまず保護者の心情に寄り添い、労をねぎらうことが大切である。スクールカウンセラーが、子どもの生育歴や親子関係を聞く（「聴く」「訊く」を含めた広義な「聞く」）とき、侵襲度をできるだけ低くするように気をつけねばならない。しかし、保護者の心を傷つけることを恐れるあまり、逆に子どもについての基礎情報をほとんど聞けていないスクールカウンセラーもいる。話を聞くということを安易に考えている人もいるが、高い力量が要求されることであり、ここにまさにスクールカウンセラーの専門性が問われている[6]。

初期面接の原則は、来談者の心の動きや話の流れを尊重し、できるだけ自由に語ってもらうことである。そして、質問をする場合、来談者本人が話しやすいことから聞いていくことになる。このようにして、来談者にとってスクールカウンセラーは、話しやすくて、話を聞いてくれて、信頼できる人と認識され、来談者とスクールカウンセラーの間にラポール（疎通性、良好な心理的関係性）が築かれていくことになる。

保護者が子どものことでいかに悩み、困っているのか話すのを、スクールカウンセラーは心情に寄り添い共感的にじっくりと聞（聴）いていると、保護者は一通り話して自らの感情を表出し、その感情をスクールカウンセラーに受けとってもらえたと感じ、一段落ついたような時がくる（これだけで初回面接が終わることもある）。

そこで、少し間を置き、スクールカウンセラーは感情的理解から知的理解のほうに少し重きを移動させ、家で朝起きてから寝るまで、一日の子どもの様子を具体的に聞（訊）けばよい。たとえば、「お子さんが朝起きるのは、何時頃ですか」「寝起きの様子は、どうですか」と。保護者の応答に対し、関心をもって親身になって聞くのがよいのであって、「遅いですね」と評価するようなコメントを、すぐには言わない。

子どもの好きな食べ物、好きな歌手、好きなテレビ番組など、好きなことや興味をもっていることも聞いておきたい。それから、日本では、お風呂についての情報も大事である。小学校四、五年ぐらいまで、親と一緒に楽しく風呂に入っているようだと、その親子の情緒面での関係は安心できるものであると推測できる。一方、「小学校一年生になったときから、一人で入らせています」ということだと、良い子の息切れになりはしないかと心配である。

以上のように、一日の様子を話題にしてから、子どもの生育歴や親子関係を聞けばよい。また、親子関係を話すことに警戒心をもたれることもあるので、先にきょうだい関係を聞くのも手である。

スクールカウンセラーが会う保護者は、学校という普通の場所を訪ねてくる保護者であって、有料のカウンセリングルームを訪ねてくるクライエントとは異なっている。学校での保護者面接は、普通さ、日常性を大事にした会話を進めつつ、子ども支援において重要な情報を正確にとらえるという難しさを含んでいる。

二　中学校のスクールカウンセリング

1　スクールカウンセラーの一日

一回六時間の勤務として、どのような勤務時間を設定するのがよいだろうか。それは学校のニーズとスクールカウンセラーとしての活動方針による。

仕事をもつ保護者の相談に携わることが期待されるなら、放課後の時間を多くとることが望ましい。はっきりとした不適応状態には陥っていない生徒の場合、友人関係、対教師関係、家族関係などの悩みに応えるなら、放課後の時間が利用しやすいであろう。不登校や別室登校のような不適応状態に陥っている生徒の適応改善の場合は、授業時間中に相談の時間を設けたほうが、他の生徒と出会う機会が少なくて、相談に応じやすいかもしれない。

昼休みも、スクールカウンセラーにとって利用のしがいのある時間帯である。筆者の場合、昼休みは比較的軽い悩み、あるいはカウンセリング室に興味のあるような生徒に門戸を開くオープンタイムとしている。エゴグラムや箱庭を用意しておいて、カウンセラー便りの中で、「自分を知る体験」として参加を呼びかけている。(5) とかくカウンセリングは敷居が高いと感じられるようだが、こうした「体験活動」は敷居を下げる効果をもっている。

昼休み前の昼食の時間は、各クラスをまわるようにすれば、スクールカウンセラーの広報活動にもなり、生徒の様子を観察する機会ともなる。

以上のような内容を満たすには、たとえば一二時から一八時までの勤務を設定することが考えられよう。試みに、勤務の一日を描き出してみる。

一二時に学校に到着したら、職員室で窓口教員と会い、日誌やカウンセリング室の鍵などを受け取る。窓口教員が教頭か養護教諭だと、授業に出ていることが少なく、出勤時にすぐ話ができるのが利点である。校長室、ついで保健室を訪れ、報告と情報交換。その後、昼食までは職員室に戻り、職員室にいる教員と話す機会をとらえる。前週の勤務時にできなかった報告や立ち話的なコンサルテーションを、この時間に行うことができる。

やがて昼食時間になり、いずれかの教室を訪問する。中学だと班に分かれて昼食をとることが多いと思われるので、班にまじって昼食をとる。一学年四クラス程度の規模なら、一二クラスすべてをまわるのに、ちょうど一学期まるまる使うくらいであろうか。スクールカウンセラーの広報としてはちょうどよい時間のかけ方である。

昼食後の休み時間はカウンセリング室でオープンタイムを実施。雑談に訪れる生徒、箱庭体験を希望する生徒に関わる。

五時限、六時限は、保護者や別室登校生徒の継続相談にあてる。面接相談がないなら、職員室で教員との連絡・報告に携わる。必要に応じて、気になる生徒の授業の様子を観察するために、授業見学も行う。

放課後は軽い不適応感をもつ生徒の相談、仕事をもつ保護者の相談など。生徒の場合は予約なしの相談もあるだろうから、放課後はある程度の時間まではカウンセリング室待機がよいように思う。カウンセリング室を閉めたら職員室に戻る。教職員と会話を交わしたり日誌などを記入したりする。最後に窓口教員に報告ならびに情報交換を行い、次週の予約状況を確認して勤務を終える。

2　相談以外の業務

(a)　定例の会議

先述したように、できれば生徒指導・教育相談に関わる新組織を立ち上げてもらい、そこにスクールカウンセラーが参加できる体制をつくりたい。これは、定例の会議である。

(b)　課題解決のためのプロジェクトチーム

定例の会議とは別に、不適応状態が深刻、あるいは緊急に対応する必要のある生徒を対象として、プロジェクトチームをつくる場合もある。生徒の学級担任と学年主任を中心に、養護教諭、生徒指導主事、管理職、スクールカウンセラーなど、生徒とその家族に関わるメンバーにより構成されるものである。

筆者の経験では、教室離脱の生徒の適応改善のためのチームに関わったことがある。[7] チーム会議を開いて現状把握、対応の協議、方針の策定を行った。その後も状況の変化に応じて会議を開き、経過の把握、対応策の効果についての評価、新たなる対応策の協議を行って、一年ほどでかなりの適応改善を見た。このときはスクールカウンセラーが管理職と話し合ってチーム編成を呼びかけたが、本来的には、担任や学年主任が主体的に立ち上げ、スクールカウンセラーはそれに協力するという形が適切であろう。

このようなチームによる支援の対象者が、学校外の支援機関（児童相談所、教育相談機関、医療機関など）との連携を必要としているなら、そうした学校外の支援機関のスタッフも交えたケースマネージメント会議を行うことが望ましい場合もある。そうした学外者を含めた会議招聘《しょうへい》は学校長の権限で行うものではあるが、実際のつなぎ役はスクールカウンセラーが行うことが有効であり、かつ効率的であることが多い。学校のある地域の臨床心理機関とスタッフによく精通していること、つなぎができることも、スクールカウンセラーが徐々に身につけていくべき必要な技術と知識である。

(c)　授業への参加

教員とチーム・ティーチング方式で、心理教育的な授業を行うことも考えられる。たとえば、道徳や特別活動の時間に、ソーシャルスキルズ・トレーニングやエンカウンターグループ、アサーション・トレーニングなどの手法を使って、生徒の適応技術の向上や集団としての育ちを促すねらいの授業を行ったり、思春期の心の理解やキャリア選択について、ワークを併用した講義を行うこともできるだろう。

このような授業の企画をスクールカウンセラーから提案する場合、日常のスクールカウンセリング業務ができて、教職員との信頼関係が築けていることが大前提である。そして、教室訪問や授業見学を行い、その学級集団についての見立てを学級担任や学年主任と話し合い、集団としての課題解決のために授業をチームで行うという提案をするわけであるが、あくまで学級担任が主体であることを忘れてはならない。

(d)　その他

文化祭、合唱祭、入学式、卒業式などの学校行事に参加することもスクールカウンセラー活動を展開していくには有用だと思われる。

一定の「外部性」を保持しつつも、学校コミュニティの一員となるよう努力し、またそのように認知されていくよう努める。スクールカウンセラーとしては学校という集団となじみながらも、集団となじめないでいる個別の生徒を理解・共感してケアとサポートを行っていく。こうした態度は学校に働く心理臨床家に限られることではない。個人心理療法のみを行うオフィスは別として、多くの臨床機関で働く心理職は、集団と関わる面と個人と関わる面を、自分の中に統合し、抱えもっていることが望まれる。

三　小学校におけるスクールカウンセリング

1　小学校側のニーズ

小学校のスクールカウンセラー配置は中学校に比べて遅れているが、スクールカウンセラーへのニーズは高く、不登校、気になる子ども、子育て相談などは代表的なものである。そして、これらのニーズはそれぞれ別物というのではなく、発達障害の疑いのある児童が不登校になり、保護者が相談に訪れることもある。

不登校の割合は、年度によって変動はあるものの、おおむね小学校において〇・三％、中学校において三％である。大ざっぱに言うと、小学校は一学校に一人、中学校は一学級に一人となる。小学校の不登校児は中学校に比べると少なく、不登校児がいない小学校も多い。しかし、中学校の不登校生徒およびその保護者の面接を通して、たいていの場合、小学校段階で何らかの兆候や萌芽が見られ、「不登校傾向」と呼ばれることもある。たとえば、登校しぶり、月三日以上の欠席、年一〇日以上の欠席。あるいは、人間関係での悩み、良い子すぎる、他人の評価を気にしすぎる、勉強の遅れ、夜型の生活、連日習い事に通っている、など。学校が不登校の予防対策を検討する際も、スクールカウンセラーが貢献できるよい機会である。

発達障害の有無に関わらず、児童の様子をよく見ている教員であるならば、気になる子どもがいて当然であろう。臨床心理士資格をもつ小学校教師の伊藤が提案するように[4]、小学校のスクールカウンセリングでは、スクールカウンセラーは学級の中に入って気になる児童の様子を観察し、学級担任と当該児童への指導のあり方について話し合うという活動が重要かと思われる。時には、授業者のサポートも行うこともあろう。つまり、学級担任への「伴走的支援」と言え、そうなると、特別支援教育コーディネーターとの連携は必須である。

不登校や気になる子どもに関するニーズの一方で、潜在的ではあるが、子育てで不安に思い、スクールカウンセラーに相談に乗ってもらいたいと思っている保護者はかなりいる。小学校と隣接する幼稚園がある場合、幼稚園と共同でＰＴＡが子育て支援の講演会やグループを開催し、スクールカウンセラーが講演者やグループのファシリテーターを引き受けることがある。現代版「井戸端会議」のようなもので、みんなで不安やちょっとした悩みを話し合うことで安心する。そうしたグループの中から、場合によれば、個別の保護者面接に進むこともある。

2　実際例

筆者はある県の小学校にスクールカウンセラーとして半年間勤務した後、年に数回、教育相談アドバイザーという立場で関わりを続けている。

一回の訪問は数日間にわたり、毎日朝から夕方までその小学校に詰める。筆者の窓口を担当する教育相談担当教員が、前もって関わるべき対象をピックアップしているので、それに応じて活動をする。たとえば、児童の個別相談、保護者の相談のほか、授業見学の中で児童の様子を観察し、のちに学級担任と話し合いをもつ。給食を児童と一緒に食べたり、学校行事にゲストとして参加することもある。

また、スクールカウンセラーとして勤務したときから、集団法の風景構成法[注]を実施して、その後、絵をもとに学級担任と話し合うという活動を続けているので、毎回の訪問でいくつかの学級で風景構成法を実施している。

描画が伝える情報の重要性は、筆者と教員双方にとって、その都度確認される。しかし、四五分間の授業の中で、子どもたちにとっては描きっぱなし、という体験になってしまう。その改善が課題であった。

数年続けてみて、現在のやり方としては、描き上げた子どもには裏に鉛筆でクラス、名前、日付などを書かせたあと、「先生のところに絵を持ってきてください。お話ししましょう」と伝えることにしている。解釈を伝えるわけではないが、描かれた絵について子どもに質問したり、自由に話をしてもらうことで、子どもにとっておさまりがつくのではないかと考えている。筆者に絵を見せた子どもはその後、授業時間の終わりまで、担任が示す次の課題（自由帳を出して絵を描く、好きな本を読むなど）に取り組んで過ごす。

そもそも、この学校で集団法での風景構成法を実施するようになったのは、スクールカウンセラーとして訪問していた際、教室不適応の児童に個別に風景構成法を実施して、その絵について学級担任と話し合ったところ、担任も描画に関心をもち、その学級の標準的な描画を知る必要があるのではないかということで、クラス全体で風景構成法を実施した。それがその学校での風景構成法実施の始まりである。その後、学校の求めに応じて、校内研修会で風景構成法について講義を行った。

数年分の描画は学年ごとにクリアファイルに入れて学校に保管し、新年度の新しい担任にも閲覧可能なようにしている。一人の児童がだいたい年に一回ずつ描画を描いているので、成長のあとをたどりやすい。

このような描画を取り入れた児童理解は、学校がそれに賛意を示してくれれば、効果を上げる可能性をもっている。

おわりに

スクールカウンセラーの中核的な仕事は問題解決的対応であるが、一九九五年度のスクールカウンセラー事業の中学校への導入から二〇年近く経った現在では、問題の予防対策や発達促進的な活動にも取り組むようになり、多様な展開を見せている。また、大きな事件が起きたとき、地域の臨床心理士会が中心となって行う緊急支援が非常に高い評価を得ている。東日本大震災後の復興サポートにおいても、心理ケアのステーション的役割を、スクールカウンセラーが配置された学校が担っている。

しかし、スクールカウンセラー制度が全国津々浦々の学校に根付いているわけではない。特に、中学校以外の幼稚園、小学校、高等学校、特別支援学校などではまだまだ発展途上と言える。また、有能なスクールカウンセラーであっても、非常勤職であり地位は不安定である。

これからもスクールカウンセラーが相互に経験を蓄積し、専門性を高め、スクールカウンセラー制度の定着を目指していきたい。

注　**風景構成法**：精神科医の中井久夫が開発した描画法。心理検査法としての側面と表現療法としての側面を併せもつ。

引用文献

(1) 山下一夫「学校臨床における基本姿勢」〔日本臨床心理士会編〕『臨床心理士の基礎研修――ファーストステップ・ガイダンス』創元社、一二三～一四二頁、二〇〇九年
(2) 木下忠恭、山下一夫「学校とスクールカウンセラーをつなぐ」〔村山正治、森岡正芳編〕『スクールカウンセリング

――経験知・実践知とローカリティ』金剛出版、一五四～一五七頁、二〇一一年

(3) 末内佳代「臨床心理士の資格を有する教師の現状と課題(Ⅱ)――教師への面接調査を通して」鳴門教育大学研究紀要24、一一九～一二九頁、二〇〇九年

(4) 青木真理、船木智枝、伊藤律子、須藤博子、山下一夫、加藤哲文、冨永良喜「教員・臨床心理士とスクールカウンセラーの対話――教員とSCの協同のありかたとは？　教員有資格者の可能性とは？」福島大学総合教育研究センター紀要11、七五～八四頁、二〇一一年

(5) 青木真理、金成美恵、樋上聖、根本光二、菅野重徳、小針伸一、白石豊「平成二二年度　附属中学校『教育相談室』活動報告」福島大学総合教育研究センター紀要11、九三～九七頁、二〇一一年

(6) 山下一夫「教育支援を推進する教育心理臨床家に求められること」〔藤原勝紀編〕『教育心理臨床パラダイム（『現代のエスプリ』別冊）』至文堂、八三～八九頁、二〇〇八年

(7) 青木真理「スクールカウンセラー活動の方法に関する試論――多角的な活動をめざして」福島大学教育実践研究紀要37、一三七～一四四頁、一九九九年

押さえておくべきキーポイント

① スクールカウンセラーの専門性は、カウンセリングができること、子どもの状態について保護者・教員に説明できること、人間関係の調整ができること

② 学校の現状とニーズの把握

③ 窓口教員の重要性

④ 教育相談の組織の中にスクールカウンセラーが位置づくことの重要性

⑤ 保護者の心情に寄り添いながらも必要な情報を押さえること

⑥　学級担任への伴走的支援（特に小学校では肝要）

読んでおきたい参考文献

・河合隼雄『心理療法序説』岩波書店、一九九二年
・日本臨床心理士会編『臨床心理士の基礎研修――ファーストステップ・ガイダンス』創元社、二〇〇九年
・西原理恵子『毎日かあさん一～八』毎日新聞社、二〇〇四～二〇一一年
・山下一夫『生徒指導の知と心』日本評論社、一九九九年

11　高等学校のスクールカウンセリング

西井克泰　Katsuyasu Nishii

はじめに

高等学校のスクールカウンセリングにおいても、不登校、発達障害、非行・暴力行為、いじめへのカウンセリングを実施している。また、緊急支援、保護者への支援、教師への支援ならびにグループワークをおこなっており、小学校や中学校のスクールカウンセリングの内容と大差はない。しかし、高等学校には高等学校なりの特徴がある。ひとつは、身体的発達の違いに由来する。二つ目は、高等学校は義務教育ではないという制度的な面に集約されてくる。三つ目に、「将来自分は何になるのか」というアイデンティティに関わる問題がより明確に自覚され始めてくる。とともに、「自分がさっぱり分からなくなった」という危機的状況が不可避となってくる。このような違いに注目しながら、高等学校ならではのスクールカウンセリングの現状と課題について述べていきたい。

一　高等学校という時期

1　暴力行為、いじめ、不登校

文部科学省の調査（二〇一〇）[1]によると、平成二一（二〇〇九）年度〔二二（二〇一〇）年度の資料は東日本大震災の影響により、全国の自治体の集計結果がすべて揃っていないため、二一年度のものを採用する〕の結果は以下の通りである。まず暴力行為に関する発生件数の推移を一八（二〇〇六）年度から二一（二〇〇九）年度まで順に示す。小学校は三八〇三件、五二一四件、六四八四件、七一一五件、中学校は三〇五六四件、三六八〇三件、四二七五四件、四三七一五件と年々増加傾向にある。他方、高等学校は一〇二五四件、一〇七三九件、一〇三八〇件、一〇〇八五件とほぼ横ばいである。どの年度も中学校での発生件数が圧倒的に多い。これは暴力行為という攻撃的エネルギーが中学校で最も高まり、高等学校に入るとおさまっていく傾向を示している。逆に言えば、高等学校に入っても攻撃的エネルギーが強い生徒たちは、高校生として成熟していないほどの、個人的に深い問題を抱えているのであろう。

次に、いじめの認知件数の推移である。同様に、一八（二〇〇六）年度から二一（二〇〇九）年度まで順に示す。小学校は六〇八九七件、四八八九六件、四〇八〇七件、三四七六六件とそれまでに比べ数値が著しく上昇した。中学校は五一三一〇件、四三五〇五件、三六七九五件、三二一一一件と減少傾向にあり、小学校の数値と大差ない結果となっている。高等学校は一二三〇七件、八三五五件、六七三七件、五六四二件と、小・中学校の四分の一から六分の一となっている。高等学校でいじめの認知件数が中学校と比べ半減するのは、攻撃的エネルギーのおさまりが背景にあるだけではないだろう。集団維持のあり方がクラス中心ではなくなり、クラスへの帰属意識や一体感を中学校ほどには生徒に求められなくなるからではないだろうか。その分、小学校や中学校のように、学校側がいわゆる「まる抱え」で面倒を見るということは減ってくる。

三つ目に、不登校児童生徒数の推移である。一八年度から二一年度まで順に示すと、小学校は二三八二五人（〇・三三％）、二三九二七人（〇・三四％）、二二六二五人（〇・三二％）、二二三二七人（〇・三二％）である〔括弧内は不登校率である。以下、同様〕。中学校は一〇三〇六九人（二・八六％）、一〇五三二八人（二・九一％）、一〇四一五三人（二・八九％）、一〇〇一〇五人（二・七七％）と群を抜いて多い。高等学校は五七五四四人（一・六五％）、五三〇四一人（一・五六％）、五三〇二四人（一・五八％）、五一七二八人（一・五五％）と中学校の約半分の不登校率となっている。不登校は中学校でピークを迎え、高等学校では大きな問題ではないように思える。しかし、実際には高等学校での不登校数の減少は、不登校生の中退や転学の結果、そうなっているからではないのだろうか。

2 留年、中退、自殺

高等学校は教科学習での単位取得が必須となる。必要単位数が充足されなければ原級留置（いわゆる、留年）あるいは中途退学を余儀なくされる場合もあるだろう。単位数の修得数にかかわらず、問題行動等で中途退学になる場合もある。

文部科学省の調査[1]によれば、平成二一（二〇〇九）年度〔上記と同じ理由で二一年度のものを採用する〕の国・公・私立高等学校の原級留置者数は、全日制普通科で六八七八人（〇・三％）、全日制専門学科で二八五〇人（〇・四％）、全日制総合学科で三五八人（〇・二％）、定時制で三一二五人（二・八％）、合計で一三二一一人（〇・四％）であった〔括弧内の割合は、各学科の在籍者数に占める原級留置者数の割合である〕。パーセントからすると高い数字とは言えないが、留年した生徒のその後がどのようになったのか、卒業まで在籍したのか否か、中退へと至る人数がどの程度なのかさらなる検討が必要である。

同じく平成二一（二〇〇九）年度の国・公・私立高等学校の退学者数は、全日制普通科で二七九〇三人（一・二％）、全日制専門学科で一三七五八人（一・九％）、全日制総合学科で二五六二人（一・七％）、定時制で一二七二四人（一一・五％）であった〔括弧内の中退率は、在籍者数に占める中途退学者数の割合である〕。どの学科においても一年生の中途退学率が高く、学年が上がるにつれ減少傾向にあるのは例年の傾向である。この中退率の高さは、不登校生以外の中退も相当数あることを示唆しており、学校不適応がいかに多いかの例証となっている。その意味で、高等学校の不登校率が中学校と比べおよそ半分となるのは、不登校が遷延することなく在学期間半ばで学校を去ることが大きな要因と考えられる。

自殺は青年期において重視すべき問題のひとつである。小学校では毎年一桁台で、中学校では三〇〜四〇人程度で推移しているのに比べ、高等学校では毎年一二〇人前後と、中学校と比べ三倍から四倍の数字になっている。ちなみに、二一（二〇〇九）年度は小学校〇名、中学校四四名、高等学校一二一名である。高等学校の時期に入ると、それまでの攻撃的エネルギーが低下していく反面、死の衝動が高まるようである。この傾向は一部の生徒にだけ特徴的というよりも、多くの生徒が大なり小なり抱く衝動として捉えておくほうがよいと思われる。この点については後述する。

二　スクールカウンセリングにおける留意点

1　病理と性差

笠原（一九七六）[2]は、精神医学の臨床経験をベースに、海外の研究者の知見を援用しつつ、青年期を「プレ青年期」（一〇〜一四歳）、「青年前期」（一四〜一七歳）、「青年後期」（一七〜二二歳）、「プレ成人期」（二二二〜三〇歳）と四つに区分している。年齢区分で見ると、中学校の時期は「プレ青年期」後半から「青年前期」前半に、高等学校の時期は「青年前期」の後半から「青年後期」の前半に該当する。

笠原(2)によると、強迫神経症や不登校はプレ青年期に好発し、青年前期にも継続して見られる。青年前期（主として高等学校の時期以降）での好発像は対人恐怖とその類縁状態であり、男性に多い。対人恐怖は、赤面恐怖のような単純型と、自分の体臭や視線、容貌の異様さにこだわる重症型とに分類される。ただ、重症型であるとしても、成人の対人恐怖のように、他者が迫害的に自己へ迫ってくると本人が認知しているのではなく、他者は消極的に自分を忌み嫌うと捉え、自分から他者を遠ざけようとする。自分の体臭や視線や容貌が異様だからと、原因を自分自身に帰属させがちなこの時期特有の自己中心的あり方ゆえである。統合失調症との誤診がなされがちだが、統合失調症はこの時期にまだ発することは少ない。女性の場合のこの時期の病像の特徴は、「神経性食思不振」ないし「青春期やせ症」（現在では、「摂食障害」と記述したほうが妥当と思われる）であり、病像に性差が見られる。

次に青年後期の病像の特徴は、同じく笠原(2)によると、自殺の出現、無気力反応（アパシー）、寡症状型の統合失調症である。自殺の背景をなす病態としては、統合失調症、うつ病、対人恐怖、無気力反応などがある。また、この時期の自殺者の大半は精神病でも神経症でもなく、自ら助けを他者へ求めることをしない。他者との関係性がまったくない状態、つまり世界の誰からも見放されていると本人が感じている時、病理水準に達していない青年の場合でも自殺が起きるのである。

自殺とは異なるが、リストカットやアームカットといった自傷行為は、青年前期に頻発し、青年後期まで継続する。しかも女子に多く見られる。薬物乱用と依存、摂食障害、そして自傷の三つを、「故意におこなわれる自傷症候群(3)」とする考え方がある。自傷と摂食障害との関連については、わが国の女子高校生への調査において示唆もされている(4)。自傷と自殺とは区別して捉えることが妥当であろうが、イニシエーションという観点からすると、自傷と自殺は無関係のものと言い難い。この点についても後述する。

2　アイデンティティ

プレ青年期から青年前期の前半は子どもの内的エネルギーが高まり、既存のものへの否定的感情が生じやすくなり、今あるものを破壊して新たなものを形成しようとする変革の時期である。つまり、「破壊衝動の高まり」がこの時期の特徴と言える。この時期は本人にも何がなんだかよく分からないうちに時が過ぎてしまっていると言っても過言ではない。

高校生の時期になってくると、破壊衝動が落ち着いてくるのと並行して、今後自分はどのように生きていくのかを、アイデンティティの問題として意識するようになる。このアイデンティティ形成には性差が見られ、河合（一九八三）[5]によると、男子は「得る、獲得する」、女子は「受け容れる」ことを中心テーマとするという。

青年後期の最大の特徴は、本格的な精神病が典型的な病態を完成して出現してくることにある。[2]それは、この時期に人格が大人のそれに近づくことと関連しているのであろう。しかしながら、成人ほどには心理的な力は強くなく、不安定な時期であることに変わりはない。「神経症と精神病を隔てる床板（あるいは氷）が思春期には薄くて踏み抜きやすくなっている」と中井（一九八四）[6]が指摘する。この点を敷衍すると、思春期は健康と病理との境目が薄くなっていて、健康状態を呈していたと思えば急に病理的になったり、病理的な状態を呈していたかと思えば急に普通の状態に戻ったりと変化が急であると言える。それだけ青年はアイデンティティの危機的状況の渦中にいることを意味しているのではないだろうか。

三　スクールカウンセリングの実際

1　青年期イニシエーション

河合（同上）[5]は青年期においてつまずきは不可避なもの、むしろ必要とさえ言えるものであると述べる。反社会的なもの、非社会的なもの、病気や事故など、つまずきを広範囲に捉え、それがイニシエーションの契機となると述べている。死ぬような思いを通して新たな局面が開かれる、それが個々人の心の中で生じるというのである。その契機は①突然訪れるゆえに、②相当な危険性を伴い、③一度で終わらないことを特徴とする（河合、同上）[5]。そのために、つまずきがイニシエーションへと向かわないクライエントは多い。イニシエーションは内的変容をもたらすとともに、世界観の決定的な変革となる。内的な変容と現実的な変容は無関係に進行するわけではないので、本人には相当な心理的エネルギーが必要となる[7]。そのために、イニシエーションのチャンス到来となったとしても、無意識のうちにその契機は回避されてしまっているのではないだろうか。クライエントが、成人のような心理的エネルギーに乏しい発達段階にあればなおのことである。この点については、河合（同上）[5]の対人恐怖の大学生の事例にあるように、そのクライエントはすでに高校生のときに対人恐怖となっていたが、イニシエーションは大学生の時期にまで先延ばしされてしまった。これは、高等学校ではじっくりと腰をすえてイニシエーションの課題に向き合う余裕の乏しさを示している。高等学校のスクールカウンセリングにおいては、この時期にできることとできないこと（次の時期の課題として先送りすること）とを峻別して面接に臨む必要があるのだろう。

2　成熟モデル

河合（一九九二）[8]は、心理療法モデルとして「成熟モデル」を挙げている。それは、「問題、悩み→治療者の態度により→クライエントの自己成熟過程が促進→解決が期待される」というものである。このモデルで注目すべきは、治療者の態度によりクライエントの自己成熟過程が促進されるのであって、クライエント自身の成熟にカウンセリングの主眼を置いている点にある。そのために、「解決が期待される」という結びとなっているのである。

青年期のクライエントにあっては、この自己成熟とは「自我の確立」を意味している。エリクソン・E・H（一九七三）[9]が青年期の課題を「同一性対同一性拡散」としたのは、自我確立は同一性拡散に至るほどの心理社会的危機を克服してこそ達成されるものであるということを示している。青年期イニシエーションは古代社会のイニシエーションと比べ、一回の儀礼を通じた劇的な根本的変容とはならないだけに、漸進的な自我確立とならざるを得ない。エリクソンの言う漸進的発達もこの見解と類似している。現代の自我確立が一回の危機の克服で達成されるものではないことをカウンセラーは心得ておくべきである。

現代の青年期イニシエーションは社会制度として執りおこなわれるわけではなく、個人の中で適宜生じるものであるので、その始まりは突然であり、本人には何のことか訳が分からないだろう。また、青年期イニシエーションにおける中心テーマは「死と再生」であるだけに、象徴的な死によって新たな自分の出立という再生がおこなわれていけばよいが、象徴的な「死」ではなく、実際の自殺という形で具現化したのではないかと思われる例は少なくない。ちなみに、自傷や摂食障害もイニシエーションの契機として象徴的な「死」の体験へと至る可能性をもっていると考えられるものの、そこまで至ることはなく、その行為が象徴的意味を失ったまま繰り返されるに過ぎない例は多いのではないだろうか。

ともあれ、象徴的な「死と再生」には実際の死と隣り合わせという相当な危険を伴うものであることを、また再生の道のりにはクライエントの現実感覚が不可欠であるということをカウンセラーは看過してはならない。

四　カウンセラーの態度

1　権威

イニシエーションを通して青年が大人になっていくには、権威者の存在が不可欠であると河合（一九八三）[5]は言う。広辞苑で「権威」という語を引くと、「①他人を強制し服従させる威力」、「②その道で第一人者と認められている人」とある。①の意味では、権威は権力（支配者が被支配者に加える強制力）と同じ意味である。②の意味での権威とは、他者によって第一人者と認められることに値打ちがある。ここでは、②の意味の権威を、権力と区別して「真の権威」と呼ぶことにする。クライエントとの治療関係におけるカウンセラーの権威も、「真の権威」として捉えておきたい。

真の権威は、自分が権力をどの程度もっているのか、そしてそれをどのように行使しているのか、それを自覚していくことから身についていくであろう。「君はもっと自分の自主性を尊重しなさい」とクライエントに命じるならば、それは権力の行使に他ならない。権力を行使したことにカウンセラーが無自覚であるならば、クライエントの自主性を尊重できているはずがない。他方、自分などに権力などひとかけらもないと思っている人ほど、無意識に権力を行使し、クライエントを混乱させることがあったりする。

2　見守りと対決

真の権威の獲得のためには、カウンセラーにとってクライエントとの間でお互いの自主性の尊重が不可欠となる。その実現のためにはまず相手を「見守る」ことである。河合（一九八三）(5)によると「見守る」とは、「その人にできるだけの自由を許し、常に期待を見失わずに傍らにい続けること」である。期待をもち続けるには、「人間の可能性を信頼することを学ばねばならない」し、「ものごとをよく見ていないと駄目」なのである。また、自由を許すといっても、「援助者の方の許容量と、青年の心の底にある破壊力とのぎりぎりのところでの勝負」となるのである。

そこで次に重要なのが「対決」である。「対決は相手に勝つことを目標としているのではなく、互いの成長のためになされていること」が肝要である。「相手に対して真剣に対応しているもののみが、その場で感じとれる〝これだ〟という答えが存在する」のである。「援助者が苦悩するからこそ、相手の成長を助けられる」のであり、「自ら苦しまずに相手の役に立とうとするのは虫がよすぎる(5)」のである。

五　高校生の理解のために

1　青年の底深い不安

河合(5)は家庭内暴力に関連し、「青年期というのは、今までに建てた家を壊して新しい家を建てかえるのだ、と思うとよく解るときがある。子どものときに、子どもなりの家ができあがるのだが、それは仮小屋であって、それをベースとして仕事をなしつつ、結局はその仮小屋も壊してしまって、新しい家をつくらねばならない。仮小屋がしっかりしていないと新しい仕事をしてゆくのに差し支えるのはもちろんだが、仮小屋に力を入れすぎて、まるで本屋《ほんおく》にでもできそうなものをつくっておくと、建てかえが大変である」と述べる。

仮小屋に親の手が入りすぎていると、子どもはそれを壊すのに相当な「力」が必要となり、それが実際の暴力にまで発展する例が家庭内暴力であると捉えることが可能であろう。家庭内暴力に限らず、自立のときに親へ、特に母親へ暴力を振るうというのは、強引な親離れであると解釈できる。しかし、本当の自立の作業とはならない。

続けて河合(5)は、「家の建てかえの際に、大きい家を建てようとする人は、基礎を深く掘らねばならない。したがって、基礎を深く掘りすぎることによって、問題が生じてくる可能性も大となってくる。つまり、以前に比べて、現代の子どもたちは基礎を深く掘らねばならぬので、なかなか大変なのである。これを心理的に言えば、現代の子どもたちは、より深いこころの問題にぶつかっている」のだと言う。

「不安は苦悩や恐怖とは異なって、対象が定かでないのが特徴である。従ってどう対応していいかわからない。むしろ、不安を感じるというのではなく、それを防ぐために極端に無感動、無気力になってしまうか、不安に突き動かされて無目的な行動や、やたらに破壊的な言動に走るかである」と河合(一九九八)(10)が述べるように、現代青年はより深いこころの問題を、つまり、底深い不安を抱えているといってよい。

2 文学作品にみる傷つきと癒し

青年の抱える底深い不安をいかにして癒していけばよいのか。青年の抱える深い心の亀裂とその癒しについては、文学作品が多くのヒントをわれわれに与えてくれているので、以下にいくつか紹介していきたい。村上春樹の『ねじまき鳥クロニクル 第一部〜第三部』(11)や『海辺のカフカ』(12)では青年男子について、吉本ばななの『TUGUMI』(13)や『アムリタ』(14)では青年女子について、上記のテーマに取り組んでいる。いずれの作品においても、「死」のテーマが共通して描かれており、青年にとって死の問題は先のイニシエーションと関連し、不可避的な問題と言える。

前思春期の子どもの様相を描いた森絵都の『宇宙のみなしご』[15]は不登校を扱っており、深夜に屋根の上で子どもたちが語り合うシーンは印象的である。同じ作者の『カラフル』[16]は自殺した青年男子の物語である。ユーモラスにストーリーが展開し、小気味良い印象を与えてくれつつ、意外な結末を迎える。

梨木香歩の『西の魔女が死んだ』[17]は映画化されたこともあり、有名な作品と言ってよい。不登校の中学生女子の話で、結末が感動的である。『裏庭』[18]は大作である。『西の魔女が死んだ』では示唆されるにとどまった母親との葛藤描写が詳細に展開されつつ、女性の自己実現のプロセスが如実に描かれていく。

おわりに

本章では、高等学校のスクールカウンセリングについて、カウンセリングをおこなうための心構えについて述べてきた。青年期への理解なしに、また、自分が依拠する心理療法の立場への自覚なしにわれわれの仕事は成立しない。その意味で、高等学校のスクールカウンセリングに限定せず、広く心理療法について述べてみた。高等学校のスクールカウンセリングを、他の時期との連続性を考慮に入れて検討したかったためである。

人生において青年期だけが重要ではない。乳児期、幼児期、学童期、成人期、中年期、老年期、どの時期も過渡期であり移行期という点で、人はさまざまな危機に出会う。平穏な時期などどこにもないと言ってよい。人が危機を迎え、克服していく時、そばに重要な他者が存在していることが何にも増して不可欠である。スクールカウンセラーとして自分がいかに重要な他者たりえるかである。

引用文献

(1) 文部科学省「平成二一年度『児童生徒の問題行動等生徒指導上の諸問題に関する調査』結果（小中不登校八月速報値、暴力行為、いじめ、高等学校不登校等）について」二〇一〇年

(2) 笠原 嘉「今日の青年期精神病理」〔笠原 嘉、清水將之、伊藤克彦編〕『青年の精神病理1』弘文堂、三～二七頁、一九七六年

(3) Pattison, E.M. & Kahan, J.（1983）The deliberate self-harm syndrome. *The American Journal of Psychiatry*, 140(7), pp.867-872.

(4) 山口亜希子、松本俊彦「女子高校生における自傷行為——喫煙・飲酒、ピアス、過食傾向との関係」精神医学47(5)、五一五～五二二頁、二〇〇五年

(5) 河合隼雄『大人になることのむずかしさ——青年期の問題』岩波書店、一九八三年

(6) 中井久夫『中井久夫著作集・精神医学の経験　第一巻　分裂病』岩崎学術出版社、一九八四年

(7) 西井克泰「思春期・青年期の心理臨床——男性の場合」〔伊藤美奈子編〕『思春期・青年期臨床心理学』朝倉書店、一四七～一六二頁、二〇〇六年

(8) 河合隼雄『心理療法序説』岩波書店、一九九二年

(9) エリク・H・エリクソン『自我同一性——アイデンティティとライフ・サイクル』小此木啓吾訳編、誠信書房、一九七三年

(10) 河合隼雄『日本人の心のゆくえ』岩波書店、一九九八年

(11) 村上春樹『ねじまき鳥クロニクル 第一部～第三部』新潮社、一九九四～一九九五年

(12) 村上春樹『海辺のカフカ』新潮社、二〇〇二年

(13) 吉本ばなな『TUGUMI——つぐみ』中央公論社、一九八九年

(14) 吉本ばなな『アムリタ』福武書店、一九九四年

(15) 森絵都『宇宙のみなしご』講談社、一九九四年

(16) 森絵都『カラフル』理論社、一九九八年
(17) 梨木香歩『西の魔女が死んだ』楡出版、一九九四年
(18) 梨木香歩『裏庭』理論社、一九九六年

押さえておくべきキーポイント

「対立する概念をバランスよく抱える」

不登校生徒への働きかけとして、たとえば、行動面へのアプローチを主眼とした現実的な対応がある。サポーティブな面接（慰めたり、励ましたり、援助したり）をおこない、登校することやクラスへ入ることの動機付けを高める。このような対応で改善する事例なら、それはそれでよい。

しかし、この対応には自分が何とかしなければ、というカウンセラーの主導性が強く現れる。これが極端になると、当該生徒のありようを見落とし、主体性を奪いかねない。これとは対照的に、登校するかしないかは当人の問題であり、クライエントである生徒の自主性を尊重するのだという立場がある。これは、それなりの長所をもつものの、カウンセラーの主体性や責任性の放棄につながりかねない。

どちらの立場が正しいかというのではなく、またどちらか一方を選んで実践をおこなうというものでもなく、この対立するあり方をいかにバランスよく抱えながら心理臨床の実践をおこなうかである。そうすることで、生徒の内面でどのようなことが生じているのかということへ接近しやすくなり、先述した「権威」や「見守りと対決」を体現しやすくなっていくであろう。

読んでおきたい参考文献

- 笠原 嘉、清水將之、伊藤克彦編『青年の精神病理1』弘文堂、一九七六年
- 河合隼雄『大人になることのむずかしさ——青年期の問題』岩波書店、一九八三年
- 河合隼雄『心理療法序説』岩波書店、一九九二年
- 河合隼雄『日本人の心のゆくえ』岩波書店、一九九八年

12 私立学校のスクールカウンセリング

Ayako Ito 伊藤亜矢子

私立学校では、公立学校とは異なる組織的な特徴を背景に、公立学校以上に「ダイナミック」な活動が求められるし、またそれを展開できるチャンスがあるように思う。「治療」とは異なる「校内支援」という目標にむけて、学校という場を生かして、先生方と一緒に支援をおこなう点、学校による個別性がある点は、もちろん公立学校と変わりはない。しかし支援の実際には、私立学校の特徴が反映される。少ない経験ではあるが、複数の私立学校にスクールカウンセラーやコンサルタントなどとして関わりながら、また私学スクールカウンセラー経験者と議論しながら、私立学校での実践の特徴や求められるものを考えてみた。

一　私立学校の特徴

一見同じ学校ではあるけれど、私立学校と公立学校は、次のように異なっている。

1　独自の教育的使命

創立理念や特定の宗教など、私立学校には独自の価値観と体現すべき教育的使命がある。独自性がなければ、児童・生徒は集まらない。何らかの特徴を打ち出すことで存在意義を示すのが私立学校である。ひるがえってそれらは、進級や不登校、問題行動等への対応など、個々の子どもへの指導や判断に関わってくる。キリスト教系の学校なら、聖書の言葉でいじめ問題を論そうとするかもしれない。進学実績の向上が最優先の学校なら、成績の判断が厳しいかもしれない。方針に合わなければ中学でも転出がすすめられる。

スクールカウンセラーは、学校の価値観や使命に基づく方向性や原則をふまえて、それらと子どもや保護者の気持ちの折り合いについて支援をすることになる。また、そうした価値観や教育的使命の体現は学校のニーズでもある。独自の価値観や教育的使命を理解し、それに応じた活動がスクールカウンセラーに求められる。

2　私的な財源と経営的視点

財政基盤が公的に保障されている公立学校と異なり、私立学校では財政的な経営の視点も重要である。必要な経費かどうか、スクールカウンセラーに関わる経費についても説明責任がより強く求められるし、必要性が認められれば、公立学校ではできない新たな費用を伴う活動をおこなえる可能性もある。財政的に厳しい状況なら、生徒増や進学実績向上につながる貢献がスクールカウンセラーにも求められるかもしれない。ユニークないじめ防止活動や、手厚い相談体制は保護者へのアピールにもなる。進学実績向上にむけて子どもの学習動機について相談されるかもしれない。このように財政面も含む学校経営の課題が、学校のニーズや方向性にかなり直接的な影響を及ぼし、それが直接／間接的にスクールカウンセラー活動に影響するのも私立学校の特徴である。

3　人事や研修の学校間交流の乏しさ

一定期間での人事異動や教育委員会単位での教員研修など、公立学校では偏りなく教育をおこなうためのシステムが機能している。他方、私立学校では、多くの場合、定期的な人事異動も、他校と合同の教員研修も少ない。私学のネットワークや兄弟姉妹校の交流もあるが、公立に比べれば人事面も教員研修の面も独自性が強く、校内の教員文化も独自であることが多い。公立の間では常識となっている事柄も、私立学校では共有されていない場合もある。新しい事態に直面すると、独自の価値観や教育的使命で解決できる反面、前例のなさに翻弄される危険もある。他校との足並みが重視される公立よりも、新しいことに単独でチャレンジできる強さと、新しいことに単独で対処しなければならない弱さの両面がある。公立学校に慣れたスクールカウンセラーにとっては、暗黙のうちに常識であると感じていた事柄や共通理解が通用しないことに驚くことも出てくるかもしれない。また、他校も含めた最新の実践や公立学校の動向など、専任の先生方とは違った視点を提供することもスクールカウンセラーの役割となってくる。

4　保護者・子どもの期待とニーズ

先行きの不透明な社会経済状況や高校授業料無償化のなかで、私立学校を選択する保護者は、それなりの「期待」と「思い」、あるいは「事情」があって私立学校を選択している。特に義務教育の小学校・中学校段階であえて私学を選ぶことは、相応の期待あってのことであろう。年間一〇〇万円前後の授業料などを支払う価値がある学校かどうか、入学後も保護者は厳しい目を向けている。教師の権威の相対的な低下など、公立学校でも教師と保護者や生徒の関係の変化が指摘されているが、私立学校でのそれはさらに複雑である。期待があるだけに保護者からのクレームが出やすい土壌や、経営面からも保護者との無用な対立を避けたい学校側の思い、反面、選び選ばれた子どもだけに教育をおこなう私立学校だからこそ、無理に在籍してもらわなくてもよいという判断もありうる。公立以上に複雑な背景があるだけに、何を判断の拠り所とするかが問われるし、スクールカウンセラーも校内事情を理解することが必要になる。

また、選抜によって一定の子どもを受け入れていることから、子どもや保護者の特徴や支援ニーズにも共通点が生じやすい。リーダータイプの子とフォロワータイプの子、大人びた子と幼い子など、多様な子どもが補い合って自然な成長や問題解決が見込める公立に比べ、支援ニーズや子ども・保護者のタイプが一定のものに集中することで、我も我もと問題が相乗的に大きくなったり、解決の糸口を摑むのが難しくなったりするという場合もある。ニーズが共通だから効果的に対処できる面と、ニーズが集中するために対応しきれず問題が大きくなってしまうという両面がある。こうした共通性や集中は、地域特性を背景に公立学校にも見られるが、やはり構造的に私立学校で顕著になりやすい。

5　学校規模などの組織的要素

少子化で小規模校が増えている公立学校と異なり、私立学校は中高一貫校や、幼稚園から大学まで附属や併設で全体の規模が大きい場合も少なくない。ごく少人数の私立学校もあるが、経営上の必要性からも、ある程度の規模の定員を確保している場合が多い。学校規模が大きく、また特に、中高一貫校など異なる校種で構成される場合には、先生方の人数も多く、公立高校の教科別職員室のように、生徒指導より教科指導に重点があって、公立中学校のような手厚い生活指導の視点が薄い場合もある。敷地を共有していても校種による連携に乏しい場合や、校種間の力関係など、さまざまな独自の要素がある。同じ附属でも小学校と中学校で不登校対応の方針が違う場合や、中高一貫校の保健室では、義務教育段階の中学生と義務教育段階ではない高校生に同じ保健室登校のルールを適用できないなど、複雑な組織と教職員の多さを背景に、スクールカウンセラーにとっても判断や連携に戸惑う場面が生じやすい。一〇〇〇人を超えるきわめて多数の中高生をひとりのスクールカウンセラーが一手に引き受けざるを得ない場合や、小中高それぞれのスクールカウンセラーの連携が課題になる場合など、組織的な要素がさまざまにスクールカウンセラー活動に影響する。

6　意思決定のプロセス

公立学校では、担任－学年主任－管理職という比較的シンプルな階層構造を基本に、それを統括する教育委員会が最終責任を負うかたちで意思決定がなされ、責任関係も見えやすい。しかし私立学校は、いわば独立採算の私企業である。経理や会計事務の部門や、経営母体となる理事会などが、担任－学年主任－管理職というシンプルな階層構造に加えて、その学校に独自な「位置関係」で存在している。スクールカウンセラーの活動についての説明や報告、新しい企画なども、担任や管理職の先生だけでなく、理事など運営サイドを含む多様な立場の人々に理解される必要が生じる。事務運営担当者や理事などは、必ずしも教員経験者ではない。学校の常識よりも社会の常識として通用する説明や文書が求められる。形のない心理的な事柄を扱うカウンセラーの職務内容は、なかなか一般の文書や表現になじまない面があるが、それらをどう一般常識に照らして表現するか、工夫が必要になる。公立学校でも、心理と教育の出会いや相互理解が課題になるが、私立学校では、より一般的な社会通念との出会いや理解が求められる。加えて、運営サイドも含めた意思決定のプロセスは、その学校によって多様である。必ず理事を通す決まりのある学校、校長の裁量が大きい学校、附属校間での調整が必要な学校、大学での承認が必要な学校など、その学校の意思決定のプロセスをふまえた上で、校内で必要な意思疎通をおこなう努力がスクールカウンセラーに求められる。

7　スクールカウンセラーについてのイメージと期待

公立学校では、スクールカウンセラーの導入も教育委員会の下である程度足並みをそろえて進んできた。スクールカウンセラー導入の一九九五年以降二〇年近い歳月のなかで、多くの公立学校の先生方は転勤も含めて複数の学校で複数のスクールカウンセラーと出会い、スクールカウンセラーとの連携についてある程度のイメージを共有している。それに比べ私立学校では、スクールカウンセラー導入から数十年の伝統をもつ学校もあれば、導入間もない学校もある。スクールカウンセラーへの期待もイメージも、学校あるいは先生によって、公立学校以上に差があるのではないだろうか。

以上のような諸点から、私立学校のスクールカウンセラーは、設立理念や財政上の課題、独自の意思決定プロセスなど、公立以上に広く学校を理解することが求められるし、学校規模の大きさや子ども・保護者のニーズの集中などから、対応により多くのエネルギーを求められる構造がある。さらに、少子化や社会経済状況の変化のなかで、校名変更、特進クラスなどの設置や中止、共学化、上層部や教員の大幅入れ替えなどさまざまな経営戦略のなかで、学校自体がダイナミックな変化と新しい局面にぶつかり、独自の支援ニーズが次々と生じる場合もある。私立学校のスクールカウンセラーには、「大変さ」と同時に、ひるがえって、それらをふまえて独自の活動を計画する醍醐味や、公立学校ではできない新しい試みを先生方とおこなえる「やり甲斐」、ニーズの集中などから課題と有効な対応が明確に見えてくる「手応え」もある。それらを、よりダイナミックに体験できるのが私立学校のスクールカウンセラーであり、だからこそ、次に述べるような公立学校にも共通するスクールカウンセラーの基本としての「専門性」が常に試されているように感じる。

二　校内で先生方と子どもを支えるスクールカウンセラーという専門職

ある学校で生徒に「カウンセラー」と紹介されたときに、ふと違和感を覚えた。やはりスクールカウンセラーは単に学校にいる「カウンセラー」ではなく「スクールカウンセラー」という専門職ではないだろうか。来校してカウンセリングをおこなうだけの出張カウンセラーなら「カウンセラー」だが、スクールカウンセラーは、先生方と「一緒」に子どもの成長や学校生活を「校内で支える」専門職だと思う。多様な私立学校のなかでスクールカウンセラーの役割を自覚し、活動を組み立て個々の判断をおこなうには、スクールカウンセラーの専門性の中核である、先生方と「一緒」に「校内で支える」という点が大きな基盤になると思う。

1　子どもを「校内で支える」

周知の通り、校内支援は「治療」が目的ではない。しかし実際にはその原則が揺さぶられる場面も多い。難しい事例に、周囲が治療をスクールカウンセラーに期待したり、自己成長の促進が周囲からは治療に見えて区別が難しくなったりもする。スクールカウンセラー自身が治療以外の活動や意義に具体的なイメージをもっていなかったり、それらの活動を理解して学校とつないでくれる校内スタッフがいなかったりすると、周囲もスクールカウンセラーも、個人面接が主要な役割と思いこんで、面接室で来談者をひたすら待つスクールカウンセラーとなってしまうかもしれない。

街の専門機関のような、主訴をもって訪れるクライエントとじっくりと心の奥深くに向き合い、クライエントの心の流れと治療構造にそった支援をおこなうことは、学校の現実原則のなかでは限りがある。しかも学校は、クライエントがもち込むさまざまな体験そのものがその場で生じる場である。極論すれば、家庭の台所で一日を共にしながらファミリーセラピーをおこなうことを想像したらよいかもしれない。その場で、しかもクライエントの対戦相手も支援を求めてくる。とてもひとりでは扱いきれない。だからこそ、出来事の背景にある心理的な力動を原則に照らして整理し、校内スタッフと役割分担をしなければスクールカウンセラーも動けない。こうした校内支援の特徴や、校内支援の目標と限界を常に意識していないと、思いがけずダイナミックな現場の動きにスクールカウンセラーも翻弄されてしまう。

しかしその一方で、校内での現実的な環境調整や、保護者面接による子育ての悩みの軽減や家庭の環境調整、比較的現実的な範囲での自己探求や問題理解を支える本人面接、専門機関への丁寧なリファーと連携など、校内だからこそ可能な支援は多様である。カウンセリング、コンサルテーションだけでなく、コーディネーションやシステムづくり、教員研修や保護者への講演、子どもたちへの心理教育などの予防教育的な活動など、工夫と周囲の理解次第で多様に活動を展開できるのがスクールカウンセラーの醍醐味である。

こちらから声をかけたり、学級全体の変化を活用したりといった、街の専門機関では不可能なことも、学校だからこそ可能になる。スクールカウンセラーには、学校という場の特質をふまえて、個人面接においても他の活動においても専門機関とは異なる目標設定をし、教職員と協働して学校の支援力を促進するために、積極的に校内の資源に働きかける工夫が求められる。

2　先生方と「一緒」に支える

校内で教職員と協働すると言っても具体的にどうするのか。専門性や立場の違いもあって、協働は簡単なようでいて複雑である。勤務して一年ほどした学校で、管理職の先生から、「結局スクールカウンセラーに『何をお願いしたらよい』と言えばよいのだろう」と尋ねられて驚いたことがあった。確かに、「不登校対応をお願いするように」と若い担任に言えば、スクールカウンセラーに会うよう不登校の子に指示し、スクールカウンセラーに本人や保護者との面接をお願いしてそれが実現すると、そこで自分の役割は終わりと思う先生もおられるかもしれない。「スクールカウンセラーにおまかせでない協働を、先生方に説明するにはどうしたらよいか」というのが、その問いの主旨であった。ずっと答えを模索しているのだが、ひとつの答えは、(何かをお願いするのではなく)「一緒」にやる、ということかもしれないと思う。「お願い」はお願いして終わりだが、「一緒」にやるには、作戦を一緒に錬り、一緒に成果を確かめ、協働を続けることが必要になる。協働という言葉よりも、素朴に「一緒にする」、と考えたらわかりやすいのではないだろうか。

先生方は、なぜスクールカウンセラーだけで解決しないのかと思ったり、情報交換や会議が負担であったり、協働とはスクールカウンセラーの指示で動くことであると誤解したりするかもしれない。一緒に何かすることが教職員間でも不慣れな学校もある。しかし協働のための意思疎通や試行錯誤を一緒にくり返すうち、効率的なチームワークのための組織づくりやノウハウが学校にも蓄積していく。

スクールカウンセラーの側も、教師とスクールカウンセラーは立場が違うのに、「一緒」に動くことで、スクールカウンセラーの独自性が失われるのではないかと思う場合もあるかもしれない。しかし、一緒に動くことで見えてくることが沢山あるし、むしろ一緒に動くと教師とは異なるスクールカウンセラーの専門性や工夫が明確になってくる。たとえれば、スクールカウンセラーという黒衣《くろこ》は面接室という舞台裏でこっそりひとりで動く人ではなく、学校という舞台の上で、役者の陰となりながら小道具を渡したり、早変わりを手伝ったり、「一緒」に動くことで役割を果たせるのだと思う。専門知識に基づく子どもや保護者の気持ちの理解や配慮、状況や症状の見立て、専門知識を生かした研修や授業など、「一緒」に動いても、スクールカウンセラーは独自の専門知識を学校教育に生かすことができる。専門機関との橋渡しや継続的な連携など外部資源との「通訳」も可能である。一緒に何ができるのか、役割分担や専門知識が役立つ場面など、スクールカウンセラーから積極的に学校に伝えることも大切だと思う。筆者は小冊子[1]に連携の具体例をまとめて配布したりもした。できること、できないことを先生方に伝えながら、一緒に支援をおこなうため、深い意思疎通と柔軟な工夫をおこなうのがスクールカウンセラーの役割だと思う。

三　全校型支援に向けた活動

ダイナミックな現場で、大波小波に揺られつつ、学校ならではの活動を目指し、先生方と次のような活動を私立学校でもおこなってきた（守秘のため、活動内容は本質を失わない範囲で改変した）。

1　教育相談部会議への出席

スクールカウンセラーと学校をつなぐキーパーソンが所属する教育相談の校内組織の充実は、スクールカウンセラー活動の円滑さと直結する。教育相談組織の校内での位置づけや役割、組織内での分担や共通理解、生徒指導や生活指導部との連携は学校によって多様である。教育相談部の会議に出席することで、それらを理解でき、スクールカウンセラーから提案をしたり、活動を一緒に実現する作戦を先生方と練ったりできた。

2　ピア・サポート活動のお手伝い

ある学校では、生徒を募ってのピア・サポート活動がおこなわれていた。顧問の先生方が指導されるのをスクールカウンセラーが側面からお手伝いした。たとえば「ストップいじめ」週間では、専門知識を背景に、簡潔な主旨説明の配布物を作成するお手伝い。文化祭では、カウンセリングや心理学のミニ知識を、アクティビティを通して来場者に伝えるブースを準備するお手伝い、ピア・サポーターの「傾聴」や「葛藤解決

（conflict resolution）」などの練習をするお手伝いなどである。時間確保は難しいが、先生や生徒と一緒に活動するのは楽しい。

3　生徒向けの心理教育

学年集会や各学級の道徳の授業時間などを利用して、「上手な気持ちの伝え方」などの心理教育をおこなった。[2] 担任の先生と一緒にシナリオを演じたり、子どもたちの意見にコメントしたりした。ワークシートや回答札などを用意して、子どもたちが主体的に参加できるようにした。また実施の前後には、各学級の支援ニーズや、心理教育で扱う内容、反省点やその後の様子などについて、先生方と一緒に打ち合わせを重ねた。

4　教員研修

先生方の負担にならないように職員会議の前後に可能な範囲の時間を設定してもらい、教育相談部の先生のコーディネートでミニ教員研修をおこなった。学級経営、発達障害、いじめの予防と対応など、なるべく実践的な内容を三〇分〜一時間でおこなった。数分であってもアクティビティがあるものだと、ベテランの先生と若手の先生の交流にもなり好評であった。学期に何回かシリーズでおこなうなど、短時間ずつでも連続性をもつ工夫も試みた。

5　保護者向け講演

保護者に共通するニーズに関連して保護者会の前後を利用した保護者向け講演会をおこなった。単発の講演では、知識として残る内容をお伝えするのは難しい面もあるが、来談や他の保護者への紹介のきっかけにもなり、また保護者の雰囲気を理解する上でも役立った。

6　ニーズ・アセスメント調査

生徒の支援ニーズを知り、学級全体と個人への理解を深めるために、学級風土アセスメント[3]などの質問紙によるニーズ・アセスメントをおこなった。結果をもとに、学級や生徒の特徴、指導上の悩みなどを担任の先生と具体的に話すことで、先生方との距離が縮まり、結果から意外な気づきも得られて、個々のケースにも役立った。

以上のような活動には、打ち合わせや文書による企画の提案も含めて、短い時間の有効活用が必要だった。個別面接や緊急の対応に追われながらも、長期休暇前に翌学期の計画を立てるなど、見通しをもった中長期計画を立てることで活動を実施できた。工夫次第で私立学校スクールカウンセラーはさまざまなことに挑戦できる。各地のスクールカウンセラーが学校という場を生かしておこなっている実践は、この他にも多数あると思う。それらをスクールカウンセラー相互で交流することも重要に思う。

引用文献

(1)　伊藤亜矢子『(小冊子) スクールカウンセラー活用のアイディア――学校という場を生かした支援のために』東京法規出版、二〇一一年

(2)　伊藤亜矢子、中根由香子、鈴木水季「学校全体への予防的支援を促進する心理教育プログラム作成の試み①――学級風土アセスメントから見えてきた支援ニーズをもとに」心理臨床学会第28回大会発表論文集、三八二頁、二〇〇九年

(3)　伊藤亜矢子「学級のアセスメント」〔伊藤亜矢子編著〕『学校臨床心理学 改訂版――学校という場を生かした支援』北樹出版、一一六〜一二六頁、二〇〇九年

押さえておくべきキーポイント

① **校内支援の目標と方法**

治療を目標とするクリニックとは異なり、校内支援の基本は、子どもの学校生活を支援することである。治療が必要な場合には、適切な専門機関の紹介や連携がスクールカウンセラーの役割になる。他方、校内支援は多様である。スクールカウンセラーは学校のニーズをふまえ、コンサルテーションだけでなく、研修や支援組織づくり、予防的活動など、学校生活を直接／間接的に支える活動をおこないたい。

② **学校という場を生かす**

学校には、担任をはじめ管理職・養護教諭、子どもたちや保護者などの人的資源がある。毎日の授業や教室という生活の場も資源である。現実的な関わりを重ねることができ、教師から子どもや保護者へ声をかけられる学校の場ならではのよさを生かす実践が求められる。

③ **先生方と一緒に動く**

協働は「一緒」に何かをすることでもある。「一緒」は楽しくもあり難しくもある。一緒にできる関係性や適切な意思疎通、学び合う姿勢が求められる。一緒に何かをしたい相手として認知されるよう、質の高い協働の具体策を常に考えたい。

④ **意図を文書などでフォーマルに伝えることの大切さ**

校内の活動では、学校の意思決定手順にそって、理解と許可を得る必要がある。予算措置を含めて内外への説明責任も重視される。企画書や活動報告など文書作成を工夫したい。

⑤ **私立学校の組織的特徴を知る**

公立学校と異なる私立学校の特徴、また教育方針や教員構成など私立学校としての当該校の特徴は、スクールカウンセラー活動に直接影響する。視野を広げて学校のニーズとその背景を理解したい。

読んでおきたい参考文献

・近藤邦夫著、保坂亨、堀田香織、中釜洋子、齋藤憲司、高田治編『学校臨床心理学への歩み――子どもたちとの出会い、教師たちとの出会い　近藤邦夫論考集』福村出版、二〇一〇年

学校や教室での教師と子どもの関係性やその臨床的な意味合いを独自の視点から探求した論考集。学校という場や教室で生じていることを理解するための学校臨床の基本文献。

・水野治久編、石隈利紀監修『学校での効果的な援助をめざして――学校心理学の最前線』ナカニシヤ出版、二〇〇九年

学校心理学の考え方やそれに基づく実践事例などが豊富に掲載されている。臨床心理学とはまた少し違った角度から学校臨床を理解できる本。

・岡野憲一郎『続　解離性障害――脳と身体からみたメカニズムと治療』岩崎学術出版社、二〇一一年

解離性障害に関して、脳科学や臨床面接の各種技法など多面的に論じた本。リストカットや解離性障害など、スクールカウンセラーが接する年頃の子どもや若者に多い困難な事例について、本書に限らず、情報をあらかじめ得ておくと、校内の初期対応にも役立つ。

13　学生相談

高石浩一
Koichi Takaishi

一　学生相談の歴史

わが国でスクールカウンセラー制度が始まった一九九五年に遡ること四〇余年、一九五〇年代からわが国の学生相談は始まった。具体的には一九五一年のアメリカの教育使節団の提言を受け、以後続々と大学内に学生相談室が開設された。当初、このアメリカ教育使節団の提言は、ＳＰＳ（Student Personnel Services）を理念としたが、それは「学生を各種の人間的欲求を持って生活し成長する主体であると見なす観点に立ち、その発達と成熟を助長し援助する」ことであり、端的に「これは広義の教育活動の一環であり、あるいは教育そのもの」として定義された。[1] そうして、その実際としてはAdmission（入学許可）の他に、Orientation（入学直前直後のガイダンス）、奨学金、下宿の斡旋などとともに、Counseling（就学、進路、個人適応の相談）が掲げられていたという。[2]

その後の経緯は必ずしも一本道ではなかった。学生相談の対象は一部の就学不適応の学生たちのみなのか、それとも全学生へのアプローチを含むものなのか、心理社会的問題を扱うのか、心身の問題を総合的に扱うのか、事務職員を含めた大学関係者全員が取り組むべきものなのか、専門性を有した専門家が担うのか……。数々の問題が、視点や立場の違いから議論の的になり、今日に至っている。そこで、以後の歴史を大きく二つの軸で概括してみたい。一つは東西問題（専門性をめぐる議論）であり、今一つは南北問題（医療と教育という視点の違いをめぐる議論）である。

1　学生相談における東西問題――専門性をめぐって

上述のアメリカ教育使節団は、当時ブリガム・ヤング大学の学生部長Lloyd,W.P.を団長とし、SPSの研修会を一九五一年から翌年にかけて京都、九州、東京の三か所でおこない、約二二〇名が参加したという。(3) 東京ではさらに三年後の一九五五年にSPS上級コース研修会が開かれ、同年、伊東博らによって「学生相談研究会」が発足した。以降関東では、いわばアカデミズムと政府主導のSPS運動が展開していったと言える。一方、「関西の学生相談は、京都大学学生懇話室（この名称自体に歴史がある。詳細は大山、一九九七参照）(4)の石井完一郎氏を推進役として、C・ロジャーズの来談者中心療法（クライエント・センタード・アプローチ）の理論に基づき、すべての教職員がカウンセリングマインドを身につけて発展させていこうとする気運に満ちていた」(5)という。その動きは反アカデミズムや専門家不要論の風潮と相まって、もっぱら学生部職員の再研修の場としての「近畿学生相談研究会（KSCA）」設立（一九五九年）を後押しした。

2　学生相談における南北問題――医療か教育か

やがて大学大衆化と学生運動の嵐が大学を襲い、SPSのみならず学生相談そのものまで「思想の管理強化」として受けとられるようになり、学生相談は一時期停滞した。同時にこの時期に、学生相談を所轄するのは保健管理組織（医療）か、学生部（教育）かといった組織上の問題が勃発し、学生相談は全国的なまとまった動きを新たに生み出せない状況が長く続いた。具体的には一九六二年に、それまで合同討議をおこなっていた国立大学協会の厚生補導を協議する第三部会と健康管理を協議する第四部会が分裂し、学生相談は学生部職員と、一九六六年以降に設置されるようになった保健管理センターのカウンセラーに分断されていった。

学生相談の専門性に関して新たな議論が沸き起こってくる背景には、一九八八年の臨床心理士資格の財団認定が始まったこと、及び一九九五年から始まったスクールカウンセラー制度がある。それまでは保健管理センターの医療モデルのもとで働いていたカウンセラーと、学生部職員を中心とするカウンセラーに分断されていたカウンセラーが、「学生相談とは、大学キャンパスで行われる心理臨床的活動の総称であり、主に学生相談所（室）のカウンセラーによって行われるもの(6)」というかけ声の下、心理臨床を担う専門家としての臨床心理士に集約されていったからであり、また中学校にまず派遣されたスクールカウンセラーは臨床心理士を中心に組織され、その流れは徐々に学生相談にも浸透していったからである。今日、日本学生相談学会の最新の調査によると、専任カウンセラーの八三・七％が臨床心理士を中心とした有資格者であるという(7)。

3　新たな学生相談の専門性をめぐって

しかしながら、心理臨床の専門性が、すなわち学生相談の専門性と単純に考えてよいのかという議論が、昨今起こって来ている(5)。とりわけ二〇〇〇年に旧・文部省高等教育局から提出された「大学における学生生活の充実方策について―学生の立場に立った大学づくりを目指して―」という報告書（通称「廣中レポート」）でカウンセラーの充実による学生相談機関の整備がうたわれ、また二〇〇七年には「新たな社会的ニーズに対応した学生支援プログラム（学生支援ＧＰ）」に重点的な予算配分がなされるに及んで、従来の相談室型の心理臨床モデルの範疇にはおさまり切らない、特別支援、キャリア支援も含めた学生支援が、学生相談の仕事として視野に入ってきたからである。一九八七年に発足した日本学生相談学会が、二〇〇一年から「大学カウンセラー」資格を認定し始めたのは、必ずしも学会認定資格の流行によるものだけではない。大学教育全体の中で学生相談を捉える視点、諸機関との協働やコーディネート能力の獲得を、学生相談の専門家としての資質と考えるようになったことと無縁ではない。

学生相談が小・中・高等学校でおこなわれているスクールカウンセラーと根本的に違うのは、それが進学すれば終わり、卒業すればめでたし、で終わる性質のものではなく、社会へ出ていくための最後の教育機関として、まさに学生一人一人の人生設計、キャリア構築への礎を準備するものだからである。学生たちを社会へ送り出す上でどのような貢献をすべきか、といった積極的な観点から、現在の学生相談でトピックとなっている以下の各テーマについて検討していきたい。

二　学生相談の現状

1　発達障害のある学生の支援

昨今の学生相談において喫緊の課題となっているのは、発達障害を抱えた学生への支援である。拙論（二〇〇九）(8)でも述べたように、大学段階での発達障害は、本人の障害の様態に加えてそれまでの養育・教育環境の影響があり、非常に複雑な様相を呈している。

実際、非定型発達（脳神経発達の強い凸凹）者の特徴として三好（二〇〇九）(9)は、「過敏性（環境ストレス・対人ストレス・薬剤ストレスなどの刺激に弱い)、感情の発達の遅れ(定型者的共感の力の発達が遅れる)、細部拘泥性(部分情報に目を奪われる・無意味な情報を閉め出せない→状況の全体把握が困難、優先順位をつけられない)、同時並行処理の苦手さ(一点集中の脳、注意の分散が難しい)、疲労や身体感覚のつかみづらさ(過集中［過労］と虚脱［疲弊］をくり返す)、単純・一義的な認知(多義的な把握が難しい・複雑な情報処理が苦手)や偏った認知(一部の情報・刺激を過度に増幅して認知→嫌な記憶が特に鮮明にこびりつきやすい、all or nothing 思考傾向)、リフレイン体質(同じ状態やくり返しを好み変化を嫌う、初めての物事や人への適応に時間を要する、ぐるぐる思考や一つのことへのはまりやすさ、依存傾向)、ファンタジー没頭傾向」を挙げており、これは日常われわれが学生相談で頻繁に感じる来談学生の特徴でもある。

もちろんこれは単に一時期の状態像ではなく、生育史的に一貫して認められる認知的特徴でなければならないが、注意せねばならないのは、被暗示性が強いヒステリー圏のクライエントの場合、予断をもって聴き取りをおこなうと、発達障害的エピソードを(つくり上げるまではいかないにしても)拾い上げがちになる、という点である。これは発達障害治療＝認知行動療法(CBT)やソーシャルスキル・トレーニング(SST)といった、短絡的なアプローチと結びつくことで、あるいは特別支援対象として手厚い支援を、といった時代的風潮と直結することで、大学教育を混乱に陥れている側面がないとも言えない。詳細は省くが、アメリカ合衆国における大学の発達障害学生支援には、大学側の明確な免責条項が加えられている。[注]

発達障害学生については、拙論(二〇〇九)[8]でも述べたように、現時点では学生のニーズにできるだけ応える方向で対応すべきではあるが、今後は個々の来談学生の発達障害的特徴をアセスメントした上で、学習や生活面でのニーズを丁寧に聴き取り、学生相談で対応可能な事柄と本人の自助努力に期待すべき部分を仕分けして、教務課、学生課、教員などと密接な連携のもとに(あるいは障害学生支援課が中心となって)個別指導案策定を期す、といった手順を踏んでいく必要があろう。

2 キャンパス・ハラスメントへの対応

キャンパス・ハラスメントは、当初セクシュアル・ハラスメントとしてアメリカでは一九七〇年代、日本では一九九〇年代から問題化したが、やがてそれは性的要因によらない、教育研究の場での権力関係に基づく嫌がらせとしてアカデミック・ハラスメントを含むものとなり、昨今ではこの権力関係をも前提としない、大学構内で起こる人権侵害、嫌がらせ、いじめまでを含めた概念になってきている[10]。

厚生労働省では一九九七年に男女雇用機会均等法においてセクシュアル・ハラスメントに関する条項が定められたが、二〇〇七年の同法の改正で、事業主に相談窓口の設置が義務付けられ、これによって多くの大学では、セクシュアル・ハラスメント相談窓口が設置された。これは必ずしも学生相談機関内につくられた訳ではないが、しかし上記のようにハラスメント内容の多様化により、学生相談機関が一次相談窓口として機能しているというのが多くの大学における現状であろう。

影山（二〇〇五）[11]は、キャンパス・ハラスメントの多様性に応じて、ハラスメントをセクハラに限定しないで「権利の侵害」として一元化することを提唱している。しかし学生相談機関には被害者と共に加害者も来談するし、そもそもその二分法では割り切れない場合が多いのが、ハラスメントに関する訴えの特徴でもある。キャンパス・ハラスメントについては、被害者が申し立てを決意して以降は、人権委員会なりハラスメント調停委員会なりが、表に示すような通常のプロセスに乗せるべきであろうが、被害者、加害者双方の精神的

表　ハラスメント調停の基本

①当事者同士が調停の必要を認める
②双方の代理人の選定
③その時までの双方からの事情聴取
④調停者は調停手続きに従って交渉
⑤双方の期待を緩和しながら要求を調和させる（調停は裁判と異なり一方的屈服というものはない）
⑥法的合意
⑦被害者の精神的ケア

（影山、2005[11]より）

ケアは、プロセス全般を通じて学生相談機関が担うべきものである。その意味でも、この問題に関わる担当者はハラスメントに関する知識はもとより、人間性についての広く深い洞察や態度を獲得しておく必要があろう。

3　危機介入——自殺

自殺は学生相談において、古くて新しい問題である。青年期の学生を預かる大学にとって、学生の自殺は常に痛ましい事態ではあるが、学生の質や様態の変化に伴って、また大学内で学生相談が果たす役割の変化に伴って、微妙に学生相談担当者への期待も変化しているからである。峰松（一九九一）[12]は昭和三〇年代後半に大学生の自殺が急増し、学生相談がその対策として機能することを求められた経緯を語っている。当時はいわゆる青年期の実存的な葛藤や価値観をめぐる葛藤が学生の自殺のトリガーとして考えられ、そこへの心理的アプローチが期待されたが、やがて学生運動から留年、アパシーと学生の抱える問題の変遷に伴って、学生の自殺そのものは減少した。内田（二〇〇八）[13]は一九七九年から二〇〇五年までの大学生の自殺率を調査報告しているが、それによれば、ここ二五年の大学生の自殺者比率は一〇万人あたり一〇～三〇人で推移し、ほぼ横ばい状態である。

しかしながら、大学にとって学生の自殺が由々しき問題であることには変わりがなく、国立大学法人保健管理施設協議会の自殺問題検討ワーキンググループがまとめた『大学生の自殺対策ガイドライン二〇一〇』[14]では、自殺関連行動、精神疾患、喪失状況、アルコール・物質乱用、重大な対人被害などを示す者を「ハイリスク者」として、組織的対応の必要性を掲げている。具体的には、緊急時における連絡網の整備、風評対策やマスコミ対策、学内の（自殺）危険場所の調査、学生間の相互支援体制、個別支援体制、医療との連携、情報収集と情報共有などが必要であるとしている。学生相談の任に当たる担当者は、ハイリスク者への危機介入はもちろん、こうした自殺予防と対策への組織的対応の一翼を担う覚悟と責任を負う必要がある。また不幸にして完遂者が出た場合には、関係者や友人などの連鎖自殺防止の手立てを講じ（個人面接や支援窓口の情報提供）、場合によってはデブリーフィング（トラウマ体験の関係者などによるふり返り）のための集団面接などを企画することも検討されている。

かつて問題視された人格障害圏の学生のアクティング・アウトとしての自殺企図が影を潜める一方で、昨今とりわけ注目されてきているのは、発達障害や性的マイノリティの学生たちの自殺である。彼らは従来のように、必ずしも自殺企図をくり返したり徴候的言動が見られる訳ではなく、突然の完遂に至るという点で自殺予防が難しく、また周囲への影響も大きい。学生相談担当者は、こうした特徴を念頭に置いておくこともまた重要であろう。

4 ネット対応――ストーカーと事件対応

昨今の学生相談の研修会において参加者が多いのは、インターネットへの対応についてである。実際、ネット詐欺やネットいじめなどの被害に遭う学生は後を絶たないし、さらに問題なのは、学生が被害者となる場合だけではなく、事件の加害者となる場合、それも意図せずしてそうなる場合が少なからずあるという事実である。具体的には、一方的な恋愛感情からストーカーになったり、ツイッターやブログで何気なくつぶやいたことが問題視されてネット内で「祭り」が起こり、学生や大学が矢面に立って非難される、といったような事態である。

こうした問題は、直接学生相談の場にもち込まれることもあるが、学生課や教員など他部署からもち込まれることも少なくない。いきおい、対応は連携を前提とするし、その中でも注意しなければならないのは、被害者支援とともに加害者（となってしまった者、学生など）への配慮である。ネット詐欺など学外の事件に巻き込まれる場合は、警察や消費者相談窓口、被害者支援団体などと連携をとりつつ被害学生を支えていくケースワーク的な面接が必要となるが、学生同士のネット上のトラブル（いじめ、ストーキングなど）は、被害者・加害者が一義的には特定しにくく、また事件収束後もＰＴＳＤに伴うフラッシュバックなどで事態が再燃しやすい。学生相談で対応する者は、こうした特徴を念頭に置いて、被害者とともに加害者へのフォローも心がけねばならない。

5　その他の諸問題――親対応

学生相談の現場には、学生や教員だけでなく、学生の親や家族も頻繁に「相談」に訪れるようになってきている。こうした事態を受けて斎藤（二〇〇六）[15]は、親や家族の関与を積極的に活用していく「旧来の学生像や学生相談イメージにとらわれない柔軟な構え」の必要性を説いている。しかしながら、昨今の親たちが求めて来るのは、たとえばわが子の対人関係の不得手を理由に、特定課題の免除を（子どもの代わりに）願い出る、対応が不適切でわが子が損害を受けたと苦情を訴える、「授業や課外活動中に悪口を言う学生がいる、疎外されている」といじめ対策を要求する、就職の便宜を求める、など「親がわが子と同じ心境になって大学に解決を要求してくる」[16]ようなものも含まれる。その意味では、単に親からの過剰な要求を免れるため、という消極的な理由からだけではなく、親の子離れを促し、真に自立した親子関係の構築を支えるために、学生相談が機能していく必要がある。学生相談担当者は、こうした親教育、対象喪失を支えるような親支援のあり方を念頭に、親への対応を考えていく必要があろう。

三　これからの学生相談

1　性的マイノリティ学生の支援

石丸（二〇一二）[17]は戦後から二〇〇〇年代を概観し、「自らの性的あり方を隠さずに生きる選択肢を手に入れた初めての世代の性的マイノリティを、現代の大学は受け入れている」と述べている。日本学生相談学会で性的マイノリティの学生支援に関する研修や小講義がおこなわれるようになったのも、ごく最近のことである。「ＬＧＢＴ（レズビアン、ゲイ、バイセクシュアル、トランスジェンダー）」の呼称も最近になってようやく人口に膾炙してきたが、性同一障害（ＧＩＤ）やインターセックス（性分化疾患）に至っては、まだまだ学生相談担当者もほとんど出会ったことがないのではないだろうか。しかしながら、その多くが実はカミングアウトしないままに学生相談で支援を受けている場合が少なくないように思われる。

その理由として、決して多くはない筆者の体験事例から見る限り、現状で学生相談は必ずしもaffiliativeな（行きやすい）場となってはいないという事実がある。彼らの言葉を借りると、カウンセラーが「あまりにも男女の二分法を前提とした面接をし過ぎる」ために、カミングアウトはもとより、相談そのものを断念してしまうのである。また、いったん面接が継続しても、知識の乏しさへの自覚がないために、生育史的な聴き取りに共感性を欠くことが頻繁に起こる。「別に差別していないよ、皆と同じ人間だと思っているよ」という言葉のもつ犯罪性に無自覚である限り、彼ら彼女らにとって学生相談は決して心地よく支援が期待できる場ではないのである。

では、数は少ないが性的マイノリティを標榜するピア・グループやカウンセラーなら相談しやすいかというと、これもまた微妙である。多く、大学生という時期は性志向や性自認に未だ迷いがある時であり、異性や同性との性交渉をもってみるといった「試み」をくり返す時期でもある。後にレズビアンとして同性と暮らすことになった学生も、大学時点では「LGBTのグループに当てはめられてしまうと、それも違うかな、と思う」と語っていた。

性的マイノリティ学生の支援を念頭に置くなら、学生相談では最低限、来談者のセクシュアリティを疑うセンスをもち、またパートナーを一義的に決めてかからない柔軟さを備えるべきであり、同時に多くの文献に当たって、生育史上の彼らの困難さに思いを馳せる想像力を培う必要がある。その上で、彼ら彼女らの自己決定に、決して先導的にならずに寄り添っていく姿勢や態度を身につけることが望ましい。発達障害同様、また次に述べる留学生同様、彼ら彼女らは決して障害をもっていたり劣っているのでも未熟でもなく、単に異なる文化を背負っているだけなのである。こうした観点に立てた時、マジョリティとの擦り合わせに苦労する彼らを、真の意味で支援する準備が整ったと言えるのかもしれない。

2　留学生の支援

一度でも海外生活を体験したことがある者ならば、初期の異文化適応を支えてくれる人の存在がいかにありがたいものであるか、身をもって知っているはずである。そうした任に当たっているのは、各大学の留学生受け入れ窓口の職員が中心であるが、専門のカウンセラーを配置しているところも出てきている。しかしその数は、まだまだ決して多いとは言えず、学生相談機関との連携も十分とは言えない[18]。特に小さな大学では、学生相談室のカウンセラーがその任に当たることも稀ではない。

わが国の留学生の受け入れは、一九八三年の留学生一〇万人計画、二〇〇〇年の留学生倍増計画などの国策によって増加してきた。一時期、留学生犯罪報道などで入国審査が厳しくなり、増加の勢いは緩んだが、二〇〇八年に当時の福田康夫首相が「産学官連携による海外の優秀な人材の大学院・企業への受け入れ拡大」を唱えて「留学生三〇万人計画」を打ち上げたことで新たな局面に入っている。

ところで留学生の支援は大西（二〇一二）[19]も述べるように、「進路選択や人間関係に関する相談など、一見日本人学生と共通するように見える相談においても、留学生の在留ステイタスや社会的位置づけ、文化的特性が深く影響する」。たとえば筆者の体験でも、中国本土からの留学生は国費で使命感をもって来日している者が多く、プライドも高く、何でも自力で解決しようとして相談になじまない者が多かったが、台湾からの留学生は比較的富裕層が多く、相談への導入が比較的スムーズだった印象がある（一九九〇年当時）。また留学生のハラスメントの訴えの背後に、教員の異文化への無理解や無配慮があったりすることもある。

留学生支援の基本的なスタンスとして、「性的マイノリティ」の項でも述べたように異文化を背負っている者に対する尊重は不可欠である。自らの文化圏のもとでは、彼らは十分問題解決能力をもっているのであり、それを最大限尊重して、そこに至るまでの援助を心がけることによって、援助者の過剰な抱え込みや拒否といった極端な対応を避けることができる。こうした距離感は、上述のように発達障害にも性的マイノリティの支援にも通じるものであることを、改めて強調しておきたい。その上で、留学生への相談には異文化への深く広い理解が求められる。今後のさらなる体制化を期待したい。

3　キャリア支援

昨今、大学教育において喧《かまびす》しく取り沙汰されているのがキャリア支援である。本来アメリカでは、小・中・高等学校を通じて、キャリア支援をおこなっていたのがスクールカウンセラーである点を考えると、[20]冒頭で述べた学生相談の歴史的展開の中で、学生相談にその役割が期待されるようになってきている理由も頷けない訳ではない。実際、就職活動に至る意欲や動機づけの問題で学生相談に訪れる学生は多いし、不本意入学や学習意欲喪失も広くキャリア支援の問題である。拙論（二〇一二）[21]でも述べたように、アメリカ型社会を志向するなら、キャリア支援は現在のように大学にその機能を集中させるのではなく、義務教育期間から開始すべきだと考えているが、現実的には石川（二〇一二）[22]の述べているように、①高等学校卒業から大学入学への移行支援、②大学在学中のキャリア教育支援、③大学卒業後を見越した就労支援に学生相談がどのように関わっていくかが、将来的な検討課題であろう。その際、参考になるのは、たとえばハローワークにおけるキャリアカウンセラーと臨床心理士の役割分担である。これは就職課と学生相談機関との分業という形で、すでに大学では長い歴史があるとも言えるが、新たに連携の仕方を模索する時期に来ているとも言えよう。

このように学生相談は、必ずしもスクールカウンセリングにはおさまりきらない領域を扱っている。最後の教育機関である大学の学生相談にもち込まれる問題は、単に教育領域に限定されない社会との狭間にある問題、むしろ社会そのものが抱える問題を多分に含むからである。学生相談担当者は、先人の蓄積を尊重しつつ、変動する社会の中で高等教育機関としての大学が果たすべき役割を見据え、より幅広い大局的な観点から、学生たちへの心理的援助のあり方を考えてほしいと思う。

注

「学習支援の提供に当たって、高等教育機関は、本質的な要求を引き下げたり、大幅に修正したりすることは求められません。例えば、教育機関が試験時間の延長を求められることはあっても、試験の実質的な内容を変更することは求められません。また、高等教育機関は、サービス、プログラムもしくは活動の性質を根本的に改変するような、あるいは金銭的な、もしくは管理上の過度の負担が生じる結果となるような修正を行うには及びません。最後に、高等教育機関は、個人的な付き添い、個別の所定の装置、個人的な利用や勉強のための朗読者、またはその他、個人指導、タイプ打ちなどの個人的性質の装置やサービスを提供するには及びません。」〔公民権局の解説による（寺本、一九九九）[23]〕

引用文献

(1) 文部省大学学術局学生課編『学生助育総論――大学における新しい学生厚生補導』一九五三年
(2) 高石恭子「学生相談の歴史に果たした心理臨床の役割」甲南大学学生相談室紀要15、二一～三〇頁、二〇〇八年
(3) 高橋国法「アメリカの学生相談の発展」学生相談研究32(3)、二五三～二七七頁、二〇一二年
(4) 大山泰宏「高等教育論から見た学生相談」京都大学高等教育研究3、四六～六三頁、一九九七年
(5) 高石恭子「学生相談の固有性と専門性についての一考察」甲南大学学生相談室紀要19、三一～四四頁、二〇一二年
(6) 岡 昌之「学生相談」『心理臨床大辞典　改訂版』培風館、一一七七～一一七九頁、二〇〇四年
(7) 吉武清實他「二〇〇九年度学生相談機関に関する調査報告」学生相談研究30(3)、二二六～二七一頁、二〇一〇年
(8) 高石浩一「大学生と発達障害」『そだちの科学』13、日本評論社、一〇六～一一〇頁、二〇〇九年
(9) 三好 輝「難治例に潜む発達障害」『そだちの科学』13、日本評論社、三二～三七頁、二〇〇九年
(10) 中川純子「ハラスメントの予防的取り組みに向けて」京都大学カウンセリングセンター紀要37、一一～二九頁、二〇〇八年
(11) 影山任佐「ハラスメント――その基本理念と実践的分類」『こころの科学』122、日本評論社、六～一五頁、二〇〇五年
(12) 峰松 修他「座談会　キャンパスライフと学生相談の役割」〔全国学生相談研究会議編〕『キャンパス・カウンセリング（『現代のエスプリ』）』至文堂、五～三〇頁、一九九一年
(13) 内田千代子「大学生の自殺の特徴と対応」学術の動向二〇〇八年三月号、二六～三三頁、二〇〇八年
(14) 国立大学法人保健管理施設協議会、メンタルヘルス委員会、自殺問題検討ワーキンググループ『大学生の自殺対策ガイドライン二〇一〇』
(15) 斎藤憲司「親・家族が関与する相談事例への構えと対処――学生の自立をめぐる支援・連携・協働」学生相談研究27(1)、一～一三頁、二〇〇六年

(16) 高石恭子「学生期の親子関係と大学における親支援のあり方について」甲南大学学生相談室紀要18、四九〜五八頁、二〇一一年

(17) 石丸径一郎「性の問題と学生相談」〔下山晴彦、森田慎一郎、榎本眞理子編〕『学生相談必携ＧＵＩＤＥＢＯＯＫ——大学と協働して学生を支援する』金剛出版、二四八〜二六〇頁、二〇一二年

(18) 大西晶子「留学生指導の現状と今後を概観する」留学生交流・指導研究11、一七〜二五頁、二〇〇九年

(19) 大西晶子「留学生支援と学生相談の協働」〔下山晴彦、森田慎一郎、榎本眞理子編〕『学生相談必携ＧＵＩＤＥＢＯＯＫ——大学と協働して学生を支援する』金剛出版、一三三〜一四七頁、二〇一二年

(20) ダリル・ヤギ著、上林靖子監修『スクールカウンセリング入門——アメリカの現場に学ぶ』勁草書房、一九九八年

(21) 高石浩一他「サンフランシスコにおけるキャリア教育と心理臨床活動」京都文教大学臨床心理研究14、三三〜四二頁、二〇一二年

(22) 石川京子「サポートステーションから見た学生相談」〔下山晴彦、森田慎一郎、榎本眞理子編〕『学生相談必携ＧＵＩＤＥＢＯＯＫ——大学と協働して学生を支援する』金剛出版、二六一〜二七三頁、二〇一二年

(23) 寺本晃久「自己決定の前提となるもの——カリフォルニア州の発達障害者制度にみる」家族研究年報24、九〜二〇頁、一九九九年

押さえておくべきキーポイント

①　学生相談に関する専門家論争のルーツを知る

学生相談担当者は身分、学内での地位、役割など、大学によってさまざまな立場で学生相談を担っているが、その背景にある歴史的な展開を知っておこう。今後、どのような方向性を模索すればよいか、についての確かな指針が得られるはずである。

② 発達障害やハラスメント、性的マイノリティ、留学生など、多様化する来談者の特別なニーズのあり方を知る

学生相談担当者は、来談者の多様化に向けた研修や学習を常に心がける必要がある。それぞれに専門性が要求される領域なので、不断の努力が求められる。

③ 学内連携の体制づくりを心掛ける

学生相談はフォーマルにもインフォーマルにも学内諸機関との連携が不可欠である。日常的な人的交流、会議などを通しての情報交換、さらには病院や警察などの外部機関との接触も必要になってくることがある。学生相談担当者は一社会人としての常識も備えたい。

④ キャリア支援について知る

社会に向けて学生を送り出す最終教育機関が大学であると考えるなら、学生相談機関は広く学生のキャリア構築の一翼を担うという意識が求められる。一人一人の学生がどう生きていくか、を共に考えていくことが、これからの学生相談の中で、さらに比重を増していくものと思われる。

読んでおきたい参考文献

- 日本学生相談学会50周年記念誌編集委員会編『学生相談ハンドブック』学苑社、二〇一〇年

　この領域で仕事をするなら、まずは押さえておきたい一冊。実際に学生相談に関わる著者たちが幾度も議論を重ねて、学生相談全般について過不足なくまとめ上げた労作である。

- 鶴田和美、桐山雅子、吉田昇代、若山 隆、杉村和美、加藤容子編著『事例から学ぶ学生相談』北大路書房、二〇一〇年

　編者らの豊富な学生相談経験に基づいて、「学業」「進路」「対人関係」といった観点から事例を整理し、学生

相談では何をやるか、どのように対応し、支援して行くのかを体系的に論じた好著。

● 杉原保史、高石恭子編著『12人のカウンセラーが語る12の物語』ミネルヴァ書房、二〇一〇年
長年学生相談に関わる著者たちが、自らの豊富な事例体験をもとに作り上げた創作事例。多くのエッセンスが注ぎ込まれていて、読み物としても具体的対応の手引きとしても興味深い一冊。

14　保育カウンセリング

坂上頼子
Yoriko Sakagami

はじめに

スクールカウンセラーが学校にいることは現在では普通になりつつあるが、平成七〜八（一九九五〜九六）年当時の公立学校は「スクールカウンセラー」という新たなカタカナ名称になじめない感じがあった。初めて赴任した中学校の全校朝礼で新任の挨拶をした日のこと、廊下で出会った筆者に「あれ、誰だっけ？アナウンサーじゃないし、えーっと何だったっけ？」と一生懸命にカタカナ名を思い出そうとしていた生徒を思い出す。大学の学生相談やミッションスクールなどではすでにカウンセラーが働き始めており、筆者自身の職場も私立大学から中・高一貫ミッションスクールを経て公立中学校へと広がった。現在は小・中一貫校と幼稚園・保育園へと人の成長の源へ遡るかのように移り変わってきた。ここでは、保育所・幼稚園におけるこれまでの保育心理臨床の歩みをたどり、まだ歴史が浅い幼稚園における保育カウンセリングの実践について報告し、今後の発展を望みたいと思う。

一　保育所・幼稚園における心理臨床の歩み

1　入間方式

一九六〇〜七〇年代、埼玉県の入間市立保育所の入所基準は「保育に欠ける」という事由であれば措置され、子どもの状態はほとんど問題にされていなかったという。入所してくる子どもの中には重度の障害をもつ子どもも含まれており、その保育のあり方については手探りで懸命に対応してきた歴史があった。当時の保育所長会議では障害をもつ子どもの理解と保育について学ぶ必要を痛感し、自主学習会に専門家の山崖俊子（当時は大妻女子大学附属児童臨床相談室主任相談員・東京都保健所心理相談員、現・津田塾大学ウェルネスセンターカウンセラー）を招き、巡回保育観察とケースカンファレンスを始めた。

そして一九八四年、公立保育所に通う障害をもつ子どもとその家族、担当の保育者を援助するための合同保育の場「たんぽぽルーム」（月一回）をスタートさせた。保健センターの多目的ホールの片隅で保育を見ながら、心理療法士による保護者個別相談を隔月におこない、午後の心理療法士を交えたカンファレンスは担当保育者相互の研修機会とした。所長たちは各保育所における子どもの生活を観察した上でおこなう園内ケースカンファレンスをも重視し、山崖はその熱意にも応えた。筆者はここで二年間の実習を経て一九八八年から心理療法士として加わっている。その後、配慮を要する子どもの数が増えたことと、密度の濃い援助を求める家族や保育者の声により、週四日体制の健康福祉課「のびのび教室」へと展開した。これらの経緯のなかで練り上げた療育体制は全国でも珍しく、「入間方式」として注目された。

二〇〇三年、新設された入間市健康福祉センターにおける親子支援課発達支援事業「元気キッズ」に発展し、入間市に在住する発達や成長に心配のある就学前の子どもと保護者が共に通えるところとなった。山崖の巡回訪問は公立保育所から私立幼稚園にも広がり、私立幼稚園においても保育者支援が充実してきた。そして、私立幼稚園の保育者が「元気キッズ」で担当の子どもを参加観察するなど、公立と私立の壁を超えて保育者の連携がおこなわれるようになった。

現在では、臨床心理士（月二日、九～一五時）二名に加えて、言語聴覚士、理学療法士、音楽療法士も非常勤で療育に参加している。各学期末には親子支援課長の招集で事業の担当者全員が集い、それぞれの専門家の視点を交えて協議したことを次の保育に活かしていくよう努力している。このカンファレンスは専門家相互の研鑽の場にもなっている。

2 大宮市立保育所の巡回相談

大場幸夫（元・大妻女子大学学長）は一九七五年から二〇一一年まで、埼玉県大宮市、東京都新宿区・千代田区などの障害児保育巡回相談員を続け、巡回相談におけるカンファレンスを大事にしてこられた。保育者養成校の教員として保育現場を支える保育者を支援するために、保育の現場に通い、現場に立ちあがる相談事を中心に保育相談活動を続けてきた。すなわち巡回相談の内容は保育実践そのものであり、関わりの難しい子どもを担当している保育者の不安や葛藤、見通しの不確実さなど、自分の関わりはこれでいいのかと悩む保育者が相談の対象である。このように臨床的な保育相談を、従来の医療や心理臨床でいう「臨床」とは異なるとして、大場は「保育臨床」という造語を用いた。

筆者は大宮市の巡回相談に同行した日のことを印象深く覚えている。大場は園長からその日観察する子どもを教えてもらうと、そっと保育の場に臨み、少し離れたところにしゃがんで静かに保育を見守る。お昼の時間に観察の要点をＡ４一枚にまとめ、カンファレンスの資料を作る。そして、お昼寝どきの限られた時間に、最小限の保育者が集まりカンファレンスがおこなわれる。大場は学長としての公務にありながらも巡回相談員を続け「子どもの傍らにあること」の意味を最後まで追求され、園全体を子どもたちの育ちの場とするために、保育者がごく自然に互いに支え合う同僚性の高まりを願っていた。カンファレンスにおいては、保育者相互の意見交換により共通理解をもってその子を支え合おうとする保育者集団としての士気が高まるようにと、大場は補助的な役割を担うことを旨としておられた。

大場は「保育現場における保育相談とは、子どものケアに関わる保育者の相談を含めた一連の実践的営みへの協働である」「心理臨床や医療にある診断や治療によりも、子どもの園生活そのものを担う保育者を支援するための相談に軸足を置いてきた」と述べている。[1] そして、「保育相談を専門的ネットワークの中における働きとして位置づけることを渇望する」と関連機関や専門家との連携体制の改善を課題として挙げた。

3　大阪府キンダーカウンセリング事業

二〇〇三年に大阪府私立幼稚園連盟が開始した「キンダーカウンセリング事業」は都道府県単位としては最初のものである。府下の希望する幼稚園にカウンセラーを配置するもので、初年度は四七園でスタートし、今では一〇〇を超える園でこの事業が実施されている。府の補助を得て、それぞれの幼稚園が園の状況に合わせて月一～四回の頻度でキンダーカウンセラーとの雇用契約を個別に結んでいる。私立幼稚園連盟の園長らと共に、保育に関する研究会を続けている菅野信夫（天理大学臨床人間学研究科教授・日本臨床心理士会保育臨床専門部会委員）は、当初からこの事業をスーパーヴァイザーとしてサポートしている。幼稚園における保育をよく知った上で、臨床心理士に研修をおこない、キンダーカウンセリング事業の質を高めていることが大きな特徴と言える。菅野はキンダーカウンセラーの活動について、①親（保護者）に対する支援、②園児の直接観察・関わり（アセスメント）、③保育者に対する支援、④外部（社会）資源との連携、の四つを示し、さらに留意点として、①乳幼児に関する発達、そしてその障害と援助に関する知識・理論を理解する、②幼児教育（保育）について理解する、③プレイセラピーの訓練を受けていること、④活動する園そのものについてのアセスメントをしっかりすること、⑤守秘義務について園側の理解を得ること、の五つを明示してキンダーカウンセラーの養成・研修をおこなっている。「乳幼児期からの育ちは、スクールカウンセラーの配置が進む児童・思春期に劣らず重要な課題である」と述べ[2]、キンダーカウンセラーとしての実践力向上を推進しつつ園長会とをつなぐ役割を担い、事業の発展に寄与している。

4　京都府キンダーカウンセラー事業

大阪府における実践をモデルとして、二〇〇九年には京都府私立幼稚園連盟が「キンダーカウンセリング事業」を開始し、現在六四園で実施している。菅野は大阪府に続き、京都府事業の立ち上げから関わり、事業説明会では園長会と京都府臨床心理士会との協力、アセスメントとコンサルテーションについての事前研修などをおこなっている。経験の浅い臨床心理士には定期的な研修会を開き、研修を通して育成してから派遣するなど、菅野は特に立ち上げを大事にサポートしている。そして、今後のこの事業の発展には「カウンセラーが保育臨床における専門性を高め、幼稚園との協働・連携のなかで信頼関係をつくっていくことが重要である」と述べている[3]。

5　日野市保育カウンセラー事業

東京都日野市の保育カウンセラー事業の特徴の一つは、日野市教育委員会と公立幼稚園園長会が二〇〇四年度から二年間、文部科学省「新しい幼児教育の在り方に関する調査研究」の指定を受け、保育カウンセラーを公立幼稚園に配置したことに始まり、その成果を受けて、現在に至るまで日野市保育カウンセラー事業として継続していることである。さらには、教育委員会が行政の縦割りを越えて、希望する私立幼稚園にも保育カウンセラーを配置している画期的な事業と言えることが二つ目の特徴である。筆者は公立幼稚園と私立幼稚園で保育カウンセラーを務めているが、園の状況や園長の要請に応えての活動のため、二つの園における活動のあり方はかなり異なっている。年度末には日野市教育委員会学校課長の招集で担当職員、公立・私立の園長、保育カウンセラーらが一同に集い、一年間の活動報告をおこない、この事業についての共通理解を深めている。行政の予算削減のなかでこの事業の継続のために勤務時間を縮小したり、時給を下げるなど苦しい時期を経ながらも、日野市のすべての子どものためにと小・中学校のみならず幼稚園にもカウンセラーを派遣している日野市教育委員会の取り組みは実に先進的と言えよう。この事業の当初から園長会の相談役でもある滝口俊子（放送大学名誉教授・日本臨床心理士会保育臨床専門部会部会長）は、保育カウンセラーとして幼稚園の現場で活躍し、事業の継続に大きく貢献しておられる。「子どもの健やかな成長をめざして、大人自身の成長に取り組んでいる」と保護者対象の講演会や懇談会、保育者とのカンファレンスを大事にしている。そして、園長会と保育カウンセラーとの二人三脚とも言える日野市の保育カウンセリング実践と研究成果を学術学会や書物で広く発表し、社会に向けての啓発活動にも力を注いでいる。また、日本臨床心理士会保育臨床専門部会が企画している保育心理臨床研修会は二〇一二年度には第五回を迎えている。

二　日野市保育カウンセリング事業の実際

1　保育カウンセラーの一日

幼稚園での一日は、職員朝礼でその日の保育の流れと面接予約を確認し、九時に登園する園児を迎えることから始まる。日野市立幼稚園は、いずれも保護者が送迎しているので、登園時の親子の様子を観ることができる。保育時間中は保護者面接、保護者懇談会、保育観察、給食参加など、各園のニーズに応じて保育カウンセラーは活動している。そして、午後二時の降園時、園庭に集まった保護者に担任が一日の保育内容と連絡事項を伝えるが、その間、並んで待つ子どもたちの様子、親子の出会いの様子なども幼児理解の参考になる。さらに、降園以降も園庭で自由に遊び始める園児を保護者たちは園庭のまわりで話をしながら見守っている。妹や弟、時には小学生の兄や姉など、異年齢の子どもたちが安心して遊べる場は、その地域にとっても貴重である。このように園児たちの園生活の入口と出口の様子をよく観ることをも大事にして、子どもの園生活のすぐそばで一日を過ごす。子育て中の保護者にとっては、毎日通う園で保育カウンセラーとの懇談の機会があり、個別に相談できることは何よりも便利である。そして、一日の最後は、保育者と共に保育を振り返る貴重な時間である。保育者の視点に保育カウンセラーの視点が加わることで、子どもの理解が深まり、理解に基づく関わりの手立てが広がるようにと願っている。

2　日野市保育カウンセラーの五つの役割

①保育時間中の観察

保育全体の雰囲気、一人ひとりの子どもの様子、子ども同士の関係、子どもと先生との関わり、等々を子どもたちの傍らで見せていただく。時には、子どもの遊びに参与しながらの観察となる場合もある。まずはよく観ること、そして子どもを理解しようとすること、その理解に基づいて対応を改善することを大事にする。

②個別相談

職員室の隣の小部屋で一回三〇分〜一時間以内の相談。個別相談を保護者自身が希望する場合と、園長や担任が保育カウンセラーを紹介する場合がある。相談内容は、子育てに関する悩み、きょうだいに関すること、発達に関すること、保護者自身の悩み、子どもの友だち関係、就学について、などである。保護者と会う前に子どもの様子を観ておき、その後の子どもの様子を迎えのときに保護者に伝えるなど、保護者の安心をサポートする関わりを心がけている。

③保護者を対象にした活動

講演会、「子育てトーク」「ほっとタイム」「ほっとサロン」などの名称の懇談会、子育てママのリラックス法、等々が園によって工夫されている。講演会で保育カウンセラーの存在を知り、グループ活動は保育カウンセラーと気軽に触れ合う機会となっている。また、小さな気がかりを話せる仲間づくりのきっかけの場にもなっている。

④保育カンファレンス

一日の終わりにその日の保育を振り返るひとときは、明日への保育につながる貴重な時間である。月に一度の保育カウンセラーと保育者とのカンファレンスは、両者の協働を進める上でも大切である。園長、保育者、保育カウンセラーらが見たり関わったりして得た情報を共有して話し合うことで、園全体で共通理解して保育に取り組むことが可能になる。

⑤地域の子育て支援

幼稚園は地域の子育て支援のセンター的役割を担っており、未就園児対象の保育グループや地域の保護者の相談にも応じている。未就園児の保護者を地域で支援することは、今後ますます必要になると思われる。

3 事業継続の危機と隣り合わせの保育カウンセリング活動

二〇〇四年度の文部科学省の研究により保育カウンセラーの配置が始まり、二〇〇八年度からは日野市の事業として引き継がれたが、市の厳しい予算状況により年度によっては勤務時間を削減しながら事業を継続している現状がある。二〇一二年度は全公立幼稚園（五園）と希望する私立幼稚園の各園に、月一回六・五時間の枠で保育カウンセラーが勤務している。

4 今後の課題

子どもの人間形成の基礎づくりに大きな影響力をもっている保育者の傍らで、保育実践の協働に参与できる保育カウンセラーの仕事はまだまだこれからの分野である。園内の保育者と協力し合うためには保育カウンセラーも保育の営みを学び、常に資質の向上を心がけねばならない。そのためには、日野市保育カウンセラー研究会を充実させることと、全国規模の研修会に学ぶ研鑽の機会を今後とも大事にしていきたいと思う。そして、保育者と保育カウンセラーが地域の関連機関や小学校との連携をもう一歩進めることも課題のひとつである。

おわりに

日本保育学会第五代会長津守真氏の「幼児教育というのは現代のこの時代にあって子どもたちの人間らしさを育てる平和の砦である」という言葉を今まさにかみしめたいと思う。平和なときも危機のときも、子どもの人間らしさを育む保育の営みをおこなうことが今まさに直面している課題と言えよう。

東日本大震災においては、避難所で暮らす乳幼児が遊べる場をつくることが急務であった。急遽、さいたまスーパーアリーナへ役場ごと県外避難された双葉町の方々へ、保育班としてボランティアを続けた際にも、福島県の「遊びの広場プロジェクト」に参加した際にも、保育カウンセラーとしての経験を活かすことができた。現地では全国各地から応援に来た保健師、保育士、看護師、臨床心理士らが初対面でチームを組み、保育活動をおこなうことになり、その際、朝のスタッフ打ち合わせや保育後の振り返りを担当するコーディネーターの役割が必要であるととっさに判断し、その任を担った経験がある。他職種との連携をおこなう保育場面では、チームコーディネーターの役割を担うことも臨床心理士の大事な任務になりうる。個別臨床の力量に加えて、身を置くその場やその集団を瞬時にアセスメントして適切に対処する力をつけていくことも、心理臨床家に期待される。

引用文献

(1)　大場幸夫『こどもの傍らに在ることの意味——保育臨床論考』萌文書林、二〇〇七年
(2)　菅野信夫「幼稚園における子育て支援」『臨床心理学』4(6)、金剛出版、六〇〇〜六〇五頁、二〇〇四年
(3)　菅野信夫「京都府私立幼稚園連盟キンダーカウンセラー派遣事業」『子育て支援と心理臨床』vol.4、福村出版、五九

〜六三頁、二〇一一年

押さえておくべきキーポイント

① **保育を理解する**

保育臨床には、まず保育所保育指針・幼稚園教育要領を読み、保育者の仕事と専門性を理解する。その上で、園の保育方針を理解し保育者との協働を目指す。

② **子どもをアセスメントする**

子どもの行動をよく観て、発達の様子や行動特徴を捉えた上で、子どもへの適切な対応と保育の方法について保育者と共に考え合う。

③ **保育者の保育活動を支援する**

保育後のカンファレンスでは、保育者の迷いや葛藤を受けとめ、臨床心理学の視点から子ども理解や保育について話し合いに参加し、園全体での共通理解に基づく保育活動を支援する。

④ **保護者の子育てを支援する**

保護者への個別相談、保護者対象のグループ懇談会や講演会、「保育カウンセラー便り」や「子育ての悩みヒント集」の発行など、保護者の子育てをサポートするための取り組みを園長と共に工夫する。

⑤ **地域における子育てを支援する**

地域の子育て支援のセンター的役割を担っている幼稚園において、未就園児対象の保育グループや地域の保護者の相談も受け付けている。未就園児の保護者を地域で支援することに保育カウンセラーも協力する。

読んでおきたい参考文献

・山崖俊子編著『乳幼児期における障害児の発達援助』建帛社、二〇〇一年
・大場幸夫『こどもの傍らに在ることの意味——保育臨床論考』萌文書林、二〇〇七年
・上里一郎監修、滝口俊子、東山弘子編著『家族心理臨床の実際——保育カウンセリングを中心に』ゆまに書房、二〇〇八年
・滝口俊子、山口義枝編著『保育カウンセリング』放送大学教育振興会、二〇〇八年
・臨床心理士子育て支援合同委員会編『臨床心理士のための子育て支援基礎講座』創元社、二〇一〇年
・子育て支援合同委員会監修『子育て支援と心理臨床』vol.3・vol.4、福村出版、二〇一一年

15　スクールカウンセリングの教育

香川　克
Masaru Kagawa

一　「学校を知る」ことの大切さ

スクールカウンセラーとして心理臨床的な活動をおこなうにあたり、「学校を知らなければならない」ということがよく言われる。その際には、日々の臨床活動の中で必要な、学校の中での物事の進み方や、学校の校務分掌などの組織制度的な仕組みについて言及されることが多い。

一方で、「学校を知る」ためには、そもそも「学校教育とは何か」というような、理念的・原理的な仕組みについて知っていることも大切である。そして、このような学校教育というものの理念的・原理的な側面は、学校現場に入ってからのオン・ザ・ジョブ・トレーニングで身に着けるよりも、学校現場に入る以前に、特に大学院までの教育の中でしっかりと身に着けておくことが重要であろう。

本稿では、こうした「そもそも学校とは？」というような、学校教育の原理についてスクールカウンセリングの教育の中で取り上げていくことの重要性について論じてみたい。

二　学校教育の目的――子どもの権利を保障する場としての学校

まず、学校教育がそもそも何を目的としているかということについて、法制度的な側面を、原点に遡って振り返ってみよう。

日本国憲法の第二六条に「すべて国民は、法律の定めるところにより、その能力に応じて、ひとしく教育を受ける権利を有する」とある。この「教育を受ける権利」を保障しようという営みが学校教育の根底にあるということは、現実の混沌の中で忘れられがちであるが、非常に重要なことである。

そしてさらに、教育基本法第一条（教育の目的）に、「教育は、人格の完成を目指し、平和で民主的な国家及び社会の形成者として必要な資質を備えた心身ともに健康な国民の育成を期して行われなければならない」とある。これに基づいて、学校教育法第二九条（小学校の目的）「小学校は、心身の発達に応じて、義務教育として行われる普通教育のうち基礎的なものを施すことを目的とする」などの、各学校の目的がある。これらの学校の設置目的を実現するために、各教科が置かれ、その内容が学習指導要領に定められている。

このような制度的な原点に帰って考えてみると、学校は、何よりもまず「子どもたちの教育を受ける権利を保障するための場」である。子どもたちは社会の形成者として成長するために教育を受ける権利を有する。そして、学校や教師がその権利を保障するのである。

単純に言えば、学校は子どもたちのためのものである。「子どもたちのためのもの」というのは、子どもの欲求を無制限に満たすものだということではなく、子どもたちが成長するための権利を保障するための場であるということである。当たり前のことのようであるが、スクールカウンセリングの「原点」としてこのことをしっかりと押さえておく必要がある。

こうした議論は、一見、抽象的で現場から離れたものであるようにも思える。しかし、「子どもの権利保障のための場としての学校」という感覚をしっかりともっているかどうかは、スクールカウンセラーが学校と適切な連携関係をつくり上げながら臨床活動をおこなっていく上で案外重要である。

架空の事例の形で例を挙げてみよう。

——ある中学二年生の男の子は、小学校時代から学力が低く、そのために、授業場面から外れていってしまうことが多かった。中学校が小学校から申し送られた事項の中には、「一度知能検査を受けたことがあり、軽度の発達の遅れが見られた」ということが入っていた。しかし、さまざまな事情から、特別支援学級への入級や個別の学習指導などの対応はとられないまま、中学一年の一年間を過ごした。授業にはついていくことが難しく、教師に反抗的な態度をとり始め、教室を抜け出したり、黙って帰宅したりすることも頻発するようになった。そして、中学二年生になる際には、特別支援学級への入級が決まった。この措置は、彼にとっては一種の懲罰のように体験されたようで、彼と学校や教師との関係には殺伐とした雰囲気が漂うようになった。特別支援学級の担任も、その年度初めて特別支援学級を担当したため、彼の発達上の困難への対応は十分にできなかった。その中で、学校側の彼の行動への批判も高まってきてしまった。本人がいらだつ中で、「死んでしまいたい」などの言葉も聞かれるようになったため、スクールカウンセラーが本人に関わることが求められた——

このような事態に出会ったときに、カウンセラーはどのような姿勢でこの事態に向き合うであろうか。この生徒の「教育を受ける権利」が、十分保障されているとは言い難いようである。この事態に対して「学校というものは、このように、子どもの思いと異なる措置をとることで、子どもを傷つけてしまうものなのだ」ととらえてしまうと、「学校では、他の人は彼の気持ちをわかってあげられないから、私が頑張らねば」と身構えてしまうかもしれない。すると、スクールカウンセラー自身も孤立した中で生徒との二者関係を築き、その関係の中で「心を癒そう」という関わりになっていく。うまくいけば、この生徒の「心の傷」は修復するかもしれない。しかし、この生徒が学校教育の中で成長していくという非常に重要な過程が損なわれたままになってしまう可能性が高い。

一方で、「学校は本来、子どもの権利を保障する場である。しかし、この場合、学校が失敗してしまっている」という理解をしたならば、この「失敗」を修正するにはどうしたらよいかを、学校のスタッフと一緒に考えていくことができる。もしかすると、この学校には、彼の認知発達上の困難について深い理解をもちながら、ことの成り行きを心配そうに見つめる特別支援教育コーディネーターがいるかもしれない。あるいは、生徒指導主任が、彼の行動の荒れの背景には授業についていけないつらさがあることを読みとっているかもしれない。「この学校のどこかに、今は表に表れていないけれど、彼を育てていこうという潜在的な機能があるはずだ」と、「学校というもの」を信頼する姿勢をカウンセラーがもち続けていることによって、学校の潜在的な力が発揮されていく可能性がある。

このように、学校・教師も、スクールカウンセラーも、どちらも子どもたちが成長しようとする権利を保障するために存在している。その共通の目的に向かって動くからこそ、教師とスクールカウンセラーは連携しながら児童生徒に関わっていくことができるのである。これは考えてみれば当然のことなのだが、学校現場のさまざまな困難な現実に出会う中では、案外揺らいでしまう事柄である。現場に入り込む前の大学の学部教育や大学院教育の中でスクールカウンセラー自身の内に育てておくことが重要であろう。

学部生や大学院生たちが、学校実習やボランティアで学校現場に入って授業の場での子どもたちへの関与を求められたときに、次のような戸惑いが語られることがある。「授業に入ると、授業担当の先生から、子どもたちが学習にしっかりと向かうように働きかけるように求められる。カウンセリングは『受容』ですよね。あんな風に『指導』を求められると困ってしまう。やっぱりカウンセリングと学校教育は違うんですね」そして、さらに「学校でもっと心理臨床が理解されるようになるといいのに……」と続く場合もある。

この学生の〝嘆き〟は、教師とカウンセラーの行動上の違いに関する戸惑いとしては、理解できなくもない。しかし、心理臨床的関わりと学校教育の関わりを対立的なものとしてとらえるのは、学校現場に関わっていく上であまり生産的なことではない。むしろ、「どちらも共通して子どもたちが育つことに資することを目指している」という共通点をしっかりと認識することが、現場で役に立つことが多い。児童生徒を授業へ向けて誘うことは、適切な方法でおこなわれていれば、多くの場合、彼らの成長するための権利を保障する働きかけとなるはずである。問題は、「適切な方法」をどのように模索するかであり、その中で、教師とカウンセラーの協働が求められるわけだ。「学習に向かいにくい」という行動をとることの意味や、そこに秘められた可能性をイメージしつつ、同時に、「学習に向かう」ことの意味や可能性に対しても開かれているカウンセラーであってこそ、子どもたちの成長に資する働きができるのではないだろうか。

このような形での協働を目指すスクールカウンセラーを育成していく上で、前述のような「実習の中での戸惑い」について、学部や大学院教育の中で、学生と指導にあたる者とが丁寧に話し合い、考えを深めていくことは、「スクールカウンセリングの教育」として大きな意義をもつであろう。

三　学校教育の方法――教科教育を通して子どもの中に育つもの

前節で述べたような学校教育の目的を実現するための方法として、学校教育法や学習指導要領などで規定された教科教育がおこなわれている。この教科教育という方法が目指していることについて知っておくことも、「学校とは何か」を考える上で重要である。

素朴に「教科教育」について考えようとすると、「勉強させられた体験」や「受験勉強をしなければならなかった体験」など、「苦行として、やらされること」として教科教育を受けてきたことをまず思い出してしまうことが多いかもしれない。特に、高度経済成長が後半に差しかかった一九七〇年代の後半から八〇年代にかけて、個々人のもつ微細な差異を序列化するような教育のあり方が一面的に強調されたこともあり、この時代に学校教育を受けた世代にとって、「勉強」は、自分を束縛するものとして体験されているようだ。

しかし、「戦後」という時代の香りがまだ濃かった頃の児童文学を読めば、わが国でも「学ぶ」ということが個人にとって喜びであったことが伝わってくる（灰谷健次郎『兎の眼』や今江祥智『山のむこうは青い海だった』など）。

過去の時代に遡らなくとも、今の学校の中でも、「授業」という営みがもつ意義は非常に大きい。筆者は、小学校三年生の算数の授業を参観したことがある。特別なところは特にない、割り算の概念に子どもたちが最初に触れる授業だったのだが、「12÷3＝4」という、たったそれだけのことを伝えることが子どもの成長にとって非常に重要なことであり、そこに専門的な力が必要とされていることを強く感じた。足し算・引き算は、家庭で教えることができなくはないかもしれない。かけ算もどうにかなるようにも思う。しかし、割り算を小学校三年生にしっかりと伝えるということは、かなりの専門性を要する。ほとんどの人は、割り算は学校で教師からの教育的働きかけがあって初めて身に着けてきているのではなかろうか。

このように、「数的・量的な世界」や「言葉の世界」に向けて個人を誘っていくこと、そしてさらには「社会」や「自然」に向けて個人の世界を開いていくことが、教科教育では目標になっている。そして、それは個人の世界を豊かにする可能性が高い営みである。現実には、あまりうまく機能していない授業もあるだろうし、学年が上がると受験勉強などの苦行体験も加わってしまって、元々の「学ぶことの豊かさ」はイメージしにくいかもしれない。それでも、やはり、私たちは学校の授業に育てられた力を基盤にしながら生活している。このような教科教育によって育つものは、思考機能、理性、意志の力などによって自分を導いていく力などの「自我を用いて外界と適切な関係を取り結んでいく力」であると言えよう。そしてそれは、子どもたちがこの世の中で生きていく上で、確かに身に着けるべき重要な力であろう。

もちろん、一方で、人は理性や意志の力だけで生きているわけではない。そのような自我の力の及ばない内側の世界が、人の心の中には広がっている。心理臨床は、この内側の世界のもつれや傷つきに目を向け、また、内側に広がる世界と自我との間の葛藤を扱っていく。

以上のような学校教育と心理臨床との関係を図にして示してみた。

学校教育は、自我と外界の関係を豊かにしていくことを目指しつつ、もちろん、必要な範囲で内界にもまなざしを向けている。教育相談や生徒指導などの中では内界へのまなざしが必要とされている。現実には、相当深く内界への目配りをしながらの教育活動もおこなわれている。

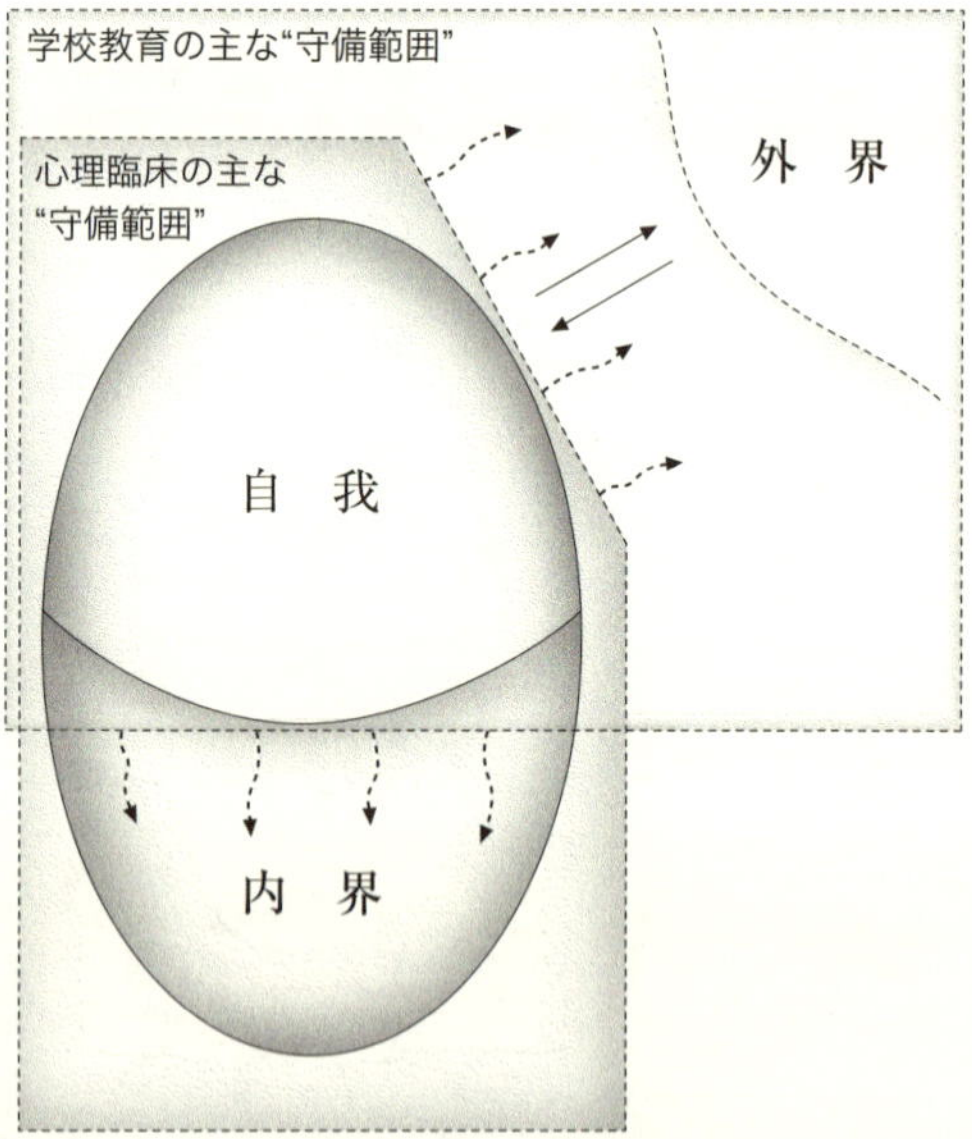

図　学校教育と心理臨床の関係

一方で、心理臨床は、自我と内界の両方を含んだ心の世界を取り扱いながら、個人と外界の関係性にも目を向けている。図は深層心理学的な力動的立場の場合に一番適合する形に書かれているが、必ずしも力動的な立場に立たなくとも、理性的判断通りに事が進まないことも多い内的なプロセスを重視するという点は、心理臨床の多くの立場に共通していると言えるだろう。

このように整理して考えてみると、学校と心理臨床とは、子どもたちの成長する権利を保障するという共通点をもちつつも、それぞれ独自の方法・独自の人間観を有していることがわかる。良くも悪くも、学校教育と心理臨床とはそれぞれ異なるスタンスをもつ異文化であると言えよう。そして、それらが相補的に子どもたちに働きかけることこそが望ましい。いずれにせよ、日常の学校現場での心理臨床活動場面で感じるさまざまな学校教育への〝違和感〟の源に、それぞれの立場が原理的にもっているスタンスの〝ズレ〟があることを認識しておくことは重要である。そして、その〝ズレ〟は、解消されるべきものではなく、むしろその〝ズレ〟によって児童生徒への関わりが多様性や重層性をもちうるという視点も重要である。

学部や大学院でのスクールカウンセリングに関する教育の中では、こういった自我を成長させて外界との適切な関係を取り結ぶ力を育てていく教科教育の意義について、十分に学生たちに伝えていく必要があろう。臨床心理学を学ぼうという学生たちは、当然ながら、内界を重視する傾向が強い。また、教科教育に悩んだり苦しんだり、場合によっては傷つけられたりという経験もしてきている。こうした学生たちが学校現場で教師と協働しながらスクールカウンセリングをおこなっていくための視点を身に着けてもらうためには、彼らが暗黙のうちにもっている〝学校教育観〟を、少しばかりひっくり返す必要があるように思う。

四　学生とのやりとりの中で――今の学生たちの学校教育観

ここまで、教育を受ける権利を保障するために学校があることと、その限りにおいて心理臨床と学校教育とは目標を共有できることを述べてきた。そしてさらに、自我と外界の関係を重視する学校教育と、自我だけでない心の全体性を重視する心理臨床との間には、〝ズレ〟が生じる場合があり、その〝ズレ〟が、児童生徒への関わりの重層性を生み出す可能性があるということについても述べた。このようなことを大学の学部や大学院でのスクールカウンセリング教育の中で「学校臨床原論」として学生に伝えていくことは重要であると考えている。

そして、そのような伝達の試みを通して、学生たちのもつ暗黙の学校教育観を変容させていくことを、筆者は目指していた。ところが、最近、筆者が想定していた「暗黙の学校教育観」が、学生がもっている「暗黙の学校教育観」とずれてしまっていることに気づかされつつある。

筆者は、「学校教育・教科教育は児童生徒を悩ませたり苦しめたりするものではない（みんな悩んだり苦しんだりしただろうけれど）。学校教育・教科教育は子どもの可能性を開いていくためのもので、心理臨床とは異なる面はあるけれど、子どもが生きていく上で大切なものだ」ということを伝えようとしていた（前項までの内容である）。しかし、学生たちは、少なくとも筆者が思うほどには教科教育で悩んだり苦しんだりしていないようなのである。もちろん、まったく悩まなかったというわけではない。しかし少なくとも、筆者の世代が共有している「学校は俺たちの自由を奪う」あるいは「勉強はよい学校、よい大学、よい会社という決められたレールから外れないようにするための束縛だ」というような、一九八〇年代的な感覚は、今の学生たちには希薄である。彼らにとって学校教育は抑圧的なものとしては体験されていないらしい。

では、彼らは束縛なき学校生活を満喫していたのかというと、そうでもなさそうである。むしろ、あるのかないのかビミョーな感じの暗黙の決まりごとが漂う中で、「人に合わせる」ために必死になっているという体験を、多くの学生が通り抜けてきている。「ＫＹ」という言葉が流行ったが、「空気（Ｋ）読め（Ｙ）」という無言の圧力が、今の大学生や大学院生の学校体験の通奏低音だったようである。「人と合わせないと大変なことになる」「『みんな』と同じにふるまわなければ」というわけだ。これは筆者が想定していた「〝抑圧的な学校〟という体験」とはずいぶん異なる。学校が制度として個人を抑えるのではなく、「仲間に合わせないと大変」なのだ。筆者は学部での「学校臨床心理学」の授業の冒頭で、学校イメージのアンケートをおこなっているのだが、最近では「学校は人に合わせることを学ぶ場だ」と答える学生が多くなっている。これは、確かに今の学校現場の現状と重なっている。

このような学校イメージをもつ学部生・院生たちに対して、「学校は教科教育を通じて児童生徒を育成する場なのだ」ということは、それはそれで「学生のもっていた暗黙の学校教育観」をひっくり返し、転換することにはなるだろう。しかし、筆者が当初考えていたのとは異なる方向の転換であることには留意する必要がある。

また、「人に合わせることが大切だ」と考えている学生たちは、ある意味で困ったことに、「教育を受ける権利」がわかりにくいようである。そもそも、「権利」や「基本的人権」が、暮らしていく上での実感としてピンと来ないらしい。それはそうだろう。「人に関わるためには、人に合わせなければならない」ということを、暗黙のうちに強く植え付けられているのであれば、「個人が集まって社会を形成していく」という民主主義の原理それ自体がわかりにくいわけで、その個人が権利を有するということがイメージしにくいのも無理もない。

このようなことについて、学生とやりとりを続ける中で、次のように言われたことがある。「個人が集まって社会を形成していくと言われても、そんなことが自分の周囲で実現したことがない。決まりを自分たちで決めたことなどないし、やったことがないことはわかりませんよ」。なるほど、確かにそうであろう。いつの間にかすでに決められているルールがあって、それに加えて、ルールとして明文化されていない空気も読まなければならない。学生たちにとって、社会は個人がつくるものではない。むしろ、社会とはそれに合わせなければ大変なことになるような、漠然としたつかみどころのない「何か」であるということを、今の学生たちは体験的に学んできている。

そうなると、教育基本法にある「社会の形成者としての国民の育成」というあたりの文言は、学生たちにとって「結局、人に合わせろということだよね」と読みとられる可能性が高くなる。そして、「教育というのは、あの、人に合わせろという圧力のこと」となってしまうかもしれない。そうならないようにするためには、「そもそも基本的人権とは」というようなことも含むような教育が必要になっているようだ。そしてこれは「社会科・公民科で中学・高校時代に学びきれなかったことを教えるリメディアル教育」ではなく、「実感を伴って個人と社会の関係をとらえなおす教養教育」であるべきだろう。

「個人」や「権利」について学生たちがうまく実感できない中で、スクールカウンセリングの教育をおこなう上で、「教育を受ける権利」にまで遡って「学校とは何か」を論じることは、いよいよ重要になってくる。もし、空気を読んで人に合わせる力をつけることが学校教育の目的であるならば、心理臨床と学校教育の協働は難しいことになる。心理臨床は、個人がより広い可能性の中で自己決定をおこなえるようになることが、目的の一つなのだから。スクールカウンセリングが存立するための基盤として、「教育を受ける権利を保障するための場」として学校を考えることは必要不可欠であるし、そのことをスクールカウンセリングの教育の中で伝えていくことは非常に重要であると言えるだろう。社会と個人の関係がいよいよ錯綜してくる現代の情勢の中で、このような伝達の試みはいよいよ難しくなってきているようではあるが。

押さえておくべきキーポイント

① **スクールカウンセリングの教育の中で、「学校とはそもそも何をする場なのか」を考えていくことは重要である**

② **学校は、子どものもつ教育を受ける権利を保障するための場である**
教師も子どもの教育を受ける権利を保障するために仕事をしている。子どもを束縛したり従わせたりするための場ではない。このことを認識しておくことは、スクールカウンセラーと教師の協働関係の基盤になる。

③ **学校教育・教科教育は、自我の力で外界と適切な関係を取り結ぶために必要な力を育てる。心理臨床は、内的な過程も含む個人の心の全体性に働きかける**
学校教育と心理臨床の〝守備範囲〟のズレは、重層的な関わりを生み出す可能性をもっている。それぞ

れの専門性を認め合うことが重要である。

④ **スクールカウンセリングの教育を受ける二〇代の学生たちは、束縛したり抑えつけたりするものとしての学校を体験していない。むしろ、「人に合わせること」を学ぶ場として、学校を体験してきている**

⑤ **このような「人に合わせる」という形での個人と社会の関係を身に着けてきた学生に「教育を受ける権利」を伝えていく努力が必要になってきている**

読んでおきたい参考文献

- 今江祥智『山のむこうは青い海だった』理論社、一九六九年（現在は、二〇〇三年に再版されたものが入手しやすい）
- 灰谷健次郎『兎の眼』理論社、一九七四年（現在は角川文庫のものが入手しやすい）
- 佐藤学『学力を問い直す――学びのカリキュラムへ』岩波書店、二〇〇一年

16 スクールカウンセラーの出会う諸困難

小林哲郎
Tetsuro Kobayashi

はじめに

文部科学省（当時文部省）によるスクールカウンセラー制度は、当初「スクールカウンセラー活用調査研究委託事業」として、平成七（一九九五）年に始まった。筆者は、それ以前から、自治体の事業としての拠点校巡回型、単発派遣型のスクールカウンセラーの経験もあったが、文部科学省（当時文部省）のスクールカウンセラーにも参加し、二〇年近くスクールカウンセラー活動を経験してきた。その間、京都府臨床心理士会の学校臨床心理士部会（京都ＳＣ部会）担当理事をしたり、京都ＳＣ部会の研修システムをつくった。今は、京都市教育委員会のスーパーヴァイザーとして、各校を回って、スクールカウンセラーの活動で困っていることや学校側の活用について管理職やコーディネーターと話したりしている。また、京都市のスーパーヴァイザーは学校関係者の事件・事故、災害時の緊急支援の応援もしている。

これらの、さまざまな経験をもとに、スクールカウンセラーが出会う諸困難について考えてみたいと思う。

なお、スクールカウンセラーの出会う困難は際限ないが、ここでは、筆者の思いついた点のみを取り上げることをお許しいただきたい。

一　スクールカウンセラーと学校との出会い

スクールカウンセラーは学校現場に行くと、さまざまな困難に出会うことになる。初心者の心得は次章で語られるので、ここでは、すでにスクールカウンセラーを始めている人が、配置校を変わるときのことを主に想定してみる。

小林（二〇〇一）[1]は、スクールカウンセラーとして学校に入るときに注意しておくこととして、「学校を知ること」「スクールカウンセラーを理解してもらうこと」「役に立つこと」の三点を強調している。「スクールカウンセラーを理解してもらうこと」はかなり進んだ学校、地域もあるが、まだまだの学校もあり、さまざまである。「学校を知ること」「役に立つこと」はいつも考えておくべきことであろう。

まず、学校、地域の文化、管理職、生徒指導部長などの考え方によって生徒指導体制が違い、スクールカウンセラーの活動や教育相談体制への理解が異なるということがある。基本的には、住宅街、商店街、工場を含む地域や校区に児童養護施設があったり、地域の歴史などがその学校の雰囲気を規定していることも多い。そして、今の在校生や最近の生徒が荒れているかどうかということも、現実的な生徒指導体制に大きな影響を与えるものである。

そして、管理職や養護教諭を含めて、教職員には異動がある。スクールカウンセラー活動への影響力の強いキーパーソンは、管理職、スクールカウンセラー・コーディネーター、生徒指導部長、養護教諭などであろうか。生徒指導部長、スクールカウンセラー・コーディネーターなどは、異動はしていないが校務分掌として替わる、ということもある。引き継ぎでは、スクールカウンセラー・コーディネーターは熱心で、細やかに生徒や保護者に取り次いでくれると聞いていたのに、行ってみると担当者が替わっていて、あまり熱心にやってくれないというようなことや、管理職、生徒指導部長が替わって、生徒指導体制の雰囲気が変わったということもある。生徒指導委員会や不登校委員会などの学内委員会に入れてもらえると学内の様子がわかり、とけ込みやすいが、学校側の受け入れや曜日が合わないなどの理由で、参加できないこともある。また、三、四年、同じ学校に行っている場合でも、学校側の窓口や関係者が替わって、活動のやり方を変えざるを得なくなったということもある。

以上のようなことを前提にすると、スクールカウンセラーは学校内の人間関係の力動を見立てることも大切になってくる。管理職と一般教員、校長と教頭、教務、生徒指導部長、教育相談担当者、養護教諭などの関係性はさまざまで、コミュニケーションが良かったり悪かったり、上下関係がはっきりしていたり、役割と違う先生の発言力が強かったりすることもある。もちろん、スクールカウンセラー・コーディネーターや教頭を窓口とするのが基本であるが、いろいろな教職員と話ができる関係をつくっていくことも大切である。

信頼関係をつくることは大切である一方、スクールカウンセラーは女性の比率が高いので、個人的関係に巻き込まれる可能性も大きくなる。軽く受け流せば済む場合がほとんどであるが、パワー・ハラスメント（地位・権力を利用した嫌がらせ）、セクシャル・ハラスメント（性的嫌がらせ）で、スクールカウンセラーが困惑することもある。内田・内田（二〇一一）[2]は、よくあることとして、軽い冗談のつもりでの発言が女性スクールカウンセラーにとって不快に感じられる場合を指摘している。また、「スクールカウンセラーはコンサルテーションという形で、一対一で担任や管理職と会話することがあり、その中で個人的な感情を向けられたり、ハラスメントと考えられる発言をされたりすることもあり得[2]」るとしているが、確かに、相談室で真剣に話を聞いてもらうことで、転移のようなものが起きる可能性はある。早めに不快であることを伝えないと、エスカレートしてストーカー的な行動を引き起こすこともあるので、内田らは同性のコーディネーターや教育相談担当者、養護教諭やスーパーヴァイザーに相談し、客観的に見てもらうことを提案している。早めの相談と一人で抱え込まないことが大切だとしているが、その通りであろう。ハラスメントの問題は、一人職場で、一対一の場面も多いので、枠の曖昧さも考えると一つの盲点かもしれない。意識しておけば、エスカレートせずに済むことなので、注意だけはしておいたほうがいいだろう。

二　相談活動に関して

1　相談室

中学校に関しては、生活（生徒）指導や教育相談の部屋であったり、空き教室の一角を区切って相談室のようにしているところも多い。学校によって構造は違うが、文部科学省がスクールカウンセラーを全中学校に配置するとしたので、何らかの相談室がつくられているものと思われる。

しかし、小学校に関しては、生徒指導、教育相談用の部屋がなく、面談がある場合は会議室などを使っている場合が多い。職員室の机も、多くの学校では、スクールカウンセラー専用のものを用意してくれているが、物理的な要因で講師の教員と兼用になっているところもある。

相談室の構造で言えば、相談室登校の生徒がいる場合、カウンセリングができる部屋と相談室登校の生徒が過ごす部屋がちゃんと別であればいいが、そうでない場合も多い。パーティションなどで出入りが見えない工夫や、違う部屋と使い分けるなどの工夫をしている場合が多い。

また、校内で相談室がどこにあるかということも、活動に影響を与える要因となる。まず、教室に挟まれたような人通りが多いところは相談室として使いにくいが、机のある職員室から遠いところも不便である。

また、保健室と近いと養護教諭と連携しやすくなるとか、校長室と近くて、校長とよく話ができるというような、物理的距離が活動に影響を与える要素もある。

昼休みに相談がない場合には、相談室を開放して、トランプ、オセロ、将棋、マンガなどを用意して息抜きの場としたり、相談室やスクールカウンセラーになじんでもらったりすることもある。しかし、その場合は、学校全体の生徒指導体制の中で了解を得ておかなくてはならない。

2 相談活動

相談活動の活発さに関しては、学校によりいろいろである。大規模校で、生徒や保護者の面接が立て込んでいたり、小学校で四時間勤務であるために、すぐに予約がいっぱいになったりすることもある。その場合には、担任や関係教員への報告やコンサルテーションの時間が取れなくなるという問題が出てくる。わが国の学校文化では、担任が窓口であり、家庭とのパイプ役でもあるので、担任には立ち話で伝えるか、部活、家庭訪問などで担任に会えなければ、児童生徒や保護者に会ったことを簡単なメモ程度で伝え、最低限報告しておいたほうがいい。

また、学校によっては、ことに転任で新しく配置された学校では、引き継ぎケースが少ないこともある。少しずつ慣れていけば増えていくことも多いが、経験の浅いスクールカウンセラーは、職員室にいることが苦痛だということをよく聞く。また、不登校は多いのに、スクールカウンセラーに対する理解のできていない学校や、スクールカウンセラー・コーディネーターが多忙だったり不熱心で、ケースとしてつないでくれない学校もある。授業中の教室で授業の様子を見る校内巡視ができればいいが、それを嫌がる学校もある。そんなときには、たとえばカウンセリング、子どもの発達、教育相談に関する本を読んで、その内容をまとめて教職員便りを出し、それを配布しながら声をかけるというような工夫も必要である。

いずれにしても、相談活動については、授業中は子どもの学習権があるので、原則、児童生徒の面接はできない。そして、それぞれの学校の方針があるので、その枠の中で、広報をしつつ、面接を増やし、実績を積むことで来談を促すことになる。

三　教職員との関係と守秘義務

1　教職員との多重関係性

スクールカウンセラーは、学校設置者（地方公共団体や学校法人）との間で非常勤の雇用契約を結び、配置された学校で、学校長の監督の下で活動をする。また、職員室に机をもらうので、学校長の監督下に教育活動をしている一般教諭、養護教諭、事務職員や用務員、栄養教諭などとは、職場の同僚である。学校という場で、カウンセリングを実施するということは、法律的には校長から依頼されていることになる。

しかし、教員とスクールカウンセラーは単なる同僚という関係だけではない。臨床心理学の専門家として、児童、生徒や保護者のカウンセリングをし、教員のコンサルテーションをすることが主な目的で配置されているのである。コンサルテーションは、教育の専門家に対して臨床心理学の専門家が、教員とは別の視点からの考えを提示し、一緒に考える作業であり、平成七（一九九五）年からのスクールカウンセラー活用調査研究の総括でも、その専門性と外部性が有効であると指摘されている。

筆者は旧文部省のスクールカウンセラー活用事業以前に、自治体教育委員会から依頼校への単発派遣のスクールカウンセラーとして、一回二時間程度のコンサルテーションを実施していたことがあった。単発派遣なので、教員から不登校の大体の経過を聞き、家庭訪問などで適切な対応をされていることが多かったので、労をねぎらってその対応を支持し、認めるようにしてあげていた。筆者の中には、単発で大した助言もしていないのに、有効な支援になっているのかという疑問があったが、専門家に支持され、是認されることで先生方は自信をもって取り組めるようになる点で、有効であるとわかった。心理の専門家としてスクールカウンセラーを認識している教職員には、コンサルテーションは影響力が大きいことを自覚して、スキルアップしておかなくてはならない。

また、教職員が精神疾患を患ったときに、管理職からカウンセリングを依頼されることがあり、ケースバイケースであるが、こうした多重な関係性があることをよく考える必要がある。まず、うつ病などの疑いがあれば、医療につなげることが先決である。話を聞く機会をつくり、じっくり話を聞いて医療につなげることがスクールカウンセラーの仕事であろう。本人が希望して、条件が整えばカウンセリングできることもあるが、同僚であることや教育の専門家としての教員のプライドからカウンセリングが難しいこともある。たとえば、学級経営がうまくいかず、管理職からも指導を受けているような場合、教師としての資質や能力に原因帰属したり、カウンセリングを罰のように感じたり、校長への不満を同僚であるスクールカウンセラーに話しにくいという教員もいる。来てくれれば何とかなる場合が多いが、本人が嫌がる場合は、自治体の職員相談室とか民間の相談機関をすすめることを考えてもいいだろう。

2　報告義務と守秘義務

出口（二〇〇九）(3)は、「スクールカウンセラーは、教育委員会と雇用契約を締結する際、学校長に対してカウンセリング内容の報告義務を負うとされるのが一般的です。他方スクールカウンセラーは、クライエントである子どもや子どもの親から『これは先生に言わないでね』とか『これは誰にも言わないでください』といって、子どもや家庭のきわめて深刻な内容を打ち明けられることが少なくありません」と述べている。

報告義務に関しては、教育委員会や学校長によって運用はさまざまであろう。日報を書かせるところもあれば、何も求めないところもある。報告を書くことになっても、詳細に書く必要はない。教育委員会の集計に使う、相談内容の分類カテゴリー程度のことでいいであろう。匿名希望の場合は匿名と記載し、内容も「来談者の希望により、記載しません」というような形で、守秘義務とのバランスをとるのがいいのではないかと思う。実際には、担任からの依頼の児童生徒も多く、保護者や別室登校の児童生徒も来校場面を誰かに見られている可能性が高いので、教職員に来校、来談を隠し通すことのほうが物理的に難しい。

また、報告義務ではないが、スケジュール管理のために、スクールカウンセラー・コーディネーターとスクールカウンセラーが共有するスケジュール表や予定表を使うこともある。これは、積極的な情報共有である。そもそも、地方公務員である教員は、地方公務員法において、「職務上知り得た秘密を漏らしてはならない」（地方公務員法第三四条第一項）とされており、教員も教育上、生徒指導上必要な情報共有は学校内だけで認められるものであり、校内守秘がある。スクールカウンセラーがカウンセリングなどのスクールカウンセラー活動で知り得た情報は、カウンセリングの守秘義務と学校内で職務上知り得た情報守秘という二重の守秘義務の枠に守られていることになる。学校スタッフ全員が負う校内守秘をある程度信頼して、必要な情報共有をしていくことは、大切なことである。

一方、カウンセラーとしての守秘義務も当然重要であり、「あの人がカウンセラーだから話したのに、先生に全部筒抜けになっている」となると、カウンセラーとしての信頼感が失墜し、カウンセリング関係そのものが崩壊してしまう。現実問題としては、校内の誰に、どの程度伝えるかは、個々の事例ごとに丁寧に検証すべきものであり、経験を積む中でより的確なふるまい方を身につけていくことができるものである。守秘の問題はベテランでも常に学ぶ姿勢をもって、検証し続けなければならない。

カウンセリング守秘と校内の情報共有は微妙なことが多く、誰に伝えるかという場合に、管理職、担任、コーディネーター、養護教諭だけ、とか管理職と学年団だけ、というような、限定した立場の人や関係者だけとの情報共有もあり得る。共有することの有効性と共有範囲を広げすぎた場合の漏洩のリスクのバランスは微妙であり、正解は一つではないかもしれない。

虐待に関しては、児童虐待防止法により児童相談所などに通告する法的義務があり、守秘義務に関する法律の規定は通告を妨げないとされている。また、子どもを預かる学校には、法律的に子どもを危険から守るための安全配慮義務があり、ひどいいじめなどを認知していながら放置していると、学校としては安全配慮義務に違反することになる。このような、学校が法的に責任を負っていることに関しては、学内で学校長の監督の下に活動するスクールカウンセラーが、守秘義務を盾に情報を伝えないというのは、不適切である。カウンセラー一般に通じる原則でもあるが、自傷他害のおそれがあるときは、なるべく本人の承諾を得て、関係者や関係機関と連携して、自他に危害が及ぶことを未然に防止することがスクールカウンセラーとしても求められる行動である。「日本臨床心理士会倫理綱領」第二条第一項には秘密保持に関する規定があり、「業務上知り得た対象者及び関係者の個人情報及び相談内容については、その内容が自他に危害を加える恐れがある場合又は法による定めがある場合を除き、守秘義務を第一とすること」と守秘義務の大原則が規定されている。そして、第四条のインフォームド・コンセントの第四項では「自他に危害を与えるおそれがあると判断される場合には、守秘よりも緊急の対応が優先される場合のあることを対象者に伝え、了解が得られないまま緊急の対応を行った場合は、その後も継続して対象者に説明を行うよう努める」としており、関係者に伝えることを本人と話し合うことも大切にしているが、表面的な行動だけにとらわれず、その底にあるクライエントの思いを聴きとるカウンセリングの本質を考えれば、当然であろう。

ここで、事例を通して検討してみる。中学二年生女子のいじめに関する事例である。

二年の女子Aさんが一人の友人と自主来談した。Aさんの授業での発言に関して、それを不快に感じた一〇名近い女子に呼び出され、取り囲まれて説明を求められたというのである。「先生には言ってほしくない」と言って経過を話し始めたので、スクールカウンセラーは、Aさんの恐怖感と理不尽さに対する憤りを十分聴いてあげた。話すうちに落ち着いてきたので、スクールカウンセラーの立場を説明し、先生方に指導をお願いするしかないことを説明した。そうすると、Aさんも理解してくれたので、担任に指導してもらった。Aさんには、報復などがあれば指導をくり返してもらうから安心するようにと保証をしておいたが、幸い、担任の指導で和解をしておさまった。

ここでのポイントは、まず、来談者の気持ちをしっかり受け止めることである。先生に話してほしくないけれど誰かに聞いてほしい、何とかしてほしいからスクールカウンセラーに訴えに来たのである。最初の、気持ちの受け止めがしっかりできなければ、その後の説明も受け入れられないし、受容、共感ができてはじめて、スクールカウンセラーの事実の説明が受け入れてもらえると言えるだろう。思いを聞かずに最初から説得しようとすると、反発を招くことも考えられる。

おわりに

スクールカウンセラーの特徴は、それぞれの学校で活動できる環境が違い、そのときのキーパーソンによっても違うため、迅速な見立てと状況に応じた臨機応変な行動が要求されるということである。教職員との多重関係性についてはすでに述べたが、保護者も多様であり、子どもの健康な成長を願い悩む親であったり、それが高じてクレーマー的になっている人、子どもの問題行動の原因であると思われる人、虐待加害者であることもある。そのような多重関係性や多様性の中で、スクールカウンセラーとしての適切な行動をとれるようになるには、習熟を要する。カウンセリング技術は前提として当然であるが、スクールカウンセラーはカウンセリングの応用の部分が多く、また、カウンセリング技術以外の知識や技術も必要になってくる。スクールカウンセラーとしての年数や校数を経験していても、つねに柔軟に学んでいく姿勢が大切である。

そして、もう一つの大きな特徴は、一人職場であることである。一人なので、自分の対応や行動が正しいのかどうか不安になることが多い。フィードバックも少ないし、評価がわかりにくい。

スクールカウンセラー制度も試行期間から一五年以上経ち、スクールカウンセラーの側も経験を蓄積し共有してきたし、教育委員会も、双方のアンケートをとったりしながら、学校側のスクールカウンセラー活用についてもある程度、理解が深まってきているであろう。スクールカウンセラーとしては、一人職場であるからこそ、各都道府県臨床心理士会や教育委員会が企画する研修会や情報交換会で今まで蓄積されてきたことを吸収し、現場で必要な不登校、いじめ、心身疾患、発達障害、虐待、非行などについての知識や外部連携機関の情報を充実させるなど、一人一人のスキルアップが大切になってくるのである。たとえば、京都府では、地域、校種ごとの一一の班をつくり、担当班を決めて輪番制で月例研修会を開催している。その中で、事例検討をしたり、関連機関の方を講師として話を聞いたり、緊急支援の研修を毎年開いたり、数回は班別研修会として、それぞれの班で実践的な研修をしたりと、いろいろ組み合わせた研修をしている。これは、初期の頃、一人職場で各スクールカウンセラーが不安なので、月に一度は集まって情報交換をしようという情報交換会から発展したものである。

また、スーパーヴィジョンについても、教育委員会側が配置していたり、各都道府県臨床心理士会で登録しているところもある。スクールカウンセラー活動で困っている点について、スーパーヴァイザーからアドバイスを得たり、一緒に考えることで、今までの蓄積された経験から得られるものもあるだろうし、違う視点からの考え方が、新たな気づきにつながることもあるだろう。

各スクールカウンセラーの得意分野や技術を理解しておくと、校内研修などの機会に助けてもらうこともできる。経験によって学ぶことが多いだけに、このようなスクールカウンセラーのネットワークや支援システムを通じて、向上心をもって研鑽を続けていかないと、必要とされる支援ができる「役に立つ」スクールカウンセラーであり続けることは、難しいのではないだろうか。

引用文献

(1) 小林哲郎「スクールカウンセラーと学校」〔山中康裕監修〕『魂と心の知の探求——心理臨床学と精神医学の間』創元社、四七九〜四八五頁、二〇〇一年

(2) 内田利広、内田純子『スクールカウンセラーの第一歩——学校現場への入り方から面接実施までの手引き』創元社、一二九頁〜一三二頁、二〇一一年

(3) 出口治男監修『カウンセラーのための法律相談——心理援助を支える実践的Q&A』新曜社、六一頁、二〇〇九年

押さえておくべきキーポイント

① **学校や担当者によって、スクールカウンセラーの活用の仕方が違う**

校種、地域、学校の文化、管理職、生徒指導の考え方によって、スクールカウンセラーの活用の仕方が違う。また、管理職、生徒指導担当者、スクールカウンセラー・コーディネーターにより、動きやすさが変わってくる。キーパーソンを中心に、教職員と良い信頼関係を築くことを考えたい。

② **相談室の使い方と位置**

相談室のある場所や部屋の造りによって、活動が規定される部分があることを意識し、それを活かすような活動の調整も大切である。

③ **教職員は同僚でもあり、コンサルテーションの相手でもある**

児童生徒のことで教職員のコンサルテーションをすることは、スクールカウンセラーの仕事の柱である。しかし、教員自身のカウンセリングは関係性が違うので難しいことがある。うまくいかない場合は、外部機関にリファーするとよい。

④ **報告義務と守秘義務がある**

教育委員会から派遣され、学校長の監督の下に活動するという立場や教員と共通認識をするために、校内守秘の守りの中で、活動内容をある程度共有する必要がある。しかし、カウンセリング守秘の大原則もあるので、うまくバランスをとることが大切である。

⑤　一人職場であることから研修、スーパーバヴァイズは必須

教員とは多重関係にあり、保護者も多様である。スクールカウンセラーの活用がうまくいってない学校もあり、臨機応変な対応や必要とされる支援をするためには、教育委員会や臨床心理士会の研修やスーパーヴィジョンを受けながら、自己研鑽することは欠かせないことである。

読んでおきたい参考文献

- 内田利広、内田純子『スクールカウンセラーの第一歩――学校現場への入り方から面接実施までの手引き』創元社、二〇一一年
- 出口治男監修『カウンセラーのための法律相談――心理援助を支える実践的Q&A』新曜社、二〇〇九年
- 本間友巳編著『学校臨床――子どもをめぐる課題への視座と対応』金子書房、二〇一二年

17 スクールカウンセリング初心者の心得

梶谷健二 Kenji Kajitani

一 初心者の心得

1 日常の基本を大切にする

スクールカウンセラーが学校で活動をし、よき人間関係を築いていくためには日頃のコミュニケーションが重要である。挨拶をはじめ、身だしなみ、言葉づかい、電話の受け応えなどの日常の基本を大切にしていると、一人の社会人として認められ、教師や保護者が向こうから声をかけてくることもある。また、どこの職場にも服務規律がある。出勤簿に印を押す（カードの場合もある）、休みを取るときは事前に連絡をする、自動車通勤も学校側のルールに従う、など日常の勤務の基本を大切にすることが重要である。

初心者には、まず社会人としての基本的なマナーを身につけておくことが求められる。

2　専門性を深める

(a) スーパーヴィジョンを受ける

大学院の院生などが、指導教官からスーパーヴィジョンを受けることは多い。しかしスクールカウンセラーとして学校に勤務するようになった後も、必要に応じてスーパーヴィジョンを受けることが望ましい。スクールカウンセラーが勤務する学校は、日々教育活動に取り組んでいるので、さまざまな状況に臨機応変に対応することが求められる。担任やスクールカウンセラー担当者との連絡調整、虐待と通告、守秘義務、校内やＰＴＡ研修会の講師、ケース会議のもち方などについて、どのように対処すべきか、スクールカウンセラー初心者にとっては戸惑うことが多い。

初心者へのスーパーヴィジョンの内容には、心理臨床に共通する側面とスクールカウンセリング特有の側面がある。スーパーヴァイザーは、それぞれのスーパーヴァイジーのこれまでの体験や事例の総合的な状況を判断して、適切に対応しアドバイスしてくれるはずである。自ら進んでスーパーヴィジョンを受けて、スクールカウンセラーとしての活動を充実させていく必要がある。

(b) 研修会・講習会を活用する

学校ではさまざまな子どもの心の問題があり、スクールカウンセラーは心の問題の専門家として高度な知見と実践力が求められている。そのため、スクールカウンセラーの初心者には常に謙虚な気持ちをもって研修に取り組んでほしい。

ある年のスクールカウンセラー全国研修会の内容を見てみると、講演「学校におけるスクールカウンセラーの位置と役割」「スクールカウンセラー制度の意味について」「教育の時間——心の時間」、シンポジウム「スクールカウンセラーに期待されるもの——教育全体を視野に入れて」、分科会では「発達障害・いじめ・

不登校・非行・虐待・緊急支援・保育と学校教育の連携・グループワーク」など内容が多彩で、スクールカウンセラーにとって非常に参考になるテーマが多い。教育相談や心理臨床、カウンセリングに関係する諸学会でも、スクールカウンセラーに関する発表、ワークショップ、シンポジウムなどが多く見られる。これらの研修会や講習会に参加し、スクールカウンセラーとしての資質の向上に役立て、専門性を深めていくことが大切である。

(c) 論文・著書に学ぶ

スクールカウンセラーが学校臨床を学ぶ場合、学校臨床心理学をはじめ、教育相談や心理臨床、カウンセリングの理論、方法を学ぶ必要がある。大学では心理学や臨床心理学など幅広く学んできたと思うが、今日ではスクールカウンセラーに関する研究書や実践事例集なども多く出版されるようになってきたので、これらの論文や著書を通して、先輩スクールカウンセラーの知見や実践から学び、得ることは非常に多い。

3　心身の健康を大切にする

スクールカウンセラーの主な仕事は、学校の子ども、保護者、教職員らの相談に応じることである。近年、学校での相談数の増加とともに、内容も多種多様になり困難な事例も多くなってきている。またスクールカウンセラーへの期待と要望も一段と高くなり、日々多忙なスクールカウンセラーも多い。そのためスクールカウンセラー自身の心身の健康管理も重要である。初心者のスクールカウンセラーは、常日頃から自らの心身の健康を保つように、特に心がけてほしい。

二　スクールカウンセラーが学校を理解する

1　学校には教育目標がある

学校はそれぞれに教育目標を設けている。A小学校は「豊かな心をもちたくましく生きる児童を育成する」という教育目標をかかげ、実践に取り組んでいる。この教育目標を達成するために運営上の重点を示したものが、教育活動の重点である。この小学校の重点の中に「確かな学力の確立」「豊かな心と健やかな体を育む」などがある。これらを達成するために、学校はさまざまな教育活動をおこなっている。

2　学校には組織がある

学校の教育目標を達成するため、校長は教職員に校務を分掌させている。具体的には、学校は組織をつくり、教職員はそれぞれの役割を分担している。ある中学校には教務部、生徒指導部、保健部、研究部、庶務部などがあり、教務部の中の一つに学籍係がある。学籍係は日々の出席統計、生徒の転入転出の処理、卒業生台帳の整理・保管に関する事務などをおこなっている。

この学校の生徒指導部の中には教育相談係があり、スクールカウンセラーはここに所属している。このように、スクールカウンセラーを校務分掌の中に位置づけている学校もある。保健部は生徒や教師の健康管理、校舎内の換気、採光、保温、清潔など多様な仕事を抱えている。また学校では、校長や教頭、教諭、養護教諭の他に、事務職員、給食調理員、管理作業員（用務員）、非常勤講師なども、組織の一員として協働して仕事に取り組んでいる。

3　学校は教育活動をおこなっている

学校ではさまざまな教育活動がおこなわれているが、中学校における教師の主な教育活動は各教科（国語、社会など）、道徳、総合的な学習の時間、特別活動の指導などである。教師は、①どのような内容を、どんなねらいで、どんな方法で指導するのかなど、日常的に教材研究や教材教具の準備・制作など学習指導上の仕事に取り組んでいる。また、②登下校、給食、清掃、遠足などの指導、③学級事務の処理、校務分掌上の仕事、④学年会、研修会、職員会議への参画、⑤ＰＴＡなどの仕事にも取り組んでいる。

4　学校には特色がある

スクールカウンセラーが派遣された学校にはそれぞれに特色がある。工場や商店が多い街、高層マンションが立ち並ぶ街、農漁村、昔ながらの住宅街など、学校の校区はさまざまな顔をもっている。校区を見て回り、学校周辺に住んでいる人々の暮らしに触れ、子どもたちが日常生活を送っている地域の実態に接し、学校の理解を深めることも大切である。また各学校には、学校の概要を記した「学校要覧」がある。要覧には教育目標をはじめ、生徒や教職員数、校務分掌、年間行事計画などが記載されている。スクールカウンセラーはこの要覧に目を通し、勤務校の全体像を理解しておくことが望ましい。

三 教師と連携し活動を充実させる

1 キーパーソンを見つける

学校内でスクールカウンセラーが比較的よく接するのは、教育相談担当や養護教諭などで、常日頃からこれらの教師と連携を深めておくことが大切である。特に、養護教諭は長年同じ学校に勤務し、子ども自身のこと、友だち関係のこと、家族のこと、心身の状態などをよく理解していることが多い。養護教諭は主に保健室で一人で働いていて、授業も担当していないなど、スクールカウンセラーと話しやすい立場にいるため、スクールカウンセラーと協働して活動を展開している人が多数いる。

スクールカウンセラーの仕事をしていると、カウンセリングや教育相談に興味・関心をもっている教師、クラスの子どもの指導に戸惑っている教師、保護者との人間関係で思い悩んでいる教師などが、向こうから声をかけてくることがある。常日頃からスクールカウンセラーが教師たちの話をじっくり聴いていると、自然な形でスクールカウンセラーと教師が信頼関係を築いていけるようである。また学年会議やケース会議の中で、穏やかにかつ適切な意見を述べて話題の方向性を見つけまとめていく教師、すなわちキーパーソンになる教師に出会う。このような人と連携して、仲間に溶け込めない教師たちともつながり、活動の輪を広げているスクールカウンセラーもいる。このように、スクールカウンセラーは、生徒指導や教育相談に堪能な教師はもちろんのこと、子どもの理解や指導に関してキーパーソンになる教師を見つけていくことも大切である。

2　特別支援教育担当者と連携する

平成一九（二〇〇七）年四月に、改正学校教育法が施行され、特別支援教育が本格的に実施されることになった。実施に伴い、それぞれの学校は、①校内委員会の設置、②特別支援教育コーディネーターの指名、③個別の教育支援計画・個別の指導計画の作成、といった体制の整備が必要になってきた。新しい特別支援教育では、これまでの障害児教育が対象としていた知的障害、肢体不自由、視覚障害、聴覚障害、病弱・虚弱、およびこれらの重複障害などに加え、発達障害なども対象として含めることになった。すなわち、従来の盲・聾・養護学校や養護学級における支援から、通常学級も含めて一人ひとりの教育的なニーズに応じた支援が求められるようになった。

学級内に発達障害などの子どもがいて、学級担任が困惑し、子どもの理解と指導に戸惑っていることがよく見られる。このような子どもの理解と指導には、まず子どもの状況を正しく把握することが大切である。スクールカウンセラーが特別支援教育コーディネーターなどと協力し、子どもがどのような支援を必要としているのかという視点で、子どものつまずきや特性を把握し、子どもの理解と具体的な指導に生かし、学級担任を支えているスクールカウンセラーがいる。またスクールカウンセラーが学級担任やコーディネーターと連携し、障害児をもつ親を支えている事例もよく見られる。障害児の親は障害児をもったことで、さまざまな問題を抱え、何らかの援助を必要としている場合が多い。親が子どもに対して適切な役割を果たせるように、スクールカウンセラーが親のカウンセリングをおこない、親が少しでも問題を主体的に解決していけるように継続して親を支援している事例もある。

近年、発達障害などの子どもの理解・指導に関して、スクールカウンセラーに対する期待が大きくなり、ケース会議などで助言を求められることが多くなっている。このようなとき、子どものつまずきや特性に応じて的確なアドバイスができるように、障害児に関する研究と実践力を身につけておくことがスクールカウンセラーには必要である。

3　学校関係者と広くつながる

管理作業員や給食調理員の前で、子どもは自然にふるまい、ありのままの姿を出すことがよく見られ、作業員や調理員などの中には日頃の子どもの様子をよく知っている人がいる。これらの人の話を聴くことによって、別な視点から子どもや学校の様子がわかり、子どもや学校の理解を深めているスクールカウンセラーもいる。スクールカウンセラーは学校で働く関係者と幅広くつながり、人間関係を大切にし、活動を充実させていくことが求められている。

四　スクールカウンセラーの専門性を生かす

1　専門家としての視点を大切にする

学校では、スクールカウンセラーは学業成績を評価しない立場にいるので、子どもが安心して相談室に来ることが多い。スクールカウンセラーはじっくりと子どもの話を聴き、子どもの気持ちに寄り添い、さまざまな問題を抱えた子どもの相談に役立っている。また子どもの問題について学級担任や相談担当の教師と話し合う中で、教師とは違った専門家の視点で、子どもの理解や対応について話題を提供し、教師による子どもも理解を充実させていくことも大切である。

あるケース会議で、初めて不登校の子どもに直面した教師が、家庭訪問をしても子どもが部屋から出てこないし、親には子どもの不登校を学校のせいにされて困っていると報告した。教師の中には子どもや親の言動に戸惑い、指導の糸口をつかもうとしながらも、子どもや親の言動の現象面にとらわれやすい傾向が見られる。部屋から出てこない子どもは、学校に行かなくてはならないという気持ちと、学校へ行くことができないという矛盾に悩み苦しんでいることがある。子どもは自分のやりきれない気持ちを表現していると考えられる。教師にとって大切なことは、子どもの内面にある子どもの気持ちを理解し、子どものやりきれない気持ちを受容することである。

スクールカウンセラーは会議の中で、子どもの状態や時期に応じて、子どもや親の内面に目を向けること、子どもや親の気持ちを受容することの大切さをさりげなく的確に教師に伝え、不登校児の理解と指導を深めていくことが大切である。

2　関係機関との連携を大切にする

近年、いじめをはじめ、不登校、非行、虐待など学校側から緊急対応を求められる事例が多くなってきた。スクールカウンセラーは、必要なときに教育センターや児童相談所など関係諸機関を活用できるように、関係機関のことを知り、連携を図っておくことも大切である。また、日頃から関係機関との連携について、スクールカウンセラー担当者や管理職とよく話し合っておくことも必要である。

さて平成二〇（二〇〇八）年度、文部科学省は全国的なスクールソーシャルワーカー活用事業に着手した。子どもが示すさまざまな問題行動などの背景には、心の問題とともに、家庭や学校、友人、地域社会など、子どもを取り巻く環境が複雑に関係している場合が多い。スクールソーシャルワーカーとして活動している人の中には、社会福祉士や精神保健福祉士などの有資格者をはじめ、教育や福祉の両面について専門的な知識・技能をもっている人もいる。スクールカウンセラーがスクールソーシャルワーカーと連携して、学校における今日的な課題である児童虐待に対応し、児童相談所と協力することで好転したケースもある。また知的障害児をもつ母親が子育てで疲弊していたとき、教師とスクールカウンセラー、スクールソーシャルワーカーが連携し、親のカウンセリング、療育手帳申請の支援、福祉関係者の家庭訪問などで家庭が安定したケースもある。

子どもの問題の内容によっては、教育センターなどに配置されているスクールソーシャルワーカーと積極的に連携していくことが望ましい。

3　信頼関係を育む

一般的に、スクールカウンセラーと教師は接することが多い。また学級担任や養護教諭などのすすめで子どもや親が来談したり、ＰＴＡの会合でスクールカウンセラーの話を聞いて相談室を訪ねてくる親もいる。一方、スクールカウンセラーが授業を参観したり、クラブ活動中の子どもに接したり、運動会や音楽会を見学したりして学校に溶け込んでいる人もいる。

事業開始当初に比べてスクールカウンセラーの活用が活発になり、スクールカウンセラーがさまざまな人と出会う機会が多くなった。日頃から子ども・保護者・教職員などとの出会いを大切にし、信頼関係を育んでいくことが望ましい。

押さえておくべきキーポイント

①　初心者の心得

1　日常の基本を大切にする
2　専門性を深める
(a)　スーパーヴィジョンを受ける
(b)　研修会・講習会を活用する
(c)　論文・著書に学ぶ
3　心身の健康を大切にする

② **スクールカウンセラーが学校を理解する**
1　学校には教育目標がある
2　学校には組織がある
3　学校は教育活動をおこなっている
4　学校には特色がある

③ **教師と連携し活動を充実させる**
1　キーパーソンを見つける
2　特別支援教育担当者と連携する
3　学校関係者と広くつながる

④ **スクールカウンセラーの専門性を生かす**
1　専門家としての視点を大切にする
2　関係機関との連携を大切にする
3　信頼関係を育む

読んでおきたい参考文献

- 村山正治、滝口俊子編『河合隼雄のスクールカウンセリング講演録』創元社、二〇〇八年
- 村山正治、鵜養美昭編『実践！　スクールカウンセリング』金剛出版、二〇〇二年
- 村山正治、森岡正芳編『スクールカウンセリング――経験知・実践知とローカリティ』金剛出版、二〇一一年

18 スクールカウンセリングのスーパーヴィジョン

Osamu Kuramitsu 倉光 修

わが国で公立中学校を中心とするスクールカウンセリング事業が始まって一七年になる。今日、幼稚園から大学院まであらゆる教育施設においてカウンセラーの必要性が認められつつあり、臨床心理士の資格をもつカウンセラーが中心的な役割を果たしている。スクールカウンセラーの多くは、学校という複雑な刺激が錯綜する現場で、ただ一人の心理職として、さまざまなニーズに対応し、日々、困難に直面している。そこで、いくつかの自治体や都道府県の臨床心理士会では、スクールカウンセラーのスーパーヴァイザーを配置して、より質の高い実践ができるように配慮してきた。スーパーヴィジョンの形式は、スーパーヴァイザー(以後、ヴァイザー)とスーパーヴァイジー(以後、ヴァイジー)が一対一で対話する「個人スーパーヴィジョン」と、フロアに数名以上のスクールカウンセラーがいてディスカッションに参加できる「グループスーパーヴィジョン」がある。本稿では、とくに、後者のようなスーパーヴィジョンの際に私が留意している点について記述していきたい。

ちなみに、神田橋條治(二〇〇四)[1]はグループスーパーヴィジョンを「公開スーパーヴィジョン」と呼び、その目的は、症例をよりよく理解し、よりよい治療がなされることにある、としている。ところが、目的はそうであっても「勢い現実としては、ケース提供者の未熟さがつぎつぎと暴かれるという結末になる」と指摘したうえで、次のように述べている。

わたくしのケースセミナーも一見公開スーパーヴィジョンの形であるから、理念上の目的は同じである。しかし現実はずいぶん違う。まずケース提供者を保護し、支え、理解することを第一の重点とする。次に聴衆が自分自身と自分のケースとをよりよく理解でき、よい接し方ができるように示唆を与えることを第二の重点とする。そのふたつの目的を達成するように心を配ることが結局、話題となっている症例の今後の治療に資するという理念上の目的、に最もかなうからである。注

私がスクールカウンセラーのスーパーヴィジョンで心がけている点はここに書かれていることとかなり重なる。とくに、ヴァイジー（事例提供者）を理解することを第一とする、というくだりがそうである。ヴァイジーが個性を発揮してその時点で可能な最も高いレベルのサービスをクライエントに提供できるようになるためには、ヴァイザーに対して自分の感じたことや考えたことを表現し、それをヴァイザーができる限り共感的に理解しようとする姿勢が役立つに違いない。内界の共感的理解への努力が心理的アプローチの第一歩になることは、スーパーヴィジョンとカウンセリング（心理療法）との間で本質的な違いがない。

また、ヴァイジーとヴァイザーのやりとりを目の当たりにしているとき、多くの聴衆は自分のクライエントのことを考え、これからの自分のアプローチをより磨いていこうという動機づけが高まるのを覚える。なかには、ヴァイジーやヴァイザーの真似をしようとする人もいるだろうが、画家や音楽家がそうであるように、真に高いレベルに到達するには、ある範囲の中で自分なりの個性的な作品を創るしかない。ヴァイジーとヴァイザーはそのための参考になるのである。

実際のスーパーヴィジョンで、神田橋の重視する二点が私に十分できているかどうか心許ないのだが、以

下に、私なりに工夫している点を述べていくことにしよう。

一　スクールカウンセリングにおいては、一般の心理相談室のインテーク面接で得られるような情報が集めにくいことに配慮する

スクールカウンセラーのスーパーヴィジョンでヴァイジーから提出される資料は、通常、日本心理臨床学会での事例報告や学会誌の事例研究に準じた形で記述されている。つまり、はじめの段落では、クライエントのイニシャル（匿名）、年齢、性別、主訴（心理的問題）、臨床像、家族構成、問題歴、成育歴などが記され、その時点での心理アセスメントと、今後の方針が記される。そして、次の段落で、カウンセリングやプレイセラピーの過程が記述されていくのである。

このような形式は、一般の心理相談室や大学の心理教育相談室のように、インテーク面接がきちんとおこなわれる（あるいは、インテーカーとカウンセラーが異なる）場合には、合理的であろう。カウンセラーはインテーク面接で得られた情報に基づいて今後のアプローチをどうするのがよいか、考えられるからである。しかし、スクールカウンセリングでは、通常、このようなインテーク面接をおこなうことができない。むしろ、担任などから得られたごくわずかの情報だけで、子どもとのプレイセラピーやカウンセリングを開始しなければならないことが多い。このような状況では、通常のカウンセリングや心理療法では必ず収集するような情報、特に、成育歴や問題歴、両親の年齢や結婚歴、経済状態や転居歴、居住地域の治安や文化などの情報が不十分で、今後の方針が立てにくい。まるで、パズルのピースが圧倒的に不足した状況で完成図を思い描くような作業が必要になることが非常に多いのだ。

学会での事例報告では、通常、インテーク段階の説明が終わった時点でコメンテーターとフロアを交えた質疑応答がおこなわれ、その後、カウンセリング過程の説明に入っていく。スクールカウンセリングでは、

初回面接がインテーク面接を兼ねるのが普通なので、私はフロアからの質問は、たいてい、初回面接の説明が終わった時点で受ける（もちろん、最後に最終回までのプロセスの説明が終わった時点でも質疑応答の時間を設ける）。しかし、ヴァイザーである私自身は、聞きたいことがあれば、ヴァイジーによる説明があった直後に質問するようにしている（このやり方は、神田橋先生から取り入れたかもしれない）。そうすると、カウンセリングやプレイセラピーが進んでいくプロセスに沿って、私が何に注目し、それに対してどう考えるかがヴァイジーにわかりやすいのである（その意味では、クライエントの概要が記してある段落で、後にわかった情報が混入していると、むしろ、経過に沿ったコメントがしにくいこともある）。

私の質問したことに対して、ヴァイジーもその情報の重要さに気付いていることも多い。けれども、上述の理由などがあって、そのことに言及されていないときには、私はよく「当時、何か想像していたことや仮説として考えていたことはありますか」と聞く。私たちは、通常、『クライエントはこういう過去の体験があるから、こういう反応を示しているのではないか。それなら、私がこうしたらこうなるのではないか』と予測した上でそのときどきで一つの行動を選んで実行しているものである。しかし、その過程はしばしば無意識下で進む。そこで、こういった仮説を問うことで、適切なアプローチをより意識的に探求しようとするのである。

ヴァイジーのなかには、こういう質問に対してその点を重視していなかったり、何の仮説も想定していなかったりする人もいる。こういう場合、私はそのことを非難するようなニュアンスにならないように気をつけている。具体的には「私は、この人の場合、この点はどうだったかなあと気になりました。もしも、こういう状況だったら、そのことが現在の状態に影響している可能性が高いのではないかと思ったのです。もちろん、これはあくまでも仮説であって真実ではありません。もしかすると、この点は重要でないかもしれません。でも少し気になったのです」などと述べて、自分の関心のもち方が絶対に正しいと思っているわけではないことを強調するのである。私の場合は、このようなアプローチのほうが、ヴァイジーも一つの観点として参考にしやすいと思う。

二　スクールカウンセラーの初心者のなかには、重要な情報について子どもや保護者に質問することに躊躇する人が多い。初心者にとって、それは、自然なことであると認める

スクールカウンセラーのなかには、ある情報が重要だと思っていても、クライエントや保護者にその点について質問すると、本人や保護者が不快に感じるのではないか、その結果、もしかすると以後の面接が続かないのではないかと恐れる人がいる。こういう場合、ヴァイジーに「○○についてはどうだったのでしょう」と質問すると、「そのことは聞けませんでした」という答えがよく返ってくる。この答えは、不登校の子どもやうつの会社員が、学校や職場に「行けなかった」と言うのに似ている。

おそらく、これは実感であろう。人間には物理的にはできても、心理的にはできないと感じられることがある。しかし、一般にすべきと考えられていることを心理的理由でしない場合は、他者から叱責や攻撃などのネガティブ・フィードバックを引き起こしやすい。スーパーヴィジョンにおいても、この点は変わらないだろう。特に初心者のヴァイジーは、私が「この点は聞かなかったのですか」と質問するだけで、『ああ、私は聞くべきことを聞かなかった。だめなスクールカウンセラーだ』などと考えやすい。そのうえ、クライエントから否定的感情を抱かれることを恐れて聞かなかったことが明白になれば、ますますヴァイザーから否定的に見られるのではないかと恐れても自然だろう。

初対面のヴァイジーのなかには、そのためだろうか、こういう質問をすると黙ってしまう人もいる。なかには、うっすらと涙を浮かべる人もいるくらいである。このような場合、「質問によってクライエントを傷つけるのを恐れる人も多いですが、あなたはそういうことはありませんでしたか」などと聞くと、首肯され

ることが多い。そこで、「なるほど、当初は確かにそういう危険性もあったかもしれませんね。では、今後、話の流れで、またチャンスがあれば聞いてみませんか。あなたとクライエントにはもうある程度深い関係ができているので、今それを聞いたからといって、次回からクライエントが来なくなるとは私には思えません。むしろ、専門家としてこの点を聞いておきたいというのは当然のことだと受けとられる可能性の方が高いのではないでしょうか。もっとも、実際、クライエントがどう反応するかは誰にもわからないので、最終的な判断はあなたがすればよいのです。案外、次回あたりに、クライエントが自分から話してくれるかもしれませんよ」などと言って、次の機会を待つのである。

三　クライエントの内界を価値中立的に認識する努力をするとともに、カウンセリングプロセスでクライエントの問題克服の兆しが見られるところとか、その変化に有益だったと思われるヴァイジーのアプローチについては、必ず指摘する

初心者のヴァイジーのなかには、自分の対応がよかった（とヴァイザーに思われる）かどうかに関心が向くあまり、クライエントの内界に何が起こっているかについてあまり考えていない人がいる。そのためかもしれないが、大学院時代に力動的心理療法を学び、描画や箱庭、人形遊びなどの技法をスクールカウンセリングの場面で用いながら、なぜか、スーパーヴィジョンのときにはそういった作品を提示しない人がいる。そういうとき私は、作品の概要をホワイトボードに描いてもらうことが多い。そして、（作品を提示しても解釈をほとんど記していないヴァイジーと同様）「簡単でよいからあなたの解釈を聴かせてくれませんか」と頼む。そうすると、妥当だと思われる解釈をする人もいるが、ほとんど言語化しない人もいる。けれども、たいていのケースでプロセスが進展していることは確かなように思われる。

そういうとき私は、まず、カウンセリングのプロセスは進んでいる、あるいは、その萌芽が認められる、

あるいは、二人の関係が深化していることを証拠とともに明示し、このような変容にヴァイジーのアプローチが寄与していることは確かであることを、これもまた根拠とともに示す。そして、その上で、やはり「あくまで仮説だけれど」と断って、自分なりの解釈を提示する。すると、それまでは無意識的だったヴァイジーのクライエント理解と、心理的問題の克服に寄与している自分のアプローチが認識しやすくなり、その後の展開が進みやすくなるように思われる。その理由は、くり返しになるが、ヴァイジーはすでに無意識ではそのことに気付いている（この表現は矛盾を孕んでいるのだが）と思うからである。

四　守秘義務に関して葛藤するときは、その苦悩を抱え、第三者に情報を提供するかどうかをヴァイジー自身の責任で判断し、非難や批判を受けたときは、反省すべきと思った点についてきちんと謝罪するよう勧める

子どもがスクールカウンセラーに話したこと、とりわけ「このことは親や先生には言わないでほしい」と告げたことを、保護者や教員から聞かれたとき、スクールカウンセラーは葛藤を覚えるだろう。とりわけ、担任や保護者、教頭や校長から「あの子は何を話していましたか」と聞かれたときなどは、答えに窮する場合が多い。一般には、保護者や教員にどうしても知っておいてもらいたいこと、秘密にできないことは、クライエントの同意を得た上で彼らに伝えるのが定石である。また、クライエントの命に関わることは同意がなくても保護者や教員に伝える場合がある。ただし、それほど事態が切迫していなければ「あの子はどうも心が安らぐ場がなくて苦しんでいるようです」とか「本心を話すと嫌がられると思っているのではないでしょうか」などと自分の感想を述べておくのが無難である。こういった知識は、たいていのヴァイジーがもっている。しかし、実際場面ではどうしたらよいか葛藤するのが常であろう。

このような場合はスクールカウンセラーが葛藤を抱えることが大切なので、規則や倫理を盾にとって、

「守秘義務がかかっているので言えません」とか「答えないと職務違反だから言いますが」などといった発言をすると、一般に反発を招きやすい。そこで、もし、守秘義務を厳格に捉えすぎて教員から不信感を抱かれたり、「同意を得ずに情報を漏らした」とクライエントから非難されるような事態がスーパーヴィジョンの直前に起こっていたら、私はたいていヴァイジーに謝罪することを勧める。たとえば、『先日、実はスーパーヴィジョンを受けまして、あの子の危険な状態について先生にお話ししなかったのはよくなかったと指摘されました。そう言われて、本当にそうだと思いました。先生もご心配だったでしょうに、私一人で抱えようとして申し訳ありませんでした』、『どうしても、このことだけは私一人の胸におさめられなかったので、お母さんに連絡しました。本当にごめんなさいね』などと言って、誠心誠意謝るのがよいのではないでしょうか」と示唆するのである。

けれども、たいていのヴァイジーは、こうした葛藤を抱えて行動している。その結果、事態がうまく進んでいるようであれば「この場合は、それでよかったのではないでしょうか」と告げ、困難な事態になっていれば「今から何ができるかいっしょに考えましょう」と言って、いくつかの提案をしてみる。ともかく、人生の選択場面では、常に、どうしたらよいかを完全に予想することはできない。このことを十分踏まえた上で、コメントしていくのである。

五　初心者の中には、クライエントにアドバイスはしてはいけないと思っている人もいる。その誤解は解く

ヴァイジーのなかには、大学院教育の中で、カウンセラーの基本的姿勢は傾聴であり、安易な指示はたいてい役に立たないと教えられたと言う人がいる。たしかに、クライエントのなかには、「カウンセラーは私の話をよく聴かず、「そういうときにはこうしなさい」「こうしてください」などと、無理なことや気の進ま

ないことばかりを言う」と訴える人がいる。

一方、「私のカウンセラーは話は聴いてくれるけれど、私の言葉をくり返したり、『ふんふん、そうですか』と言うばかりだったりで、ではどうしたらいいか、まったくアドバイスしてくれない。こんなときどうすればよいかと質問すると、『どうしたらいいでしょうね。あなたはどう思いますか』などと聞き返してくる。私はどうしたらいいかわからないから聞いているのに、あれでも専門家ですか」といった不満を漏らすクライエントも少なくない。

たしかに、よく話を聴き、クライエントの苦しみを共感的に理解しようとするだけで、一切アドバイスしなくても、よくなっていくクライエントもいる。しかし、スクールカウンセリングでは、そういうケースはむしろ稀ではないだろうか。そこで私は、スクールカウンセラーが思いついたことがあったら、（私がそうするように）仮説として提案してみることを勧めることが多い。これは指示や依頼ではない。あくまで、仮説として提示するのである。しかも、初心者のうちは、自分の臨床経験に基づいて提案ができるわけではないので、「私自身は少し似た状況でこういうことをやってみたのですが」とか「本で読んだのですが」などと正直に言う（この提案の仕方も神田橋先生から学んだ気がする）。そしてさらに、行動を変容させることは思いのほか難しいことなので、「専門家として申し上げますが、人間が少しでも日常の行動を変えるには大変なエネルギーを必要とします。この場では『やってみよう』と思ったことでも、カウンセリングルームを出たとたんにやる気が低下する場合も多いものです。もし次回お会いしたときに、さっき言った課題ができていなかったら、それでもよいので、どうか、そうおっしゃってください。またその時点で何ができ、それがどれくらいやれそうかをいっしょに慎重に考えていきましょう」などと言うのはどうかと勧めてみるのである。ともかく、アドバイスは決して悪いことではない。ただ、クライエントの内的状態を的確に把握していない場合は、たいてい役に立たないだけなのだ。

六　スクールカウンセラーの多くは、加害者よりも被害者に共感しやすい。それは自然なことであるが、加害者もかつて被害者だったかもしれないと仮定すると、共感への道が開けることもあると示唆する

スクールカウンセラーのなかには、たとえば、不登校の子どもの話を聴き、その後で母親のいらだちを聞くと、まるで、母親が子どもを追い詰めているように感じてしまうとか、他児をいじめている子どもや、ハラスメント的行為をしている教師の話を聴くと、どうしても感情的に反発してしまって、共感的理解がしにくいという人がいる。

これは、臨床心理士一般に言えることかもしれないが、これまでの生活史の中で何らかの被害体験がある人は、加害者の気持ちがわかりにくい。とくに、被害体験が症状や問題行動につながった体験もある人は、そういうクライエントに反感を抱いてしまいがちである。これは、致し方のない、いわば自然な反応ではないだろうか。

しかし、肯定的関心が一切抱けなければ、カウンセリングは進まない。そこで、このようなケースでは、私はまず、そのスクールカウンセラーの苦しみをできるだけ追体験するように聴き、そのうえで、「そういう体験があると、加害者をやっつけてやりたい気持ちは少しはわかる気がしませんか」と問い、答えがイエスならば、「時には、それが八つ当たりになって、何かを壊したり、自分を傷つけたりしたくなることがある。それがこのクライエントにも起こっている可能性もあるのではないでしょうか。もしそうなら、時にはクライエントが傷つけられているシーンを相手の目の奥に想像しながら、もう一度、真剣にこの人の話を聴いてみるのはどうでしょう。もちろん、直接的に暴力をふるってきたり、ルール違反がひどかったりすれば、守衛さんや周りの人々の助けを得ていいんですよ」などと言ってみる。ただし、正直に言うと、この方法でも、実際はなかなかうまくいかないことが多い。たぶん、これが今の私の限界でもあるのだろう。

七　自閉症スペクトラムの子どもにプレイセラピーをするときには、退屈してしまう人が少なくない。それも自然なことだが、くり返さざるを得ない心境に思いを致すと光が差すことがあると例示する

カウンセリングのAでありZであるのは、クライエントの内界、すなわち、感覚・知覚、イメージ・思考、感情・欲求・動機づけをできるだけ的確かつ共感的に理解しようと努力することではないだろうか。しかし、発達障害、とりわけ、自閉症の人の内界はわかりにくいと嘆くスクールカウンセラーが少なくない。ヴァイジーのなかにも、セッション中に同じ行動がくり返されるので、退屈したり眠くなったりして困るという人がいる。私の仮説では、自閉症の人の多くは、ヒト特有の感覚フィルターがうまく機能しないため、快を得られる刺激の範囲がごく限られている。それに伴って、思考や感情も限られたパターンを保持しようとする傾向が強くなり、柔軟な対応を求められる日常生活において、他者との軋轢が生じやすいのではないかと思われる。だとすると、ここは私たちの方で想像力を活発に働かせるしかあるまい。幸い、自閉症はこれまで言われてきたような「質的障害」ではなく、スペクトル（つまり、量的障害）として捉えうるという認識が生まれつつある。そこで私はそういうヴァイジーには、退屈は自然な反応であることを告げた上で、ある自閉症児がセラピストに「先生、僕、ずっとこうしててもいい？」という質問を投げかけた話をすることがある。そのセラピストは「いいよ」と答え、このやりとりの後、二人の絆はより確かなものになっていく。この事例のように、延々と続くように見えるくり返しの隙間から、ときどき、深い交流がなされることがあるのを、多くの臨床心理士は体験しているのではなかろうか。私がそのような事例を紹介すると、たいていのヴァイジーは自分のアプローチにも有効性があるかもしれないと思うようになる。考えてみれば、私たちのしていることも同じことのくり返しかもしれない。それでもいいのだ。このプロセスの中で、二人をつなぐ光がときどき差すのである。

以上、羅列的でまとまりに欠ける草稿になってしまったが、紙数が尽きたので、他の点については機会を改めて記すことにしたい。

引用文献

(1) 神田橋條治『神田橋條治著作集　発想の航跡2』岩崎学術出版社、二〇〇四年
(注) この文章は、この著書の第八部「還暦」のなかにある（三〇七頁）。私はちょうど六〇歳で、たまたま今朝、この本を棚から取り出して開いたページにこの文章を見いだした。

押さえておくべきキーポイント

① スクールカウンセリングにおいては、一般の心理相談室のインテーク面接で得られるような情報が集めにくいことに配慮する

② スクールカウンセラーの初心者のなかには、重要な情報について子どもや保護者に質問することに躊躇する人が多い。初心者にとって、それは、自然なことであると認める

③ クライエントの内界を価値中立的に認識する努力をするとともに、カウンセリングプロセスでクライエントの問題克服の兆しが見られるところとか、その変化に有益だったと思われるヴァイジーのアプローチについては、必ず指摘する

④ 守秘義務に関して葛藤するときは、その苦悩を抱え、第三者に情報を提供するかどうかをヴァイジー自身の責任で判断し、非難や批判を受けたときは、反省すべきと思った点についてきちんと謝罪するよう

勧める

⑤ 初心者の中には、クライエントにアドバイスはしてはいけないと思っている人もいる。その誤解は解く

⑥ スクールカウンセラーの多くは、加害者よりも被害者に共感しやすい。それは自然なことであるが、加害者もかつて被害者だったかもしれないと仮定すると、共感への道が開けることもあると示唆する

⑦ 自閉症スペクトラムの子どもにプレイセラピーをするときには、同じ話ばかりで退屈してしまう人が少なくない。それも自然なことだが、くり返さざるを得ない心境に思いを致すと光が差すこともあると例示する

読んでおきたい参考文献

- 河合隼雄、山中康裕、小川捷之総監修『心理臨床の実際2　学校の心理臨床』金子書房、一九九九年
- 倉光　修編『臨床心理士のスクールカウンセリング2――その活動とネットワーク』誠信書房、一九九八年
- 倉光　修「スクールカウンセラーのスーパービジョン」〔村山正治、鵜養美昭編〕『実践！　スクールカウンセリング』金剛出版、一六五～一七五頁、二〇〇二年
- 倉光　修『日本の心理臨床6　カウンセリングと教育』誠信書房、二〇一一年

19 震災とスクールカウンセリング
——東日本大震災時の成功事例と考察

長谷川啓三
Keizo Hasegawa

はじめに

日本の臨床心理学は、スクールカウンセリングをその中心の実践分野のひとつとして選び、これまで展開をしてきている。先導された方々のうち、村山正治と滝口俊子は、とりわけ、わが国での臨床心理学の展開にとってのスクールカウンセリング活動の重要性を説かれ、自ら実践、そして若手を引率してきた。(1) 後続の筆者らもまた、わが国の臨床心理学をつくり、実践しようとする者の一人として、望んで、この分野に入れていただいた。その展開のまとめの一つとして本書が編集されている。本項は、その過程で東日本大震災を実際にスクールカウンセラーとして経験した方々からの報告を交えて、被災地での有効なスクールカウンセリング活動のあり方を考える半歩としたい。執筆時点で震災後一年。まだまだこれからが本格的な研究段階を迎えると思われるが、この時点で、スクールカウンセリング活動に関する全体の一項として、不十分ながら、少しでも記しておきたい。自分たちの活動の今後のために。

さて、筆者らが述べようとする本項の内容を三つの鍵ワードであらかじめまとめるなら、ポスト・トラウマティック・グロウス（以下、ＰＴＧ）、自己組織性、資源としての「先生」である。別の言い方をすると、スクールカウンセラーが直接に！　ではなく、先生方の解決力をスクールカウンセラーとして応援するスタンスの堅持である。それはスクールカウンセリング活動の、そもそもの出発点を確認することにもなった。

一　ＰＴＧ事例から

スクールカウンセラーとして、また現在は被災の激しかった石巻市が、常勤で雇用する最初の臨床心理士として支援にあたっている方の関連事例を紹介することから本項を開始したい[2]。以下、本事例を含め、本項で扱う事例には、すべて守秘上の工夫を施してある。

1　事例

本事例でＩＰ（アイデンティファイド・ペイシャント）、つまり家族を含むまわりから「問題を抱えているとみなされている者」は、小学校五年生の男子である。震災前から不登校の状態であり、両親は非常に困っていた。そんな中で震災が起こり、学校の機能が止まり、被災生活が始まった。仕事は休業状態であるが、家族に大きな被害はなかった。そこで両親は、震災支援のボランティアに参加することを決意した。そのことをＩＰに話すと意外にあっさりと、「自分も行く」と言う。ボランティアの内容は、主に避難所に届けられた支援物資の整理などであったが、ＩＰも両親と一緒に一生懸命に手伝いを頑張っていた。そんな中で、ＩＰは避難者から「ありがとう」とお礼を何度も言われる経験をする。不登校になって以来、実に新しい経験である。その後もＩＰは両親と一緒にそのようなボランティアに参加をした。

そして学校が再開した後、ＩＰは学校に通うようになり、休まなくなった。再登校を始めたのである。現在も登校は続いている。スクールカウンセラーとしては「すごいね、頑張ってるね」と声をかけるだけにしているが、本人からは、登校について「当たり前のことをしているだけです」という意味の返事があったこともある。また会うことがあれば、どこかに「ありがとう」と付け加えたいと思っている。

2　ＰＴＧとは

ここで、ＰＴＧとは、筆者らが、広義の意味で「被災後の心的成長」と翻訳をしている現象を指す。それは筆者らが一九八六年に日本で紹介を始めたＳＦＡと略称される、ソリューション・フォーカスト・アプローチの枠組み内で理解しうるものでもあり、大いに活用しているものである。ＰＴＧの原義は心的な被災を受けた者でも、それを乗り越え得た後に、優れた成長を得る者があるという事実を意味するが、筆者らはＳＦＡの中心の概念である「例外」に絡ませて、やや広く、「個人や家族に観察される、被災という負の事態の中に見られる正の事態。それは個人の心的な成長や認知的変化、家族や地域の協働性の改善等として観察されることが多い」と現時点での一応の定義をして以下を進めたい。理解していただけると思うが、ＰＴＳＤと、その略称は似ているが、意味はほぼ正反対の概念である。

さて、上記の事例を筆者らの言うＰＴＧ事例として最初にとりあげたが、震災後に、それ以前の心理的な問題、そこには不登校、ひきこもりといった文字通りの、スクールカウンセラーがその解決の一助を期待されている、問題が改善した報告が少なくなかったことも記しておきたいという意味もある。実際、引きこもりを継続して三〇歳代になっている方が、家業を手伝い始めたという、いわば「難事例」の改善が見られたケースも少なからず報告されている。改善の持続性などは、今後のわれわれの調査・研究課題のひとつであるが、その機制（メカニズム）や出現の事実については、ＳＦＡを含む家族療法的なアプローチからは十分に理解が可能である。以下にまとめて記す。

病理の因って来る原因は、多くの事例に於いて、複雑であるが、それが維持されてしまう主要な要因のひとつとして、患者を取り巻く周りの人たちの解決努力の比較的単純なパターンの繰り返しが観察される。改善にはそのような努力に対する「第二次変化」および「例外」の導入を施すことがヒントになる。(3)(4)

二　絆（きずな）の意味と方法

1　絆の意味するもの

こんな自問をしてみる。絆！　という合言葉が今回の震災での支援者の間で、またマスコミを通じても、好んで喧伝されたが、これはスクールカウンセラーとしては首肯してよいものかどうか？　と。

筆者らは大いに賛成をし、首肯している。それは、心の支援の中心を突いてもいるとも考えている。理由のひとつは以下のような声を耳にすることが決して少なくないからである。

事例

私は、お母さんと妹を亡くしました。なぜ私と父だけが生き残ったのか――。もう、どうしようもなく、勉強も何もする気力もなかったのですが、学校の先生や、避難所のみんなに声をかけてもらい優しくしてもらい、頑張ろうと思っています。まわりの方にも私と同じようにお母さんを亡くした方がいます。何もできませんが、今は物資を配る手伝いをしています。（中学生女子）

＊　＊　＊

上記はスクールカウンセリング事例ではないが、ここで語られていることは、私たち、心の支援の専門家にとって決して軽くはないことを提起している。家族成員の喪失を経験している女子中学生を前にして、私たちに何ができうるのか？　という問題の提起である。残された者の罪悪感、「サバイバーギルト」の感覚の声も聞こえる。

一つの解答が、絆！　である。これは、その中心を「受容」的な態度をもっての結びつきと考えることは勿論であるが、さらに気軽な声かけや、とくに治療的ではない「気遣い」といったものに重点がある。「我と汝」といった本格的な治療的関係はむしろ避けたい。そんな「気軽で小さくて重くない、時にジョークだってある気遣いの心理的環境」をつくる、もしくは維持することである。ユーモアや笑いも有効である（震災川柳二〇一二）。これはロジャースが後期にやり出したエンカウンターグループの精神を実践することかもしれないとも思う。それは、ロジャースの最晩年に機会を得、ロジャースと柘植先生、筆者の三人で昼食をとるという幸運に複数回恵まれた筆者には、著名な臨床心理学者の他の誰でもなく、ロジャースのエンカウンターグループのそもそもの精神に近いと思える。そのいわば気軽版である。「カフェバージョン」と呼んでもいい、環境形成の有効性である。実際に避難所から仮設住宅段階に進んだあたりで、自発的なカフェ・喫茶的な集まりが地元紙では多く報道された。

反対に考えると、絆！　をそのように理解すべきである。「心底からのつながり」では、どこか間違いを孕む感じが禁じ得ない。避難所や仮設住宅ではなおさらである。もっと気軽でいい。事態のほうが深刻すぎる。支援は、深刻さを避けるほうが、たとえばロジャースの言いたい当事者の「成長力」を育む。

ロジャース理論の理解で見逃されがちなのは、共感にしても受容的態度にしても、それはクライエントの成長力を促進するための、ひとつの方法だということである。雑なものをとった最もピュアな「方法」がそれだという点である。共感自体が目的やゴールではない。ロジャースも関係していたミルウォーキー大学出身のドシェーザーは、自分のSFAブリーフセラピーにロジャースの基本的な態度を生かしている。彼はロジャースを、「最もピュアなシステム論者」と評して終始、敬意を表していた。

2　学校コミュニティ再生へのスクールカウンセラーとしての支援

上述してきたこの「絆」を、筆者の仲間は「資源としての結びつき」とも呼んでいるが、それではそのような結びつきのある学校コミュニティを如何にして再生し、作り上げるのかについて、成功事例の報告から考えてみる。(5)

事例

福島県からの避難者。地震・津波・原発事故と何重もの苦に加え、地元を離れ、別の環境に移ることが大変なストレスであることは想像に難くない。一〇数名ほどが転入してきた宮城県南部のある中学校では、新学期開始後まもなく、PTA役員さんからこんな提案があった。「転入生の保護者の方々を呼んで、昼食会をしましょう！」。昼食会には学校の先生方はあえて呼ばず、PTA役員メンバーと転入生の保護者数名、スクールカウンセラーが参加しておこなわれた。先生方を呼ばなかったのは、転入生の保護者の皆さんが、今の気持ちなど言いたいことを率直に言える環境を考えて、とのことであった。この事例では、その保護者が主体となり昼食会を企画した。結果は、きわめて有効であった。まず、①転入生の保護者が新しい学校に受け入れられた感覚を得られたこと、②率直な話し合いができ、転入生の保護者の不安な気持ちがやわらいだこと、③保護者同士のつながりができたこと、である。

＊　＊　＊

この事例には、個人療法のみでは見逃しがちな大きな視点の強調がある。学校システム全体を見渡し、出てきた解決への動き――これを筆者らはファーストオーダーソリューション（第一次変化）と概念化している[4]――へのスクールカウンセラーとしての積極参加である。学校は生徒と先生が目立つが、他にPTA、つまり子どもの属する家族を含む実に大きなシステムである。家族カウンセリングの出現で、問題を抱えている個人の支援のために、その家族を支援することが、実に短期的な効果を示すことが少なくないことをわが国でも経験してきたが、同じことが学校システムにも言える。子どもの支援に保護者システムの絆をつくる。それもスクールカウンセラーが介入して、最初からつくるというよりも、システムのもつ自発的な解決への動きに乗り、時には力強く支援する。

先生方を入れない企画に不安をもつ保護者に、保護者会で「私は学校の先生側の一員でもありますから――」と応えて安心を得たというスクールカウンセラーの報告もある。実際スクールカウンセラーの位置はそのように定められている。学校の組織体制に属するが、学校全体を外側から支援する立場である。だから組織図ではカウンセリングルームは「実線」ではなく「破線」で学校とつながるように図示されることも多い。

事例

転入してきた生徒の問題で、受け入れ側の先生が、受け入れた生徒の様子から、受け入れ直後にスクールカウンセラーとの面談を進めることがある。スクールカウンセラーがいざ会ってみると、転入してきて間がないということはあるが、本人も、そのことを承知でかなり安定している。そんなとき、スクールカウンセラーが「担任の先生との普通のつながりを希望しているようです」と、双方の努力点を、どんな小さなことでも聞き出して仲介することで、うまく回り出した事例は少なくない。

＊　＊　＊

転入生の受け入れは当該の教員同士としても、また学校全体としても、思うほど単純ではない。最初は善意でも、次第に被転入校にもいわば「甘え」といったものがみえてくる。上記は転入初期の問題のひとつである。スクールカウンセラーは決して主役ではない。主役は教員と子どもたち、そして保護者である。この間の「関係」を調整してゆくことで、成長力、また家族カウンセリングでは「自己組織性」と呼ばれるものが促進される。スクールカウンセラーは「仲介者」というスタンスが原則である。

以下には、やはり先生方の、やや積極的な介入のご努力をスクールカウンセラーが応援することで上手くいった場合を簡潔に引用・紹介する。(6)

事例

ある学校では、体育館が地域住民の避難所となっていた。全校生徒で集まることができず、一つの学校としての一体感を感じにくかった。クラスや個人ごとに温度差ができ、ばらばらな印象であった。そこでこんな取り組みがなされた。あるクラスでは校歌の一節を歌い、別のクラスはその続きの一節を歌う。これらをくり返し録音し、パッチワークのごとくつなぎ合わせ、一曲の校歌を完成させた。いましばらくは学校全体で集まることはできないけれど、学校がひとつであるという意識の促進につながった。

＊　＊　＊

ここではとくにスクールカウンセラーの活躍はない。あるとすれば、このようなことがあったという記録であり応援である。それらを報告して、他の被災校、被災教員につなげることである。そこには、臨床心理士に要求される、査定・面接・地域支援・研究の四つの分野のうち、「研究」の側面も存在すると考えたい。

三　学校が建つ地域のエートスや伝統・文化の理解と活用

1　地域のもつスピリチュアリティの受容と理解

以下はスクールカウンセリング事例ではないが、スクールカウンセリング事例としても多分に学ぶ点があるはずである。

事例

被災して不眠になった夫が、夜ごと、被災した沿岸に車で向かい、手を合わせ涙している様子。家族としては深夜、それもほぼ毎日ということもあり、心配で仕方がない。

同様の事例は、多いと思われる。とりわけ、漁業従事者や失職を余儀なくされた男性が不眠や悪夢、またサバイバーギルドの感情に縛られて支障をきたしている事例は避難所から仮設住宅に移った現在の状況の中でも多く見聞される。

＊　＊　＊

このような場合、地域のもつ伝統や宗教的な儀式がきわめて有効である。家族儀式（ファミリー・リチュアル）と言われるもので、一般の家族カウンセリングでもよく使われるそれである。

上記の事例で、夜ごと車で沿岸部へ向かう夫を止めようとする家族の解決努力をむしろ逆にして、たとえば家族総出で日を決めて、正式に「弔う」ことである。筆者らは、自然なかたちで多くのそんな儀式的な弔いを各地で見ることになった。この儀式の形態の違いは地域や家族、宗教によるが、家族のもつ宗教性（スピリチュアリティ）を、カウンセラー自身の有無とは無関係に、尊重することとまったく同様である。

筆者らの今回の体験で理解できたことのうち、大きなことのひとつは、この、家族と地域のもつ宗教性の理解である。人間がぎりぎりのところでどうしてももつ、もたざるを得ない、宗教性。その理解である。ここで宗教性を「人間を超えた大いなるものの存在を心底で感じ、それに安心して頼ることができるプリミティブな心性」と定義しておきたい。今回の圧倒的な自然災害を前に、私たちが自分を最後に委ねることができるものがある、それをもっているということである。通俗的な言い方で「神や仏」がこれにあたる。これはフロイトによれば、われわれが乳幼児期、養護者に保護を求め、満たされた体験の反復ということになろうが、その科学的あるいは哲学的な存否の議論はともかくも、われわれは、今回の震災支援での家族臨床的な介入のひとつとして、上記のような事例で、その有効性を確認している。

また被災が小さくはなかった宮城県本吉郡南三陸町旭ヶ丘地区で、震災から一か月が経過しない時点で自然発生的に始まった、被災者たちによる川柳の詠み合わせに関して、筆者らのチームがそのまとめを支援しながら、聞き書き的な方法で調査を進めているが、ここでは川柳の詠み合わせが、地域の「心の絆」形成の中心となったことが明らかになってきた。[7]

2　震災教育

さて本項の紙幅も尽きてきた。残された問題として、スクールカウンセリングの内容としては「心理教育」にあたると言ってよい、震災を含む緊急時の教育訓練をどう考えるのかという大きな検討事項がある。それは子どもたちだけではなく、教職員と子どもたちの親を含む、学校システムと家族システムの二つを同時に視野に入れて考えるべき問題である。スクールカウンセラーがその責任を負うというものではない。むしろ学校長が判断すべきものであるが、スクールカウンセラーが相談を受ける場合も少なくないはずである。迫りくる津波を前にして子どもたちをどう誘導するのが望ましいのか、また日常の関連教育のあり方は？

紙幅上、ここでは、目前の津波という大問題を解こうとして、多分「善意の悪循環」を招いて七割の児童・教員を犠牲にしてしまった学校と、反対に犠牲者を出さなかった地域が存在したことを指摘して終えておきたい。先の学校では、現在も事情が調査されているが、指示の出し方によっては子どもたちと先生の全員が津波から逃げおおせた可能性が小さくなかったという。一方、I県K市では二〇〇八年からの市をあげての震災教育の成果で子どもたちに犠牲者はなかったという。[8]

確認しておきたいことは、共に、精いっぱいの努力の末の結果であろうということである。多分、善意で良かれと思ってなした解決策が反対の事態を招いたことが考えられる。この二者の比較検討は重要な作業である。有効であった「率先避難」[9][10]教育の他に、家族への心理教育的介入など、いくつかのことがわかってきたが、それは他所に譲りたい。

引用文献

(1) 村山正治、滝口俊子編『事例に学ぶスクールカウンセリングの実際』創元社、二〇〇七年
(2) 野口修司「震災における不登校・ひきこもりの変化」〔長谷川啓三、若島孔文編〕『子どもの心と学校臨床』6、遠見書房、四七～五五頁、二〇一二年
(3) 長谷川啓三『ソリューション・バンク――ブリーフセラピーの哲学と新展開』金子書房、二〇〇五年
(4) ワツラウイック・P他著、長谷川啓三訳『新装版 変化の原理――問題の形成と解決』法政大学出版局、二〇一一年
(5) 高橋恵子、松本宏明「学校システムにおけるリソースの活用」〔長谷川啓三、若島孔文編〕『子どもの心と学校臨床』6、遠見書房、五六～六三頁、二〇一二年
(6) 三谷聖也、三谷理恵「学校カウンセラーとしてのソリューション・バンク」〔長谷川啓三、若島孔文編〕『子どもの心と学校臨床』6、遠見書房、二〇～二九頁、二〇一二年
(7) 東北大学臨床心理学研究室震災支援・川柳グループ編『震災川柳』二〇一二年〔東日本大震災PTG活動基金　連絡 channma@wb4.so-net.ne.jp〕
(8) 釜石市教育委員会編『釜石市津波防災教育のための手引き』二〇一〇年
(9) 長谷川啓三、若島孔文編『子どもの心と学校臨床6――大震災・子どもたちへの中長期的支援』遠見書房、二〇一二年
(10) 長谷川啓三、若島孔文「喪失と家族の再生に向けて」『家族心理学年報30――災害支援と家族再生』金子書房、一七～二三頁、二〇一二年

押さえておくべきキーポイント

① 学校の主人公は、まず子どもたちと教師である。スクールカウンセラーは彼ら、自らの解決力を応援するというスタンスが基本である。

②　それは緊急時でも同じである。むしろはっきりと確認したのが今回の震災体験であった。

③　学校のある地域の雰囲気や伝統、文化をカウンセリングに活かすことができる。学校と地域を知り、スクールカウンセリング活動に活かす！　大震災後の復興支援でもその視点は有効であった。

④　解決しようとする善意が反対の結果を生むことがある。それは通常のスクールカウンセリング活動でも緊急時でも同様に見られる。

⑤　先生方がなされる「緊急時」に関する教育のあり方に、日ごろからスクールカウンセラーとしても関心をもっていたい。スクールカウンセラーが主になることは少ないが、相談を受ける機会は多い。

読んでおきたい参考文献

- 村山正治、滝口俊子編『事例に学ぶスクールカウンセリングの実際』創元社、二〇〇七年
- 長谷川啓三、若島孔文編『子どもの心と学校臨床6——大震災・子どもたちへの中長期的支援』遠見書房、二〇一二年
- 長谷川啓三『ソリューション・バンク——ブリーフセラピーの哲学と新展開』金子書房、二〇〇五年

おわりに

平成七（一九九五）年四月、当時の文部省（現・文部科学省）によって、全国の公立中学校等を対象に「スクールカウンセラー活用調査研究委託事業」がスタートしました。わが国の公立学校におけるスクールカウンセリングの夜明けと言われています。その時に立ち会えた喜びと興奮が、昨日のことのようによみがえって参ります。

その後のスクールカウンセリングの目覚ましい発展については、日本臨床心理士資格認定協会専務理事の大塚義孝先生の論稿（本書第一部第二章）から理解されることと思います。

学校臨床心理士（スクールカウンセラー）ワーキンググループ代表の村山正治先生は、スクールカウンセリングの学問的な裏付けについて、熱を込めて述べておられます。

学校臨床心理士（スクールカウンセラー）ワーキンググループは、日本臨床心理士資格認定協会・日本心理臨床学会・日本臨床心理士会の三団体によって構成されています。教育現場で真に役立つスクールカウンセラーの育成を目指して、毎年夏に全国研修会を開催し、切磋琢磨してきました。本書の第二部の執筆者の多くは、学校臨床心理士ワーキンググループのメンバーです。臨床心理学の学習と心理臨床実習による訓練、その後も続く研修を経て、まさに現場で活動しています。本書では、各自が研修会で講師を担当したテーマを中心に執筆しましたが、カウンセリング全般の知識と経験との裏付けがあり、カウンセリングで出会う子どもたち、保護者、関係者の方々から日々学ばせていただいています。

まず「はしがき」「おわりに」から読み始められた方は、どうぞ、本書の関心のある箇所を読んでください。そして全体を見渡していただいたなら、子どもたちが育つことの大変さ、教育現場の先生方の取り組み、親御さん達の苦労、スクールカウンセラーの努力が見えてくると思います。子どもが成長する途上で直面する諸困難に、先生方、保護者の方々、スクールカウンセラー、そしてすべての大人が、知恵を出し合いたいと願っております。

何人かの執筆者が、参考文献に河合隼雄先生の著書を挙げています。河合先生は、学校心理臨床に深く関わられ、公立学校のスクールカウンセラー発足時から毎年の研修会で講演をしてくださいました。その記録が『河合隼雄のスクールカウンセリング講演録』(創元社、二〇〇八年)にまとめられています。「(〜〜)する」のではなく「(そこに)いる」ことの大切さを、強調なさいました。子どもに良かれと思って大人が動きまわる傾向のある今、子ども自身がもつ力を限りなく尊重された河合先生の知恵に学びたいと思います。

本書を手に取ってくださっている読者の皆さん、ありがとうございます。

また本書の出版を短期間にかなえてくださった、創元社社長の矢部敬一さんと部長の渡辺明美さん、編集部の皆さんに、心から御礼を申し上げます。

本書が多くの方々に読まれ、未来を担う子どもたちの成長を支援することができますように、切に願っています。

大震災・大津波・大竜巻と自然の猛威の続く日々に　滝口俊子

資料1　学校臨床心理士研修会実績

第1回

〔日程〕1996年7月27〜28日　〔会場〕京都文教大学

〔実行委員長〕小川捷之　〔参加者数〕258名

講演、シンポジウムなど

●レクチャーセッション

大塚義孝「文部省スクールカウンセラー調査研究委託事業*と臨床心理士」（*正式には、「文部省スクールカウンセラー活用調査研究委託事業」）

村山正治「学校臨床心理士のアンケートにみる事業の現状と課題」

鵜養美昭「学校臨床心理士の業務・活動方針について」

川上範夫「学校臨床心理士の専門性」

●公開研修会

木田宏「学校臨床心理士への期待」

加茂川幸夫（中学校課長）「教育改革の動向とスクールカウンセリング事業」

河合隼雄「学校臨床心理士（スクールカウンセラー）の意味するもの」

分科会

小学校担当者グループ（ファシリテーター：東山紘久）

中学校担当者グループ（ファシリテーター：川上範夫）

中学校担当者グループ（ファシリテーター：鵜養美昭）

中学校担当者グループ（ファシリテーター：福田憲明）

高校担当者グループ（ファシリテーター：村山正治）

●全体ディスカッション

司会：小川捷之、村山正治、川上範夫

総括：河合隼雄

第2回　〔日程〕1997年4月19～20日　〔会場〕昭和女子大学

〔実行委員長〕村山正治　〔参加者数〕459名

講演、シンポジウムなど

●**講演**

河合隼雄「スクールカウンセラーの意義」

村山正治「スクールカウンセラーの実際」

分科会

Aグループ（ファシリテーター：山本和郎）

Bグループ（ファシリテーター：福田憲明）

第3回　〔日程〕1998年5月30～31日　〔会場〕国立教育会館

〔実行委員長〕村山正治　〔参加者数〕757名

講演、シンポジウムなど

●**開会挨拶**　村山正治

●**来賓挨拶**　河村潤子（中学校課長）

●**講義**

大塚義孝、鵜養美昭「文部省スクールカウンセラー活用調査研究委託*の概要と現実的課題」（＊正式には、「文部省スクールカウンセラー活用調査研究委託事業」）

●**講演**

河合隼雄「教育改革と臨床心理士」

氷海正行「学校臨床心理士への期待――生徒指導の体験から」

分科会

●**予定者コース・シンポジウム**

シンポジスト：馬殿禮子、本間友巳、坂上頼子

司会：鵜養啓子

●**予定者コース・実践事例**

司会：倉光修、鵜養啓子

●**経験者コース**

小学校（座長：飯島澄子、金城孝次、大西俊江／司会：福田憲明）

中学校①（座長：鵜養美昭、灘本百美、平松清志／司会：藤岡孝志）

中学校②（座長：橋本敞、藤岡孝志、村山正治／司会：村山正治）
中学校③（座長：藤田悠紀子、木場清子、馬殿禮子／司会：馬殿禮子）
高校（座長：森川澄男、宮田敬一、岡本淳子／司会：宮田敬一）

第4回

〔日程〕1999年8月9～10日　〔会場〕大阪国際交流センター、アウィーナ大阪

〔実行委員長〕倉光修　〔参加者数〕1006名

講演、シンポジウムなど

●**開会挨拶**　倉光修
●**講演にあたって**　大塚義孝
●**講演**
徳久治彦（中学校課長）「学校教育の課題とスクールカウンセラー」
河合隼雄「日本文化とスクールカウンセラー制度」
●**シンポジウム「スクールカウンセラーと教師の連携」**
シンポジスト：東尾登志子、山本新一、藤原里美、木佐貫正博、東山弘子、岩宮恵子、良原惠子
司会：梶谷健二、倉光修

分科会

事例発表形式（3セッションに分けて34事例）

第5回

〔日程〕2000年8月6～7日　〔会場〕名古屋国際会議場

〔実行委員長〕田畑治　〔参加者数〕878名

講演、シンポジウムなど

●**開会挨拶**　田畑治
●**主催者挨拶**　鑪幹八郎、大塚義孝、乾吉佑
●**講演**
徳久治彦「21世紀の学校とスクールカウンセラー」
河合隼雄「揺れる学校とスクールカウンセラー」
●**シンポジウム「揺れる学校とスクールカウンセラー――全国調査結果とその課題」**
シンポジスト：伊藤美奈子、今井五郎、小林由美子、水野康樹、鵜養美昭
司会：江口昇勇、田畑治

分科会

事例発表形式（2セッションに分けて41事例）

第6回

〔日程〕2001年8月5～6日　〔会場〕日比谷公会堂、上智大学

〔実行委員長〕鵜養美昭　〔参加者数〕1029名

講演、シンポジウムなど

●**開会挨拶**　鵜養美昭
●**主催者挨拶**　大塚義孝、乾吉佑、片岡玲子
●**講演**
徳久治彦「制度の意義について」
河合隼雄「教育の時間――心の時間」
●**シンポジウム「学校臨床心理士の役割と学校組織」**
シンポジスト：
村山正治（制度化の持つ意味）
梶谷健二（コーディネーターの存在意義）
鵜養啓子（学校組織と学校臨床心理士）
本間友巳（保護者アンケートの結果）
司会：滝口俊子、福田憲明

分科会

●**初任者コース**（村山正治、宮田敬一）
●**経験者コース**
コーディネーター業務（梶谷健二）
非行臨床（鵜養美昭）
校内教員研修（鵜養啓子、田畑治）
発達障害（鶴光代）
虐待・校内対応と連携（伊藤美奈子）
危機介入（山本和郎）
学校状況のアセスメント（福田憲明）
スクールカウンセラーのサポート――養成・訓練・助言（倉光修）
いじめ（本間友巳）
不登校（滝口俊子）

第7回 〔日程〕２００２年８月10〜11日 〔会場〕仙台国際センター、東北大学

〔実行委員長〕長谷川啓三 〔参加者数〕６２８名

講演、シンポジウムなど

●開会挨拶 長谷川啓三

●主催者挨拶 大塚義孝、乾吉佑、村山正治

●講演

尾崎春樹（児童生徒課長）「スクールカウンセラー事業の現状と課題」

河合隼雄「日本の学校と文化」

●シンポジウム「学校臨床心理士のサポートシステムのあり方について――スーパーヴィジョンの方法も含めて」

シンポジスト：

梶谷健二（学校臨床心理士とコーディネーター）

倉光修（スクールカウンセリングにおけるスーパーヴィジョンの特殊性）

福田憲明（相互サポートシステムとしての研究会活動）

鵜養美昭（学校とのつきあい方をスーパーヴァイズする）

司会：村山正治、長谷川啓三

分科会

●初任者コース（村山正治、梶谷健二、鵜養啓子、東山弘子、馬殿禮子、林幹男、小川幸男、藪添隆一、髙橋功、福田憲明、宇田川一夫、高橋総子）

●各論別研修

非行臨床（菊池武剋、山入端津由）

養護教諭ならびに外部機関との連携（伊藤美奈子）

学校システムにブリーフに介入する（長谷川啓三、若島孔文）

アセスメントの生かし方（鵜養美昭、藤田悠紀子）

スクールカウンセラーとして家族に関わる方法（宮田敬一、佐藤静）

学校での教師やＰＴＡに対する研修・啓発活動のあり方（山本和郎）

スクールカウンセラーとして性教育、ＨＩＶ／エイズ教育に関わる（鶴光代）

虐待（田畑治）

不登校、ひきこもり（本間友巳）

いじめ、いじめられ（滝口俊子）

発達障害（倉光修）

第8回 〔日程〕２００３年８月９〜10日 〔会場〕神戸ポートピアホール、神戸国際会議場

〔実行委員長〕馬殿禮子 〔参加者数〕１３４８名

講演、シンポジウムなど

●**開会挨拶** 杉村省吾、大塚義孝、乾吉佑、村山正治

●**講演**

尾崎春樹（児童生徒課長）「平成15年度スクールカウンセラー配置状況、活動とその課題」

河合隼雄「個と集団」

●**シンポジウム「個と集団のみたてとてだて」**

シンポジスト：氏原寛、鵜養美昭、徳田仁子、杉村省吾

司会：野島一彦、伊藤美奈子

分科会

●**初任者コース・全体会「学校教育とＳＣ」**（梶谷健二、本間友巳、谷口正己、藪添隆一、高木公人）

●**初任者コース・分科会**

外部関係機関の機能と連携（羽下大信）

学校におけるアセスメントの生かし方（福田憲明）

グループワークの活用（冨永良喜、本多修）

研修会の持ち方（山本和郎、伊藤美奈子、岡本淳子）

学校組織とＳＣ（本間友巳）

学校コンサルテーション（宮田敬一、津川秀夫）

●**経験者コース**

不登校問題とＳＣ（東山弘子、北村圭三）

非行の問題とＳＣ（倉光修、齊藤文夫）

発達障害へのアプローチ（鶴光代）

性にかかわる問題とＳＣ（鵜養啓子）

虐待・被害者支援（田畑治、高木忠彦）

ＳＣのＳＶのあり方（滝口俊子、今塩屋登喜子）

震災とスクールカウンセラー（森茂起、堀口節子）

●**経験者コース・全体会「危機介入的支援」**（高橋哲、村山正治、馬殿禮子）

第9回

〔日程〕2004年8月7〜8日　〔会場〕昭和女子大学
〔実行委員長〕鵜養啓子　〔参加者数〕1495名

講演、シンポジウムなど

●開会挨拶　大塚義孝、乾吉佑、滝口俊子
●講演
坪田眞明（児童生徒課長）「スクールカウンセラー事業の現状と課題」
河合隼雄「躾けることと育つこと」
●ミニレクチャー
村山正治「日本の心理臨床とスクールカウンセリング（歴史的展開）」
鵜養啓子「学校教育の制度とそれにまつわる法律」
倉光修「カウンセリングとコンサルテーション」
馬殿禮子「学校臨床心理士の倫理」
総合司会：鶴光代

分科会

●新任者コース・講義「スクールカウンセリングの基本」
資格取得直後でSC（梶谷健二、鵜養美昭）
経験あるがSCはじめて（村山正治、本間友巳）
●経験者コース・スーパーヴィジョン
非行（田畑治）
虐待（東山弘子）
発達障害児へのアプローチ（倉光修）
不登校（山下一夫）
性にかかわる問題とSC（馬殿禮子）
研修会の展開（鶴光代）
心の教育（滝口俊子）
他の専門家との連携（福田憲明）
「学校の危機」への緊急支援（窪田由紀）
学校コンサルテーション（長谷川啓三）

第10回 〔日程〕２００５年８月６～７日 〔会場〕ホテルニューオータニ博多、九州産業大学

〔実行委員長〕窪田由紀 〔参加者数〕１０８１名

講演、シンポジウムなど

●**開会挨拶** 大塚義孝、乾吉佑、滝口俊子

●**講演**

坪田眞明（児童生徒課長）「スクールカウンセラー事業の現状と課題」

河合隼雄「学校という場における関係性をめぐって――全体を見る・関わる・つなぐ」

●**シンポジウム「学校臨床心理士の過去、現在、そしてこれから――さまざまな関係性を見立て・繋いできたコーディネーターの立場から」**

シンポジスト：福田憲明、吉井健治、林幹男

指定討論者：梶谷健二、鵜養啓子

司会：村山正治

分科会

●**新任者コース・講義「スクールカウンセリングの基本」**

資格取得直後でSC（梶谷健二、鵜養啓子、長谷川啓三）

経験あるがSCはじめて（田畑治、山下一夫、本間友巳）

●**経験者コース・講義**

発達障害（篁倫子、鶴光代）

不登校１（馬殿禮子）

不登校２（倉光修）

非行・虐待（安部計彦）

学校とどうつきあうか（鵜養美昭）

緊急支援（浦田英範、向笠章子）

保育カウンセリング（滝口俊子、菅野信夫）

第11回 〔日程〕２００６年８月５～６日 〔会場〕ウェスティン都ホテル京都、龍谷大学

〔実行委員長〕小林哲郎 〔参加者数〕１５２１名

講演、シンポジウムなど

●**開会挨拶** 大塚義孝、乾吉佑、滝口俊子、石附敦

●**講演**

河合隼雄「こころ、ことば、文化」

木岡保雅（児童生徒課長）「スクールカウンセラー事業の現状と課題」

●**講義**

本間友巳「スクールカウンセリングの新たな10年に向けて――その現状と課題と展望」

シンポジウム「拡大・深化するスクールカウンセリング」

シンポジスト：滝口俊子、西井恵子、三澤文紀、北口雄一

指定討論者：藤原勝紀

司会：倉光修

分科会

●**新任者コース・講義「スクールカウンセリングの基本」**

資格取得直後でＳＣ（梶谷健二、山下一夫）

経験あるがＳＣはじめて（鵜養啓子、吉井健治）

●**経験者コース・講義**

発達障害１（鶴光代、徳永豊）

発達障害２（伊藤良子、徳永豊）

不登校１（馬殿禮子）

不登校２（本間友巳）

不登校３（倉光修）

非行・虐待１（長谷川啓三、久保順也、三谷聖也）

非行・虐待２（東山弘子、橋本和明）

教員研修（鵜養美昭）

学校現場で行うグループワーク（村山正治、福田憲明）

「学校コミュニティの危機」への緊急支援（窪田由紀、向笠章子）

保育カウンセリング（滝口俊子、高木美弦）

第12回

〔日程〕２００７年８月25～26日〔会場〕大阪国際会議場、リーガロイヤルＮＣＢ

〔実行委員長〕西井克泰〔参加者数〕１６０２名

講演、シンポジウムなど

●**開会挨拶**　大塚義孝、乾吉佑、鶴光代、村山正治、梶谷健二

●**講演**

梶田叡一「学校におけるスクールカウンセラーの位置と役割」

木岡保雅（児童生徒課長）「スクールカウンセラー事業の現状と課題」

●シンポジウム「スクールカウンセラーに期待されるもの——教育全体を視野に入れて」
シンポジスト：門川大作、竹島園枝、野口克海、若林彰
指定討論者：倉光修
司会：滝口俊子

分科会

●新任者コース
資格取得直後でSC（石川悦子、杉原紗千子、村山實、今塩屋登喜子、梶谷健二、巽美文）
経験あるがSCはじめて（鵜養啓子、前田由紀子）

●経験者コース
発達障害（鶴光代、緒方登士雄、黒澤礼子）
不登校（馬殿禮子、倉光修）
いじめ（岡本淳子、本間友巳）
非行（東山弘子、橋本和明）
虐待（増沢高、金岡洋子）
教員コンサルテーション（山下一夫、小坂浩嗣）
保護者カウンセリング（田畑治、定森恭司）
グループワーク（村山正治、福田憲明）
緊急支援（窪田由紀、山田幸代）
葛藤解決（鵜養美昭、植山起佐子）
保育と学校教育の連携（滝口俊子、坂上頼子、高木美弦）

第13回

〔日程〕２００８年８月９〜10日　〔会場〕愛知学院大学日進キャンパス
〔実行委員長〕田畑治　〔参加者数〕１３８６名

講演、シンポジウムなど

●開会挨拶　藤原勝紀、村瀬嘉代子、鶴光代、後藤秀爾

●講演
大塚義孝「学校臨床心理士の過去・現在・未来」
木岡保雅（児童生徒課長）「スクールカウンセラー事業の現状とこれからの課題」

●シンポジウム「学校臨床心理士（スクールカウンセラー）としての成長」
シンポジスト：東千冬、高橋光恵、香川克、伊藤匡
指定討論者：倉光修

司会：倉光修

分科会

●**新任者コース**

資格取得直後でＳＣ（梶谷健二、良原惠子）

経験あるがＳＣはじめて（前田由紀子、鵜養啓子）

●**経験者コース**

発達障害（基礎編）（鶴光代、江口昇勇、後藤秀爾）

発達障害（実践編／ペアレント・トレーニング）（井上雅彦）

発達障害（実践編／臨床動作法）（緒方登士雄、二宮昭）

不登校（倉光修、馬殿禮子）

いじめ（本間友巳、岡本淳子）

非行（東山弘子、橋本和明）

虐待（金岡洋子、岩佐和代）

教員コンサルテーション（吉井健治、花井正樹）

保護者カウンセリング（田畑治、定森恭司）

グループワーク（村山正治、福田憲明）

緊急支援（窪田由紀、山田幸代）

葛藤解決（植山起佐子、徳田仁子）

プレスクール・カウンセリング（滝口俊子）

アウトリーチ（鵜養美昭）

コミュニケーション・スキル（西井克泰）

第14回　〔日程〕２００９年８月８～９日　〔会場〕日比谷公会堂、立正大学

〔実行委員長〕岡本淳子　〔参加者数〕１５８２名

講演、シンポジウムなど

●**開催挨拶**　岡本淳子、村山正治、村瀬嘉代子、鶴光代、大塚義孝

●**講演**

磯谷桂介（児童生徒課長）「スクールカウンセラー事業の現状とこれからの課題」

鷲田清一「受け身の作法――〈聴く〉ことと〈待つ〉こと」

分科会

●**参加者企画シンポジウム**

生徒指導領域における臨床心理士の役割とは？（山口力）
臨床心理士が学校でできること（三和啓二）
スクールカウンセリングにおけるプロセスの読み方（國本貴久）
配置方式の違いによる専門性の活かし方——学校側の期待と実働の特徴からの検討（植山起佐子）
スクールカウンセラー活動のマネージメント——あなたは、どのように構成していますか（岡本かおり）
スクールカウンセラー3〜5年の経験者が組織の中で主体的に機能するには？（田中順子）
SCとしての自分たちの傾向を見つめ直す——具体的なSC場面を通して（細川直人）
家庭と学校のより良い関係をめざして——保護者面接における中立性をめぐって（中村美津子、徳田仁子）
高等学校におけるスクールカウンセリングの可能性と課題——教育相談体制の充実に向けて（増井紀子）
高校生の事例を通して、発達障害の理解と支援の可能性について考える（岡島陽子、鈴木未知世）
発達障害のある子どもにSCとしてできること——幼保小中高の取り組みから（香野毅）
発達障害の二次的問題と学校臨床——実践事例からの検討（柴田薫）
応用行動分析とスクールカウンセリング（永谷文代）
地域支援を目指したスクールカウンセラーの役割と活動——SCを地域に根付かせるために（石田陽彦）

●新任者コース

資格取得直後でSC（梶谷健二、山下一夫、金岡洋子）
経験あるがSCはじめて（鵜養啓子）

●経験者コース「自分の実践を語り合う会」

●WG主催分科会

不登校——さまざまな状況におけるアプローチ（倉光修、馬殿禮子、山下一夫）
いじめ——事例を通したいじめ問題への理解と対応（本間友巳）
学校臨床における非行問題への対応と援助（生島浩）
精神疾患・行動化の課題を抱える生徒への具体的援助（木野照美）
虐待対応——スクールカウンセラーが出来ること（羽下大信）
発達障害1　心理アセスメント（恵良美津子）
発達障害2　ペアレント・トレーニング（佐々木和義）
発達障害3　臨床動作法（緒方登士雄、鶴光代）
プレスクールカウンセリング（滝口俊子、末次絵里子）
小学校でのSC活動の特徴と工夫（森田規子、滑志田ひとみ）
高等学校でのスクールカウンセリング——転退学・その後から（浅野真、増井紀子）
私立学校SCの実践から学ぶ（土屋静子）
スクールカウンセリングと学校教育相談——学校現場における心理臨床活動のより良い在り方をめぐって（東山弘子、山本健治）

スクールカウンセラーと教師の協働（藪添隆一）
コミュニケーションスキル教育を実施するためのグループワーク（体験）の基礎（鈴村真理、橋本ゆき）
学校臨床心理士による緊急支援（良原惠子、古川知子、梶谷健二）
学校臨床心理士の倫理と対象者の権利擁護（鵜養啓子）
保護者との面接――保護者面接を通じて子どもを含む家族システムに接する（若島孔文、生田倫子）
アウトリーチ――学校全体を視野に入れ、積極的な予防啓発的視点を持ったＳＣ活動（植山起佐子、石川令子）
コーディネーターの役割・教育委員会との関係（村山正治、鵜養美昭）

第15回　〔日程〕２０１０年８月７～８日　〔会場〕日比谷公会堂、昭和女子大学

〔実行委員長〕鵜養美昭　〔参加者数〕１５０３名

講演、シンポジウムなど

●開催挨拶　村瀬嘉代子、鶴光代、大塚義孝

●講演

磯谷桂介（児童生徒課長）「スクールカウンセラー事業の現状とこれからの課題」
坂東眞理子「『丈夫な心』を育てる」

●特別講義

及川卓「『性同一性障害』に関する特別講義」

分科会

●参加者企画シンポジウム

学校臨床活動における「システム論」の意義（八巻秀）
地域の文化に根ざしたスクールカウンセリングのあり方の検討――学校コミュニティの文化が背景に感じられる事例から（千原美重子）
緊急支援と学校アセスメント（谷地森久美子）
スクールカウンセラーが関わる小・中学校の連携――様々な視点から考える（山﨑さなえ）
学校現場での心理教育的アプローチ――子ども集団・教員集団への予防開発的関わりを通して（三和啓二）
家庭と学校のよりよい関係をめざして――保護者面接における「訴え」をどのように生かすか（徳田仁子、中村美津子、中村泰江、永田法子）
ＳＣ活動のマネジメント――何故、あなたはそのように構成したのか？（岡本かおり）
発達上、気がかりな子への具体的なアプローチ――評価より応用行動分析的介入、連携へ（石田加代子）
「学校におけるストレスマネジメント教育」と「教師のメンタルヘルス研修」（坂上頼子）
学校現場で即時的・主体的に機能する〝接近型カウンセリング〟――活用されるＳＣをめざす研究会の実践から（原玲子）
学校を理解するための工夫――学校の隅々にあるアセスメントのヒント（吉田章子）

発達障害の二次的問題と学校臨床——「いきかた支援」と「自己理解（支援）」（柴田薫）

●特別プログラム

管理職との付き合い方・連携の仕方（梶谷健二）
養護教諭との付き合い方・連携の仕方（西井克泰）
特別支援教育コーディネーターとの付き合い方・連携の仕方（ＷＧ）
臨床心理士以外の「相談員」との付き合い方・連携の仕方（ＷＧ）
学外専門機関との付き合い方・連携の仕方（馬殿禮子）
教育委員会・指導主事との付き合い方・連携の仕方（本間友巳、岩井秀世）
学校臨床心理士の倫理（倉光修）
学校臨床と臨床心理士の専門性（滝口俊子）
学校コミュニティ理解（学校アセスメント）＆学校への入り方（村山正治、小野貴美子）
学校コンサルテーションのあり方（田畑治）

●新任者コース

資格取得直後でＳＣ（梶谷健二、金岡洋子）
経験あるがＳＣはじめて（倉光修、木南千枝）

●経験者コース「自分の実践を語り合う会」

●ＷＧ主催分科会

不登校（馬殿禮子、倉光修）
いじめ（植山起佐子、伊藤亜矢子）
暴力行為（鈴村真理）
家庭内暴力（東山弘子、森石泰生）
アクティングアウト（行動化）（杉原紗千子、上野綾子）
虐待（森田規子、佐竹由利子）
発達障害　小学校（柴田恵津子）
発達障害　中学校（田畑治、江口昇勇）
発達障害　高等学校（石川悦子、奥村八重子）
小学校でのＳＣ活動（本間友巳）
高等学校でのＳＣ活動（西井克泰、近森聡）
私立学校でのスクールカウンセリング（福田憲明）
学校理解と教師との協働（岡本淳子、佐藤昌子）
グループワーク（村山正治）
緊急支援（良原惠子、中村昌子）

保護者との面接（生田倫子）
相談室外での活動（「働きかけ、交渉し、つなぐ」）（羽下大信）
予防・啓発活動（横山典子）
大学院におけるスクールカウンセラー教育（滝口俊子、香川克）
「子ども・若者育成支援推進法」と学校臨床心理士（石田陽彦）

第16回　〔日程〕２０１１年8月20～21日　〔会場〕ウェスティン都ホテル京都、龍谷大学大宮学舎

〔実行委員長〕本間友巳　〔参加者数〕１８６９名

講演、シンポジウムなど

●開催挨拶　村瀬嘉代子、鶴光代、大塚義孝、村山正治

●講演

白間竜一郎（児童生徒課長）「スクールカウンセラー事業の現状とこれからの課題」
小野田正利「モンスターペアレント論を超えて——保護者と向き合う気持ちと教職員の共同性」

●全体シンポジウム「東日本大震災と学校臨床心理士（スクールカウンセラー）」

シンポジスト：〈岩手県〉門屋隆司、〈宮城県〉髙橋総子、〈福島県〉大森恵栄子、〈新潟県〉小林東、〈文部科学省〉郷治知道、〈臨床心理士支援〉高橋哲
司会：馬殿禮子、鵜養美昭

分科会

●新任者コース

資格取得直後でSC（梶谷健二、金岡洋子）
経験あるがSCはじめて（西井恵子、近森聡）

●参加者企画シンポジウム

地域SCチームによる、不適応と学校の“荒れ”への効果的対応——中1ギャップ解析を踏まえた、創意・工夫ある「こころの小中連携」（阿部昇）
校内の対立的な関係に巻き込まれないために（吉田章子）
教育相談とスクールカウンセラーの兼務体制の実際——杉並区の取り組みを通して（喜多見学）
スクールカウンセリングにおける「大人（教師・保護者）」とのつきあい方（八巻秀）
高校のSCに求められる専門性について（内山慶子）
スクールカウンセラーに望まれる中学生の反社会的行動への対応（森慶輔）
家庭と学校とのよりよい関係をめざして——スクールカウンセラーのつなぐ視点・つなぐ力（中村美津子、徳田仁子、永田法子、中村泰江）
リストカットの理解と対処の種々相（三和啓二）

不適応を起こしている児童生徒の「特別支援チームの一員」としてSCや支援員が学校でできることを考える（岩瀬佳代子）
私たちのピアサポート――スクールカウンセラー仲間を支える（藤田恵津子）
スクールカウンセリングモデルの発展に向けて――ニーズのアセスメントからモデルの展開へ（吉川民子）
学校の主体性を大切にした緊急支援――シミュレーションを通して（山﨑さなえ）
学校現場で出合う"虐待問題"へのスクールカウンセラーの役割（原玲子）
スクールカウンセリング活動のマネジメント――普段の活動を「マネジメント方式」で記述してみると…？（岡本かおり）
発達障害の二次的問題と学校臨床――自他共存のための特性理解（柴田薫）

●WG主催分科会
不登校（馬殿禮子、倉光修）
いじめ（本間友巳）
非行・暴力行為（村尾泰弘）
発達障害　小学校（柴田恵津子、上野綾子）
発達障害　中学校（田畑治、江口昇勇）
発達障害　高等学校（三田村啓子）
虐待（良原惠子、伊庭千惠）
緊急支援（小林哲郎、岩井秀世）
自殺をめぐるかかわりと予防について（岡本淳子）
グループワーク１　相談室内外での集団への対応（福田憲明）
グループワーク２　学校への適用入門――事例と実習（鵜養美昭）
小学校のSC（高島〔高橋〕光恵）
高校のSC（西井克泰）
私立学校でのSC（石川悦子、木下亜矢）
教師に対する支援（中川美保子）
保護者に対する支援（鵜養啓子）
大学院におけるスクールカウンセリング教育（滝口俊子、香川克）

第17回　〔日程〕２０１２年８月４～５日　〔会場〕大阪国際会議場、リーガロイヤルＮＣＢ

〔実行委員長〕梶谷健二

講演、シンポジウムなど

●**開催挨拶**　村瀬嘉代子、鶴光代、大塚義孝、村山正治
●**講演**

白間竜一郎（児童生徒課長）「スクールカウンセラー事業の現状とこれからの課題」
村山正治「スクールカウンセリングのパラダイム」

●全体会「スクールカウンセリングの実践知」
提言と討議：吉田圭吾、岩宮恵子、嘉嶋領子
司会：西井克泰

分科会

●新任者コース
資格取得直後でSC（梶谷健二、金岡洋子）
経験あるがSCはじめて（西井恵子、近森聡）

●経験者コース
不登校（倉光修）
発達障害1　ADHD（中谷恭子）
非行・暴力行為（田畑治、橋本和明）
自殺・自傷行為（木野照美）
虐待（冨田忠明、西部美志）
学級支援（岡本淳子）
緊急支援（中村昌子、良原惠子）
保護者に対するコンサルテーション（徳田仁子、永田法子）
高校（西井克泰）
スクールカウンセラー対象研修の持ち方（本間友巳、北口雄一）
グループアプローチ（福田憲明）
震災支援3県（福島県）（大森恵栄子、下田章子）
震災支援3県（岩手県）（佐々木誠）
認定協会私学派遣事業（鵜養啓子）
　※日本臨床心理士資格認定協会「私立学校臨床心理士支援事業」に関する分科会

●WG主催分科会
不登校（馬殿禮子）
いじめ（岡本淳子）
発達障害2　自閉症（倉光修）
心身症関連（岸本寛史）
非行・暴力行為（田畑治、橋本和明）
自殺・自傷行為（木野照美）

虐待（冨田忠明、西部美志）
養護教諭との連携（中川美保子）
特別支援教育担当教員との連携（米山直樹）
教師への支援（香川克）
小学校（高島光恵）
幼稚園・保育所・子ども園（滝口俊子、馬見塚珠生）
グループアプローチ（鵜養美昭）
震災支援３県（宮城県）（高橋総子、早川典子）
校内研修の持ち方（齊藤誠一）

資料2　日本心理臨床学会における学校臨床心理士ワーキンググループ関連企画一覧

第17回大会　〔日程〕1998年9月19日　〔会場〕名古屋大学

●**大会企画シンポジウム「スクールカウンセラーの制度化をめぐって」**
企画者：学校臨床心理士ワーキンググループ（代表　村山正治）
司会：村山正治、鶴光代
シンポジスト：
辻村哲夫（文部省初等中等教育局長）（文部省の立場から）
河合隼雄（日本臨床心理士会の立場から）
大塚義孝（日本臨床心理士資格認定協会の立場から）
村山正治（スクールカウンセラーへのアンケート調査結果から）

第18回大会　〔日程〕1999年9月12日　〔会場〕文教大学

●**大会企画シンポジウム「スクールカウンセラーの恒常的制度化に向けて」**
企画者：学校臨床心理士ワーキンググループ（代表　村山正治）
司会者：村山正治、岡堂哲雄
シンポジスト：御手洗康（文部省初等中等教育局長）、河合隼雄、大塚義孝、岡本喜美子（東京都新宿区立西戸山第二中学校長）

第19回大会　〔日程〕2000年9月15日　〔会場〕京都文教大学

●**学校臨床心理士ワーキンググループ企画シンポジウム「平成13年度からの新しいスクールカウンセラー制度をめぐって」**
企画者：学校臨床心理士ワーキンググループ（代表　村山正治）
司会者：村山正治、滝口俊子
話題提供者：文部科学省担当者、野口克海（大阪府教育委員会理事）、河合隼雄、大塚義孝

第20回大会

〔日程〕２００1年9月17日　〔会場〕日本大学

●学校臨床心理士ワーキンググループ企画シンポジウム「新スクールカウンセラー制度の現状と課題」
企画者：学校臨床心理士ワーキンググループ（代表　村山正治）
司会者：村山正治、滝口俊子
シンポジスト：文部科学省初等中等教育局担当官、宮川保之（東京都教育庁総務部教育政策室主任指導主事）、河合隼雄、大塚義孝

第21回大会

〔日程〕２００2年9月6日　〔会場〕中京大学

●学校臨床心理士ワーキンググループ企画シンポジウム「スクールカウンセラー配置のさらなる発展と充実をめざして」
企画者：学校臨床心理士ワーキンググループ（代表　村山正治）
司会者：滝口俊子、村山正治
シンポジスト：文部科学省初等中等教育局担当官、梅本哲男（名古屋市立城山中学校校長）、河合隼雄、大塚義孝

第22回大会

〔日程〕２００3年9月13日　〔会場〕京都大学

●学校臨床心理士ワーキンググループ企画シンポジウム「平成18年度（第3期）のスクールカウンセラー事業の展開に向けて——これまでの成果の確認と今後の発展に向けて」
企画者：学校臨床心理士ワーキンググループ（代表　村山正治）
司会者：村山正治、鵜養啓子
話題提供者：
伊藤美奈子（教師から見たスクールカウンセラーの活動評価とその課題）
本間友巳（保護者から見たスクールカウンセラーの活動評価とその課題）
指定討論者：河合隼雄、大塚義孝、金森越哉（文部科学省初等中等教育局審議官）

第23回大会

〔日程〕２００4年9月10日　〔会場〕東京国際大学

●学校臨床心理士ワーキンググループ企画シンポジウム「スクールカウンセラー事業の更なる発展と今後の課題」
企画者：学校臨床心理士ワーキンググループ（代表　村山正治）
司会者：村山正治、滝口俊子
シンポジスト：河合隼雄、大塚義孝、金森越哉（文部科学省初等中等教育局審議官）、若林彰（東京都教育庁指導部指導企画課主任指導主事）、鵜養美昭

第24回大会　〔日程〕２００５年9月8日　〔会場〕国立京都国際会館

●学会企画シンポジウム「地方の時代の教育と学校臨床心理士の役割」
企画者：学校臨床心理士ワーキンググループ（代表　村山正治）
司会者：村山正治、滝口俊子
シンポジスト：河合隼雄、大塚義孝、本間友巳、嘉嶋領子、門川大作（京都市教育長）
ゲストスピーカー：河村建夫（衆議院議員／前文部科学大臣）

第25回大会　〔日程〕２００６年9月17日　〔会場〕関西大学

●学会企画シンポジウム「新しい発展段階にきているスクールカウンセラー事業のこれからの課題」
企画者：学校臨床心理士ワーキンググループ（代表　村山正治）
司会者：村山正治、滝口俊子
シンポジスト：大塚義孝、山中伸一（文部科学省初等中等教育局担当審議官）、倉光修、本間友巳、鵜養啓子

第26回大会　〔日程〕２００７年9月29日　〔会場〕東京国際フォーラム

●委員会企画　学校臨床心理士ワーキンググループ「スクールカウンセラー事業の新しい展開」
企画・司会者：村山正治
特別ゲスト：銭谷眞美（文部科学省事務次官）
話題提供者：大塚義孝、鵜養美昭、向笠章子

第27回大会　〔日程〕２００８年9月5～6日　〔会場〕つくば国際会議場他

●委員会企画シンポジウム　学校臨床心理士ワーキンググループ「スクールソーシャルワーカーとスクールカウンセラーとの連携、協働」
企画・司会者：西井克泰
シンポジスト：峯本耕治（弁護士／大阪府教育委員会スクールソーシャルワーカースーパーバイザー）、金澤ますみ（大阪府教育委員会スクールソーシャルワーカー／桃山学院大学非常勤講師）、良原惠子
指定討論者：梶谷健二、倉光修
●委員会企画シンポジウム　学校臨床心理士ワーキンググループ「スクールカウンセラー活動におけるスーパーバイザーの必要性と活用」
企画・司会者：村山正治、滝口俊子
話題提供者：銭谷眞美（文部科学省事務次官、大塚義孝、倉光修、嘉嶋領子、鵜養啓子

第28回大会　〔日程〕2009年9月20日　〔会場〕東京国際フォーラム

●大会委員会企画シンポジウム「スクールカウンセラー事業の更なる発展をめざして――地方の時代の視点から」
司会者：村山正治、鵜養美昭
話題提供者：大塚義孝、磯谷桂介（文部科学省初等中等教育局児童生徒課長）、藤原勝紀、古賀靖之、岡本淳子

第29回大会　〔日程〕2010年9月3日　〔会場〕東北大学

●大会委員会企画シンポジウム「スクールカウンセラー事業の更なる発展をめざして　続――地方の時代の視点から」
企画者：村山正治、滝口俊子
話題提供者：大塚義孝、磯谷桂介（文部科学省初等中等教育局児童生徒課長）、石田陽彦、小林東、高山敬子

第30回大会　〔日程〕2011年9月3日　〔会場〕福岡国際会議場

●大会委員会企画シンポジウム「スクールカウンセラー事業のこれからの展望――15年間の実績を基盤としてさらに発展、充実を目指して」
企画者：村山正治、滝口俊子
話題提供者：大塚義孝、白間竜一郎（文部科学省初等中等教育局児童生徒課課長）、本間友巳、鵜養啓子、嘉嶋領子

著者紹介

●編者紹介

村山正治（むらやま　しょうじ）

学校臨床心理士ワーキンググループ代表。東亜大学大学院臨床心理学専攻主任。九州大学名誉教授。著書『ロジャースをめぐって――臨床を生きる発想と方法』、共編著『実践！　スクールカウンセリング』（いずれも金剛出版）、『マンガで学ぶフォーカシング入門』（誠信書房）ほか。

滝口俊子（たきぐち　としこ）

現在、立教女学院短期大学名誉教授、放送大学名誉教授。著書『子どもと生きる心理学』（法藏館）、『不確かさの中を――私の心理療法を求めて』（共著、創元社）、『臨床心理士のスクールカウンセリング』（編著、誠信書房）、『保育カウンセリング』（編著、放送大学教育振興会）など。

●執筆者紹介（五十音順）

青木真理（あおき　まり）

一九九〇年、京都大学大学院教育学研究科博士課程単位取得後退学。現在、福島大学総合教育研究センター教育相談部門教授。著書『風土臨床』（編著、コスモス・ライブラリー）、『心理療法の彼岸』（共編著、コスモス・ライブラリー）ほか。

伊藤亜矢子（いとう　あやこ）

一九九五年、東京大学大学院博士後期課程満期退学。現在、お茶の水女子大学大学院人間文化創成科学研究科准教授。著書『改訂版 学校臨床心理学』（北樹出版）、『エピソードでつかむ児童心理学』（ミネルヴァ書房）ほか。

上野綾子（うえの　あやこ）

一九九四年、広島大学大学院教育学研究科教育心理学専攻博士課

程前期修了。東京都公立学校スクールカウンセラー。明神下診療所心理療法士。臨床心理士。

鵜養啓子（うかい　けいこ）

一九七四年、東京大学教育学部教育心理学科卒業。現在、昭和女子大学人間社会学部教授。著書『学校と臨床心理士――心育ての教育をささえる』（共著、ミネルヴァ書房）、論文「学校アセスメントから予防・啓発へ」（『子どもの心と学校臨床』遠見書房）。

鵜養美昭（うかい　よしあき）

一九七六年、東京大学大学院教育心理学専攻修士課程修了。現在、日本女子大学心理学科教授、臨床心理士。著書『学校と臨床心理士』（共著、ミネルヴァ書房）、編著『実践！　スクールカウンセリング』（共編、金剛出版）ほか。

大塚義孝（おおつか　よしたか）

帝塚山学院大学大学院教授、同人間科学研究科長、京都女子大学名誉教授。学術博士。財団法人日本臨床心理士資格認定協会専務理事。著書『衝動病理学――ソンディ・テスト』『こころの時代を歩く』（いずれも誠信書房）、『こころ学のススメ』（日本評論社）ほか多数。

岡本淳子（おかもと　じゅんこ）

現在、立正大学心理学部・大学院心理学研究科教授。著書『暴力と思春期』（共著、岩崎学術出版社）、『子どもの心と学校臨床』（共編著、遠見書房）、論文「いじめの問題に関わる教師の認識についての一考察」（立正大学心理学研究所紀要、第三号）「いじめ――現状と展望」など。

香川　克（かがわ　まさる）

一九九五年、東京大学大学院教育学研究科博士課程満期退学。現在、京都文教大学臨床心理学部准教授。著書『いじめ臨床』（共著、ナカニシヤ出版）、論文「不登校の状態像の変遷について――方向喪失型の不登校という新しい型」など。

かしま　えりこ

九州大学大学院人間環境学府博士後期課程満期退学。臨床心理士。かしまえりこ心理室。著書『スクールカウンセリング モデル一〇〇例』（共著、創元社）、『改訂版 スクールカウンセリング』（共著、放送大学教育振興会）ほか。

梶谷健二（かじたに　けんじ）

関西大学大学院客員教授。吹田市教育センター相談員スーパーヴァイザー。臨床心理士。著書『臨床心理士によるスクールカウンセリングの実際』（共著、至文堂）、『臨床心理士のスクールカウンセリング』（共著、誠信書房）ほか。

倉光　修（くらみつ　おさむ）

一九八〇年、京都大学大学院教育学研究科博士課程修了。博士（教育学）。現在、東京大学学生相談ネットワーク本部学生相談所教授。著書『臨床心理学』（岩波書店）、『動機づけの臨床心理学』（日本評論社）、『カウンセリングと教育』（誠信書房）ほか。

小林哲郎（こばやし　てつろう）

一九八四年、京都大学教育学研究科博士後期課程単位取得満期退学。現在、神戸女学院大学大学院人間科学研究科教授。著書『学校臨床――子どもをめぐる課題への視座と対応』（共著、金子書房）、『臨床心理学――全体的存在として人間を理解する』、『学校教育相談』(いずれも共著、ミネルヴァ書房)、『文章完成法を応用したテストSCT－Bに関する研究』(風間書房) ほか。

坂上頼子(さかがみ よりこ)

オフィスかけはし主宰。日本臨床心理士会保育臨床専門部会委員。著書『保育カウンセリング』(共著、放送大学教育振興会)、『イライラしたときどうする?』(紙芝居監修制作、かけはしストレスマネジメント研究会)、『子育て知恵袋』(編著、福村出版)。

柴田恵津子(しばた えつこ)

江東区教育センター教育相談室スクールカウンセラー。東京都公立学校スクールカウンセラー。臨床心理士。「遊びがもたらす不安の解消」(『児童心理 特集 安心感の乏しい子』金子書房)。

高石浩一(たかいし こういち)

一九八八年、京都大学大学院教育学専攻博士後期課程満期退学。現在、京都文教大学臨床心理学部教授。臨床心理士。著書『母を支える娘たち』(日本評論社)、『思春期・青年期 臨床心理学』(共著、朝倉書店)、『心理学実習』(共編著、培風館)。

中川美保子(なかがわ みほこ)

二〇〇四年、京都大学大学院博士課程中退。現在、同志社女子大学特任教授。著書『いじめ臨床』(共著、ナカニシヤ出版)、『学校臨床』(共著、金子書房)、『不登校・ひきこもりと居場所』(共著、ミネルヴァ書房)。

西井克泰(にしい かつやす)

一九八七年、大阪市立大学大学院生活科学研究科博士後期課程中退。武庫川女子大学文学部教授。著書『子どものこころ百科』(分担執筆、創元社)、『親のメンタルヘルス——新たな子育て時代を生き抜く』(分担執筆、ぎょうせい) ほか。

長谷川啓三(はせがわ けいぞう)

東北大学大学院教授。附属臨床心理相談室室長。教育学博士。日本心理臨床学会理事。臨床心理士会SCワーキンググループ委員。著書『ソリューション・バンク』(金子書房)、「臨床の語用論Ⅰ・Ⅱ」(『現代のエスプリ』454／456、至文堂) ほか。

馬殿禮子(ばでん れいこ)

神戸大学教育学部教育心理学科卒業。関西国際大学名誉教授。臨床心理士。著書『幼児保育とカウンセリングマインド』(共著、ミネルヴァ書房)、「スクールカウンセラーのあり方」(『教育と医学 これからの学校心理臨床』慶應義塾大学出版)。

福田憲明(ふくだ のりあき)

一九八九年、国際基督教大学大学院博士後期課程単位取得退学。現在、明星大学人文学部教授。著書『臨床心理士のスクールカウンセリング3』(共著、誠信書房)、『学校臨床のヒント』(共著、金剛出版)、『学校の心理臨床』(共著、金子書房) ほか。

本間友巳(ほんま ともみ)

一九八一年、東京学芸大学大学院修士課程修了。現在、京都教育大学教授。著書『学校臨床』(編著、金子書房)、『いじめ臨床』(編著、ナカニシヤ出版)、『不登校・ひきこもりと居場所』(共編著、ミネルヴァ書房) ほか。

山下一夫(やました かずお)

一九八三年、京都大学大学院教育学研究科博士課程単位取得後退学。現在、鳴門教育大学理事・副学長。著書『カウンセリングの知と心』(日本評論社)、『生徒指導の知と心』(日本評論社) ほか。

現場《げんば》で役立《やくだ》つ
スクールカウンセリングの実際《じっさい》

2012年8月10日　第1版第1刷発行

編　者……
村 山 正 治
滝 口 俊 子
発行者……
矢 部 敬 一
発行所……
株式会社 創 元 社
http://www.sogensha.co.jp/
本社　〒541-0047 大阪市中央区淡路町4-3-6
Tel.06-6231-9010　Fax.06-6233-3111
東京支店　〒162-0825 東京都新宿区神楽坂4-3 煉瓦塔ビル
Tel.03-3269-1051
印刷所……
株式会社 太洋社

ISBN978-4-422-11550-4 C3011